세상의 속도를
따라잡고 싶다면

실무자가 꼭 알아야 할 **반응형 웹 기술**의 모든 것!

반응형 웹 페이지
만들기 2주 완성

김운아 지음

플랫 디자인 웹 페이지, 기업 소개 상세 페이지 실무 예제 수록

이지스 퍼블리싱

세상의 속도를 따라잡고 싶다면 **Do it!**
변화의 속도를 즐기게 될 것입니다.

Do
it!

Do it!

실무자가 꼭 알아야 할 반응형 웹 기술의 모든 것!

반응형 웹 페이지 만들기

초판 발행 • 2021년 3월 26일
초판 4쇄 • 2023년 6월 9일

지은이 • 김운아
펴낸이 • 이지연
펴낸곳 • 이지스퍼블리싱(주)
출판사 등록번호 • 제313-2010-123호
주소 • 서울시 마포구 잔다리로 109 이지스빌딩 4층(우편번호 04003)
대표 전화 • 02-325-1722 | **팩스** • 02-326-1723
홈페이지 • www.easyspub.co.kr | **페이스북** • www.facebook.com/easyspub
Do it! 스터디룸 카페 • cafe.naver.com/doitstudyroom | **인스타그램** • instagram.com/easyspub_it

기획 및 책임 편집 • 최윤미, 박현규, 김은숙 | **교정교열** • 김연숙, 박명희
표지 및 본문 디자인 • 트인글터 | **인쇄** • 보광문화사
마케팅 • 박정현, 한송이, 이나리 | **독자지원** • 오경신 | **영업 및 교재 문의** • 이주동, 김요한(support@easyspub.co.kr)

ISBN 979-11-6303-238-0 13000
가격 20,000원

반응형 웹을 제작하기 위한 기본 개념부터
기획, 제작, 문제 해결에 대한 모든 것!

《Do it! 반응형 웹 만들기》가 나온 이후로 벌써 4년이란 시간이 흘렀습니다. 이번에 전면 개정한 《Do it! 반응형 웹 페이지 만들기》에서는 최신 자료와 여러 독자의 의견을 반영하여 새롭게 만들었습니다. 특히 다양한 기기에서 같은 웹 경험을 제공하는 반응형 웹의 기술을 더 자세히 담을 수 있도록 노력했습니다. 이 책을 끝까지 정독한다면 반응형 웹을 자유자재로 다룰 수 있는 웹 퍼블리셔가 될 수 있습니다.

테마가 다른 2가지 실무 예제로 최신 반응형 웹 기술을 완벽하게 습득한다!

이 책은 단순한 입문서가 아닙니다. 웹 퍼블리싱에서 반드시 익혀야 할 반응형 웹 기술을 실무 예제에 직접 적용하고, 완성해 보며 배울 수 있는 책입니다.

첫째마당은 헷갈리기 쉬운 반응형 웹의 기본 개념부터 가변 그리드, 미디어 쿼리, 뷰포트, 그리고 최신 기술인 플렉서블 박스에 대한 내용까지 간단한 실습을 통해 구체적으로 배울 수 있도록 구성했습니다. 첫째마당을 익히고 나면 반응형 웹에서 사용하는 기초 기술을 습득할 수 있습니다.

둘째마당부터는 메인 페이지와 서브 페이지로 이루어진 플랫 디자인의 반응형 웹사이트를 직접 만들어 봅니다. 기존의 웹 기술로는 해결하기 어려웠던 콘텐츠의 순서, 배치, 높이 등 레이아웃 설정 문제를 최신 기술인 '플렉서블 박스' 기술을 활용해 해결할 수 있습니다.

셋째마당에서는 기업 소개 웹 페이지를 '가변 그리드, 미디어 쿼리, 뷰포트'만을 사용해 완성해 봅니다. 플렉서블 박스 기술을 아직 지원하지 않는 브라우저에 활용하면 좋은 방법입니다.

마지막으로 **스페셜 페이지**에는 반응형 웹을 제작하면서 발생할 수 있는 문제들을 곧바로 해결할 수 있는 노하우를 담았습니다. 실무자라면 반드시 이 부분까지 확인해 보기 바랍니다.

이 책은 소스 코드를 모두 공개하므로 독자 여러분이 만들고자 하는 사이트의 완성도를 한층 높일 수 있습니다.

감사합니다!

이번에도 저를 믿고 집필을 맡겨 주신 이지스퍼블리싱 이지연 대표님께 감사의 말씀을 전합니다. 늘 물심양면으로 지원해 주시는 최윤미 기획자님과 이번에 같이 새롭게 개정판을 진행한 김은숙 기획자님을 비롯해 여러 관계자분께도 감사의 마음을 전합니다.

마지막으로 언제나 제 편이 되어 주시며 아낌없이 모든 것을 지원해 주시는 부모님께도 감사의 말씀을 드립니다.

누군가에게 꿈과 희망이 되기를 바라며
김운아 (kim.cloud.baby@gmail.com)

저자의 웹 퍼블리싱 실무 경험이 통째로 압축되어 녹아 있는 책!

저자는 디지털 미디어 전반에 걸쳐 다양한 실무 경험을 가지고 있습니다. 풍부한 반응형 웹 개발 경험을 통해 쌓은 노하우를 매우 현실적이면서도 유익한 기술과 이론으로 정리하여 이 책에 담았습니다. 기획, 디자인, 웹 개발의 경험을 모두 갖추고 있어 웹 퍼블리셔의 요구를 잘 알고 있는 것은 물론이고 학습자도 고려하여 복잡한 기술을 쉽게 이해할 수 있도록 저술 했습니다.

특히 이 책에서 핵심으로 다루는 '플렉서블 박스(Flexible Box)'는 단어가 말해 주듯 가변적인 박스를 만드는 기술로서 새로운 웹 개발 방법을 제시하는 계기가 되었습니다. 이는 요즘 반응형 웹 제작의 필수 기술인 가변 그리드 기술을 이용해서 만드는 가변적인 박스를 간단하게 만들어 주기 때문에 반응형 웹과 플렉서블 박스는 환상의 콤비라고도 할 수 있습니다. 또한 이것은 지금까지 웹 개발에서 불가능했던 것들을 실현해 주는 기술이기도 하며 특히 박스를 손쉽게 배치할 수 있다는 것이 최대 장점입니다. 그뿐만 아니라 반응형 웹과 더불어 웹 개발 기술 중 가장 주목을 받는 기술이기도 합니다.

시중에 반응형 웹 개발을 다룬 책은 많이 있으나 《Do it! 반응형 웹 페이지 만들기》만큼 '플렉서블 박스'를 제대로 설명한 책은 없습니다.

다양한 뉴 미디어가 쏟아져 나오는 현재, 반응형 웹 개발은 업무 효율 면에서 매우 유용하고 미래 가치가 높은 분야 입니다. 많은 웹 페이지나 모바일 콘텐츠가 반응형 웹으로 전환되어 가고 있지만 아직 반응형 웹에 대한 인식은 부족한 상태입니다. 또한 전환되지 못한 웹 페이지도 많으므로 수요도 급증하는 추세입니다.

이런 적절한 시기에 꼭 필요한 내용을 새롭게 담은 《Do it! 반응형 웹 페이지 만들기》가 출간되어 반갑고 기쁩니다. 이 책이 디지털 미디어 업무 전반에 관련된 디자이너, 개발자, 기획자, 그리고 학생들 모두에게 큰 도움이 될 것이라 고 기대합니다.

— 정은경 (계원예술대학교 디지털미디어디자인과 교수)

모바일 게임 업계에서도 반응형 웹은 꼭 필요합니다

너무나 빠르게 변하는 모바일 분야에서 가장 화두가 되는 것은 단연 멀티플랫폼(Multi-Flatform)일 것입니다. 게임 업계 또한 예외가 아닙니다. 모바일 게임에서도 다양한 플랫 폼과 해상도에 따라 반응이 천차만별로 다가옵니다.

대표 사례로 모질라(mozilla)에서 실험 삼아 제작한 웹 브라우저 게임이 있는데, 이 게임은 반응형 웹 표준에 따라 잘 설계되어 플랫폼이 달라도 별도의 작업 없이 바로 모바일과 PC 간의 연동이 쉽게 이루어져 많은 사용자를 확보했습니다. 이처럼 반응형 웹은 다양한 해상도를 지원하는 기기에서 그래픽/UI/UX를 어떻게 제공할 것인지 단초를 제공합니다. 이미 웹을 기반으로 한 게임 시장이 활성화되고 있으며 앞으로도 퀄리티 높은 게임이 꾸준히 출시될 것으로 기대합니다. 그러므로 웹을 기반으로 게임을 구현하는 게임 기획자, 디자이너, 개발자 모두에게 《Do it! 반응형 웹 페이지 만들기》를 적극 추천합니다. 이 책이라면 새로운 반응형 웹 지식을 알아 가는 즐거움을 맛볼 수 있을 뿐만 아니라 기술 면에서 초보자라도 쉽게 따라 할 수 있을 것입니다.

— 이민수 (㈜ NHN 픽셀큐브(PIXELCUBE) 게임 기획)

낯설기만 했던 플렉서블 박스 기술이
간단명료하게 정리되어 있어 절로 감탄이 났습니다

웹 관련 직종에서 일하는 사람이라면 누구나 한번쯤 해상도 문제로 골치가 아팠던 경험을 했을 겁니다. 또한 다양한 기기와 OS, 각기 다른 해상도를 대비하여 사용자를 만족시키기 위해 밤을 세워 가며 고민도 했을 것입니다.

반응형 웹은 모든 해상도에 완벽히 대응하는 이상적인 기획과 디자인, 퍼블리싱이 요구되고 이를 통해 사용자에게 최고의 만족을 주는 것이 궁극적인 목표입니다. 그런데 실제로 프로젝트를 진행해 보면 말처럼 쉬운 일이 아니라는 것을 알 수 있습니다. 기획은 물론이고 모든 제작 단계에서 문제에 부딪힐 수밖에 없습니다. 이제 반응형 웹은 제안 단계에서부터 선택이 아닌 필수 요소로 자리매김했다고 볼 수 있습니다.

《Do it! 반응형 웹 페이지 만들기》에서는 **반응형 웹을 왜 도입해야 하는지부터 이를 어떻게 적용해야 하는지, 그리고 아직은 생소한 기술인 '플렉서블 박스'를 이야기하듯이 쉽게 풀어서 설명**해 줍니다. 뿐만 아니라 디자인과 개발 두 가지 영역을 함께 고려하여 반응형 웹에 처음으로 관심을 갖기 시작한 기획자는 물론이고 프로젝트를 진행하는 디자이너와 퍼블리셔에게도 유용한 책입니다.

— 이철희(인픽스 UI/UX 디자인)

이 책을 먼저 읽은 독자의 이야기!

반응형 웹을 만들기 위해 CSS의 자세한 부분까지 잘 기술된 점이 좋았고 하위 브라우저 등에 대한 참고 방안도 마련되어 있어서 아주 좋았습니다. — 독자 락*

책 마지막에 반응형 웹 문제 해결 노하우까지 있어서 좋았어요. 저도 예전에 문제가 발생했을 때 어떻게 대처해야 할지 몰라서 참 난감했는데 그런 것까지 잘 기술되어 있어 유용했어요. — 독자 x****h

저자 직강 동영상이 있어서 더 쉽게 따라 할 수 있고, 머뭇거리게 되었을 때 'Do it! 스터디룸'에 들어가 많은 도움을 받았어요. 정말 피드백이 확실한 책이에요! — 독자 s*****c

어려웠던 플렉서블 박스의 기본, 속성, 그리고 속성값까지 명확하게 정리할 수 있습니다. — 독자 h****7

이 책은 절반 이상을 실습 예제로 구성하여 CSS를 다양하게 연습할 수 있어 좋습니다. — 독자 a********a

웹 기초를 공부한 다음에 어떤 책을 선택할지 고민한다면 이 책을 추천합니다! — 독자 v*n

차례

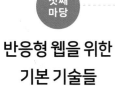

첫째 마당

반응형 웹을 위한 기본 기술들

둘째 마당

실전! 반응형 웹사이트 만들기
— 플렉서블 박스

**셋째
마당**

**기존의 속성으로
반응형
웹사이트 만들기**
— 가변 그리드,
미디어 쿼리,
뷰포트

반응형 웹 기술을 빨리 정복할 수 있도록 목표를 정해 공부해 보세요! 최소한 하루에 한 시간 이상, 두 시간이든 세 시간이든 자신의 능력에 맞게 진도표에 맞춰 공부하면 목표한 기간 안에 이 책을 끝낼 수 있습니다.

	15일 완성	20일 완성	차례
☐ Day 01	(/)	(/)	01장 반응형 웹 기본 개념 이해하기
☐ Day 02		(/)	
☐ Day 03	(/)	(/)	02장 px을 %로 바꾸기 – 가변 그리드
☐ Day 04		(/)	
☐ Day 05	(/)	(/)	03장 미디어 쿼리와 뷰포트
☐ Day 06		(/)	
☐ Day 07	(/)	(/)	04장 새로운 웹 기술, 플렉서블 박스
☐ Day 08		(/)	
☐ Day 09	(/)	(/)	05장 반응형 웹사이트 준비 작업하기
☐ Day 10		(/)	
☐ Day 11	(/)	(/)	06장 메인 페이지 작업하기
☐ Day 12	(/)	(/)	
☐ Day 13	(/)	(/)	07장 서브 페이지 작업하기
☐ Day 14	(/)	(/)	
☐ Day 15	(/)	(/)	08장 마무리 작업하기
☐ Day 16	(/)	(/)	09장 반응형 웹사이트 준비 작업하기
☐ Day 17	(/)	(/)	10장 반응형 웹 페이지 작업하기
☐ Day 18	(/)	(/)	
☐ Day 19	(/)	(/)	11장 마무리 작업하기
☐ Day 20	(/)	(/)	스페셜

이 책은 다음 순서로 구성되어 있어요!

첫째마당

반응형 웹을 위한 기본 기술 익히기

기존의 웹 개발 기술을 완전히 뛰어넘는 반응형 웹의 기본 개념을 알아보고, 반응형 웹 제작을 위한 필수 기술과 현재 또는 앞으로 사용할 반응형 웹 기술인 플렉서블 박스를 배웁니다.

▲ 둘째마당에서 만드는
플랫 디자인 웹 페이지

둘째마당

실전! 반응형 웹사이트 만들기

어떤 기기에서든 로봇처럼 변신하는 반응형 웹사이트를 만들어 봅니다. 하나의 웹사이트를 준비부터 마무리 작업까지 직접 해보는 것이죠. 이 과정을 마치면 회사 또는 개인 홈페이지 등 어떤 형태의 반응형 웹사이트라도 자신 있게 만들 수 있습니다!

▲ 셋째마당에서 만드는
기업 소개 상세 페이지

셋째마당

기존의 속성으로 반응형 웹사이트 만들기

기존 속성을 이용하여 반응형 웹사이트를 만드는 방법을 알아봅니다. 이 과정을 마치고 나면 플렉서블 박스 속성을 이용한 반응형 웹사이트뿐만 아니라, 기존의 제작한 어떤 홈페이지라도 반응형 웹사이트로 만들 수 있을 것입니다.

실습할 때 필요한 예제 파일을 내려받으세요

이 책은 독자의 학습을 돕기 위해 예제 소스를 직접 코딩해 볼 수 있는 실습 파일과 전체 완성 파일로 나누어 제공합니다. 책을 읽기 전에 이지스퍼블리싱 홈페이지 자료실에서 내려받아 사용하세요.

> • **이지스퍼블리싱 홈페이지**: www.easyspub.co.kr

★ 이지스퍼블리싱 홈페이지에 회원 가입하면 매월 무료 전자책, 베타테스터 모집, 신간 소식 등 다양한 혜택을 누릴 수 있습니다.

궁금한 내용은 저자와 소통하며 해결해 보세요

책을 읽다가 도움이 필요하다면 저자에게 직접 질문할 수 있습니다. 이메일로 질문할 때는 몇 쪽의 어떤 점이 궁금한지 정확하게 보내 주세요. 또한 유튜브 채널에서 저자와 소통하고 책과 관련된 다양한 정보를 얻을 수 있습니다.

> • **저자 이메일**: kim.cloud.baby@gmail.com
> • **저자 유튜브 채널**: http://bit.ly/3cmmhU2

Doit! 스터디룸에서 함께 공부하고 책 선물도 받으세요!

이 책을 보는 친구들과 함께 공부해 보세요. 내가 이해하지 못한 내용은 친구들의 도움을 받고, 내가 이해한 내용을 바탕으로 친구들을 도와준다면 복습하는 효과도 누릴 수 있습니다. 그리고 Do it! 스터디룸에서 운영하는 공부단에 지원하고 책을 완독하면 이지스퍼블리싱 책을 선물로 드린답니다!

> • **Doit! 스터디룸 카페**: cafe.naver.com/doitstudyroom
> • **Doit! 공부단 정보**: cafe.naver.com/doitstudyroom/6325

첫째마당

반응형 웹을 위한 기본 기술들

2010년 5월 반응형 웹이라는 기술이 세상에 발표된 후 IT 업계에서 반응형 웹은 뜨거운 감자로 급부상했으며 현재까지 가장 중요한 웹 기술 중 하나로 손꼽히고 있습니다.

첫째마당에서는 기존의 웹 개발 기술을 완전히 뛰어넘는 반응형 웹의 기본 개념을 알아보고, 반응형 웹 제작을 위한 필수 기술과 현재 또는 미래에 사용하게 될 반응형 웹 기술인 플렉서블 박스를 배웁니다. 첫째마당을 다 읽고 나면 여러분은 반응형 웹에 대한 개념을 확실히 이해하게 될 것입니다.

반응형 웹 기본 개념 이해하기

반응형 웹이 도대체 무엇인지 궁금해 하는 분들이 많을 겁니다. 반응형 웹은 말 그대로 반응하는 웹을 말합니다. 좀 더 쉽게 말하면 사용자의 환경 또는 특정한 행동에 따라 '반응하는 웹'이라고 할 수 있겠죠.

이번 장에서는 반응형 웹을 이해하기 위한 기본 개념과 국내외 반응형 웹 사례들을 살펴보면서 반응형 웹의 주요 기술들을 만나보겠습니다.

01-1 반응형 웹이란?

01-2 왜 반응형 웹으로 만들어야 하나?

01-3 사례로 알아보는 반응형 웹

01-4 반응형 웹 학습과 제작을 위한 준비 작업

01-5 반응형 웹 제작을 위한 핵심 기술 맛보기

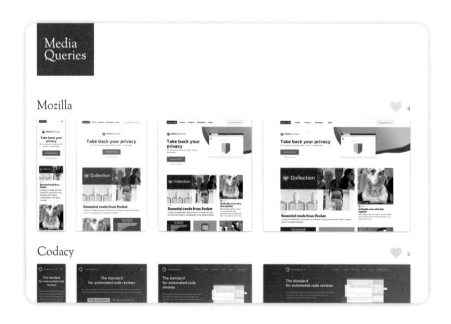

01-1
반응형 웹이란?

반응형 웹이 세상에 나온 이유

2007년, 처음으로 모바일 기기가 세상에 선을 보이자 사람들은 열광했습니다. 이제야 기본적인 검색뿐만 아니라 예약, 주문까지 언제, 어디서든 할 수 있게 되었다고 소리치면서 말이죠. 하지만 모바일 기기의 인터넷 사용에는 문제가 있었습니다. 바로 모바일에서 인터넷을 사용하면 모든 웹사이트들이 모바일 화면 크기로 축소되어 보인다는 점입니다. 그래서 등장한 것이 '모바일 웹'입니다.

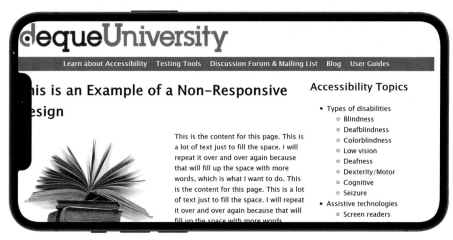

모바일 기기에서 웹사이트의 화면이 작게 보이는 현상

모바일 웹과 반응형 웹

모바일 기기에 최적화된 웹사이트를 제공하기 위해 모바일 웹이 등장하면서 사람들은 쾌적한 웹 사용 환경을 접할 수는 있었지만 곧바로 다른 문제에 봉착하게 되었습니다.

모바일 기기뿐만 아니라 태블릿 기기, 패블릿(스마트 폰과 태블릿의 합성어) 기기 등 모바일 기기보다 화면이 큰 기기가 등장함에 따라 모바일 기기처럼 작은 화면에서만 최적화된 웹사이트를 제공하는 모바일 웹이 화면이 큰 기기에서는 작게 보이게 되어 또 다시 문제가 된 것입니다. 그뿐만 아니라 PC 버전의 웹사이트와 모바일 버전의 웹사이트, 이 두 가지 웹사이트를 만들게 되면 비용과 시간, 인력을 두 배로 투자해야 하는 현실적인 문제도 해결해야 합니다.

이런 문제를 감지한 전 세계의 개발자들은 다양한 방법을 모색하기 시작했고 2010년 5월 반응형 웹이라는 기술이 등장했습니다.

태블릿 기기에서 본 모바일 웹사이트

반응형 웹이란?

반응형 웹이란 PC, TV, 내비게이션, 스마트 기기 등 기기마다 또는 환경마다 최적화된 웹사이트를 제공해주는 것을 말합니다. 예를 들어 화면이 작은 기기에서 반응형 웹으로 제작된 웹사이트를 접속했을 때는 웹사이트의 구조를 작은 화면에 최적화된 구조로 변경하여 보여주고, 큰 화면을 가진 기기에서는 웹사이트의 구조를 큰 화면에 최적화된 구조로 변경하여 보여줍니다. 이처럼 기기의 화면이나 환경에 맞게 자유자재로 변하는 것이 반응형 웹입니다.

반응형 웹으로 제작된 웹사이트

알아 두면 좋아요! **다양한 반응형 웹사이트를 만날 수 있는 곳**

반응형 웹 소식을 가장 빨리 받아볼 수 있고, 잘 만들어진 반응형 웹사이트를 만날 수 있는 대표적인 사이트로 미디어 쿼리(http://mediaqueri.es)가 있습니다. 이 사이트 역시 반응형 웹으로 만들어졌습니다.

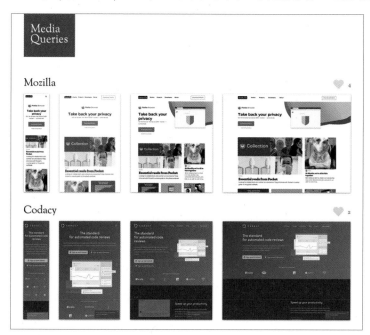

미디어 쿼리(http://mediaqueri.es)

01-2
왜 반응형 웹으로 만들어야 하나?

왜 웹 개발자들은 반응형 웹을 꼭 배워야 할까요? 나아가 웹 기획자와 웹 디자이너도 반응형 웹을 배워야 하는 이유는 무엇일까요?

반응형 웹이 등장하면서 웹사이트를 사용하는 사람들에게 모든 기기에서 최적화된 웹사이트를 제공할 수 있게 되었고, PC 버전의 웹사이트와 모바일 버전의 웹사이트 두 가지 모두를 만들지 않아도 됨에 따라 비용과 시간, 인력을 반으로 줄일 수 있게 되었습니다. 그러면 왜 반응형 웹으로 만들어야 하는지 구체적으로 알아보겠습니다.

유지보수가 간편하다!

반응형 웹은 유지보수가 간편합니다. 모바일 버전과 데스크톱 버전 같은 두 개의 웹사이트를 만들게 되면 웹사이트에 새로운 내용을 추가하거나 수정할 때 모바일 버전과 데스크톱 버전을 개별적으로 수정해야 하므로 손이 많이 가고 복잡했지요. 하지만 반응형 웹은 모바일 버전, 태블릿 버전, 데스크톱 버전 등 모든 디자인을 하나의 HTML 파일과 CSS 파일에서 작업하기 때문에 유지보수가 쉽습니다.

모바일 점유율의 증가!

세계적으로 인터넷 보급률은 90%, 스마트 기기의 보급률은 70%를 넘습니다. 특히 대한민국은 스마트 기기 인터넷 보급률 및 사용률이 90%가 넘는 인터넷 강국입니다. 만약 스마트 기기 사용자가 지하철에서 뉴스를 보기 위해 언론사 사이트를 본다고 가정해 보겠습니다. 그런데 언론사의 홈페이지가 PC 웹사이트로 만들어져 글씨의 크기들이 작게 보인다면 어떻게 될까요? 사용자는 단 1초의 망설임 없이 다른 언론사를 찾아보거나 웹사이트를 닫아버릴 것입니다. 이처럼 모바일로 인터넷을 사용하는 것은 당연한 일이 되었습니다. 그러므로 웹사이트를 만들 때는 PC용 웹 이외에 모바일용 웹을 별도로 만들거나, 반응형 웹으로 만드는 것이 기본입니다.

마케팅에 유리하다!

마케팅이란 market(시장)의 매매를 활발하게 만드는 모든 과정을 말합니다. 제품의 컨셉, 가격 정책이나 유통 정책, 홍보 등을 통해 많이 팔리게 만드는 활동입니다. 그러나 보통 사람들이 마케팅이라고 부를 때는 회사의 제품이나 서비스를 많은 사람들에게 알리기 위한 활동을 말합니다. 요즘은 마케팅 활동의 최적의 장소로 웹이 꼽히고 있습니다. 웹은 언제, 어디서든 스마트 기기로 쉽게 접근할 수 있기 때문에 다양한 마케팅 활동을 펼칠 수 있는 곳이죠.

그런데 마케팅이 진행되는 웹사이트를 데스크톱 버전으로만 만들면 작은 화면의 스마트 기기에서는 화면이 작게 보이게 되어 전달하고자 하는 내용이 제대로 전달되지 않습니다.

이때 반응형 웹이라는 기술을 이용하여 웹사이트를 개발하면 환경이나 기기에 따라 최적화된 구조로 웹사이트를 변경하여 보여줄 수 있기 때문에 전달하고자 하는 내용을 확실하게 전달할 수 있습니다. 그리고 모바일 버전과 데스크톱 버전 등 여러 가지 웹사이트를 만들지 않아도 되기 때문에 기업 비용 측면에서도 상당한 효과를 볼 수 있습니다.

이렇듯 언제 어디서든 접근이 용이해야 하는 웹 마케팅에서 가장 효과적인 방법인 반응형 웹이라는 기술을 이용하여 웹사이트를 개발하는 것입니다.

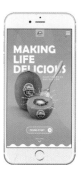

반응형 웹으로 개발된 마케팅 웹사이트(http://www.zespri.co.kr)

검색 엔진 최적화가 가능하다!

자신의 웹사이트를 사람들에게 최대한 많이 알리고 싶다면 어떻게 해야 할까요? 해답은 바로 검색 엔진 최적화 작업을 하는 것입니다.

검색 엔진 최적화란 SEO(Search Engine Optimize)라고도 하며, 포털 사이트 또는 검색 사이트에서 사용자가 특정 키워드로 검색을 했을 때 나오는 웹사이트 검색 결과에서 상위권에 나타나도록 관리하는 작업을 말합니다.

검색 엔진에 최적화되어야 검색 결과 화면 상단에 노출될 수 있습니다.

그렇다면 반응형 웹과 검색 엔진 최적화 작업은 어떤 관계가 있을까요? 만약 모바일 버전과 데스크톱 버전 같은 두 가지 웹사이트가 있다면 주소도 다음처럼 두 가지로 나눠지게 됩니다.

모바일 웹사이트 주소의 예	데스크톱 웹사이트 주소의 예
m.xxx.com	xxx.com

이렇게 주소가 두 가지로 나눠지면 동일한 내용의 웹사이트라도 검색 엔진이 판단할 때는 둘 중에 어떠한 주소의 정보가 정확한 정보인지 확인하기 힘들어 검색 결과에서 제외시킵니다. 따라서, 검색 결과를 상위권에 배치하는 것이 상대적으로 불리해집니다. 특히 홍보나 마케팅을 목적으로 만들어진 웹사이트라면 검색 결과에 노출되지 않으면 치명적인 결과를 초래할 수도 있습니다. 그리고 주소도 두 가지라 광고 비용 또한 당연히 두 배로 늘어나겠죠.

이러한 문제들을 해결하기 위해 반응형 웹을 이용하여 웹사이트를 만드는 것입니다. 반응형 웹사이트는 하나의 주소와 하나의 파일(HTML)로만 이루어져 있어 검색 결과에 좀 더 잘 노출될 수 있고 광고 효과도 톡톡히 볼 수 있습니다.

더불어 검색 사이트의 검색 엔진 최적화 방법을 소개하는 문서들을 살펴보면 반응형 웹사이트 홈페이지를 만드는 것을 권장하고 있고 검색 엔진 최적화 방법 중 하나라고 소개하고 있습니다.

> **모바일 친화적인 사이트를 만들어주세요.**
>
> **1. 반응형 웹 사이트**
>
> ○ 반응형 웹은 웹 브라우저가 웹문서의 가로폭을 기기의 스크린 크기에 맞게 자동적으로 조절하는 기법입니다. 반응형 웹은 데스크톱이나 모바일 환경에 상관없이 동일한 URL을 사용하여 기기에 최적화된 콘텐츠를 제공할 수 있습니다. 네이버 검색엔진은 반응형 웹 사이트를 권장하며 자세한 내용은 웹 표준 HTML 마크업 가이드의 모바일 사용성 항목을 참고하세요.

네이버에서 제공하는 검색 엔진 최적화 가이드 문서

구글에서 제공하는 검색 엔진 최적화 가이드 문서

미래 지향적 기술이다!

휘어지는 화면을 탑재한 스마트 기기나 TV, 냉장고, 차량용 내비게이션, 프린터, 화장실 등에 탑재된 웹 브라우저 그리고 환경에 따라 축소 또는 확대되는 건축물과 공상과학 영화에서나 볼 수 있었던 공중에 떠 있는 화면 등 과거에는 상상만 했던 일들이 이제는 모두 현실화되어 정말로 미래 세계에 한층 가까워졌다는 생각을 하게 됩니다.

현재 그리고 미래에서 반응형 웹으로 웹사이트를 개발하게 되면 어떠한 장점들이 있을까요? 예를 들어 환경에 따라 자유롭게 축소 또는 확대되는 건축물이 있고, 그 안에 휘어지는 화면을 탑재한 기기들이 있을 수 있습니다. 이때 누군가가 건축물 안에서 스마트 TV를 이용하여 웹 브라우저를 실행시켜 일반적인 웹사이트를 접속한다고 가정해 봅시다. 아마도 문제 없이 웹사이트를 둘러보다가 건축물이 축소됨에 따라 원래 휘어지는 화면이 탑재된 기기들도 화면이 휘어지거나 축소될 것입니다. 그러면 다음 그림처럼 웹사이트의 일부가 잘려진 모습으로 보이겠죠. 이와 같은 경우 반응형 웹으로 개발된 웹사이트라면 웹사이트의 구조를 환경에 따라 최적화된 구조로 바꾼 웹사이트를 보여줄 것입니다.

지금처럼 다양한 기기가 출시되고 앞으로 어떤 화면의 기기가 나올지 모르는 상황에서 반응형 웹은 웹 기술 중 가장 미래 지향적이고, 미래를 준비하는 바람직한 대안이라고 할 수 있습니다.

화면의 일부가 잘린 웹사이트   화면에 맞게 최적화된 웹사이트

알아 두면 좋아요! **반응형 웹, 유행이라고 무조건 쫓아야 할까?**

반응형 웹이 항상 정답일 수는 없습니다. 상황에 따라 모바일 웹처럼 별도의 웹사이트를 만드는 것이 더 효율적일 수도 있습니다.
기존의 웹사이트 또는 새로운 웹사이트를 무리하게 반응형 웹으로 개편하기보다는 다음 두 가지 고려 사항을 충분히 고민해본 후 반응형 웹으로 개발하는 것이 좋습니다.

기획력과 디자인은 필수!
반응형 웹으로 제작할 때는 기기 혹은 환경마다 자연스럽게 변화할 수 있는 웹사이트 구조로 설계할 필요가 있습니다. 즉, 사용자 경험을 고려한 설계가 필수죠. 반응형 웹은 기술만 좋다고 해서 쉽게 완성할 수 있는 건 아닙니다. 기획력과 디자인을 완벽하게 갖춘 후 설계해야 합니다.

비용, 무시할 수 없는 요소!
반응형 웹으로 제작할 경우 모바일 웹을 따로 제작하는 것보다 훨씬 많은 비용이 필요할 수도 있으며, 유지보수도 만만치 않습니다.
모바일 웹이든 반응형 웹이든 개발비부터 유지보수비까지 꼼꼼히 따져보고 결정해야 합니다.

01-3
사례로 알아보는 반응형 웹

세계가 주목하는 반응형 웹!

반응형 웹은 전 세계적으로 주목을 받고 있는 주요 웹 기술 중 하나입니다. 이미 세계 각지에서 반응형 웹으로 개편한 웹사이트들이 앞 다투어 선보이고 있고, 워드프레스 같은 CMS 도구를 이용해 제작한 웹사이트를 판매하는 사이트에서도 대부분의 상품들이 반응형 웹으로 제작된 것을 쉽게 볼 수 있습니다.

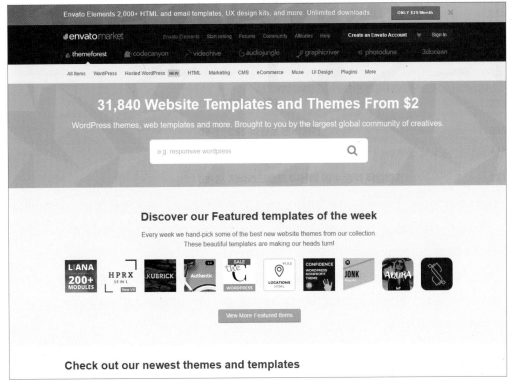

반응형 웹으로 개발된 웹사이트를 판매하는 사이트

해외의 반응형 웹 사례

앞에서 설명했듯이 해외의 경우에는 이미 공공기관, 블로그, 개인 또는 기업 홈페이지 등 다양한 웹 사이트를 반응형 웹으로 개발하여 사용자들에게 제공하고 있습니다.

넥타이 회사 — 스키니 타이

스키니 타이는 넥타이 제조 회사로, 인터넷 쇼핑몰을 운영하며 넥타이를 판매하고 있습니다. 사실 쇼핑몰의 경우 서비스 자체가 정보나 결제 시스템이 복잡해 결제 방식이 간편한 해외에서도 반응형 웹사이트로 개발하기 어렵습니다. 하지만 스키니 타이는 이러한 점들을 모두 극복하고 웹사이트 전반에 걸쳐 반응형 웹을 완벽하게 도입해 성공을 거두고 있습니다.

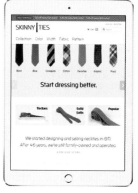

스키니 타이(http://skinnyties.com)

디자인 또한 각별히 신경을 써 사람들의 시선을 사로잡고 있습니다. 메인 영역에 넥타이를 걸어놓는 디자인으로 구성하고, 화면이 작아졌을 때는 슬라이더 형식으로 변경되어 사용자들이 넥타이를 손쉽게 선택할 수 있도록 해 신선함까지 더하고 있습니다.

그리고 가장 중요한 점은 다음 표에서 확인할 수 있듯이 스키니 타이라는 웹사이트를 반응형 웹으로 개편하면서 얻은 기업 성장률입니다. 이 표는 반응형 웹이 기업 경영에도 확실히 도움이 된다는 것을 뒷받침해 주는 자료이기도 합니다.

반응형 웹사이트로 바꾼 후 기업 성장률

전체 매출 성장률	사이트 접속 속도 증가율	아이폰에서 매출 성장률	아이폰에서 속도 증가율	사이트에 머무는 시간 증가율	사이트 이탈률
+42%	+13.6%	+377.6%	+71.9%	+44.6%	−23.2%

신문, 잡지 사이트 — 보스턴 글로브

보스턴 글로브는 미국의 유명 신문사 겸 인터넷 잡지 사이트입니다. 보통 신문사 같은 웹사이트는 내용이 너무 많고 복잡하기 때문에 디자인 설계가 어려워 고정 크기로 웹사이트를 제작하는 경우가 많습니다. 그런데 보스턴 글로브는 이렇게 많은 내용을 담고 있는 신문사 성격의 웹사이트를 어떻게 반응형 웹으로 개발했을까요?

해답은 바로 간단한 디자인입니다. 보스턴 글로브는 흰색 바탕에 글자 위주의 디자인과 각각의 영역을 회색의 선으로만 구분하여 간단한 디자인으로 구성한 것이 반응형 웹으로 웹사이트를 개발하기에 적합했던 것입니다. 이처럼 복잡하고 규모가 큰 웹사이트도 반응형 웹으로 개발할 수 있다는 가능성을 보스턴 글로브 웹사이트가 보여줬습니다. 만약 앞으로 큰 규모의 웹사이트를 반응형 웹으로 제작 또는 개편하고자 한다면 보스턴 글로브 웹사이트를 참고하는 것도 좋은 방법이 될 것입니다.

보스턴 글로브(http://www.bostonglobe.com)

국내의 반응형 웹 사례

전 세계에서 반응형 웹이 하나의 대안으로 자리를 잡았다면 국내의 상황은 어떨까요? 이제 우리는 대부분의 웹 사이트를 해외 웹 트렌드에 맞추어 반응형 웹으로 만들 정도로 다양하고 좋은 사례를 살펴볼 수 있습니다.

그럼 국내의 대표적인 반응형 웹 사례는 어떤 것들이 있는지 알아보겠습니다.

중앙그룹

중앙그룹은 다양한 서비스를 운영하는 종합 미디어 콘텐츠 회사입니다. 회사 소개 홈페이지를 보면 와이드한 이미지와 블랙 앤 화이트 계열로 깔끔하게 구성하여 주목성, 디자인, 기획력까지 눈길을 사로잡습니다. 더불어 다양한 인터랙션으로 사용자에게 신선한 경험을 제공해 줍니다. 디자인도 모든 디바이스 환경에서 같은 경험을 할 수 있도록 기획해서 누구나 편리하게 사용할 수 있습니다. 또한 화면이 작아지면 기존의 메뉴 영역을 감추고 다양한 토글 버튼을 제공합니다. 이 토글 버튼은 누르면 창이 겹치는 레이어 방식으로 제작해서 세련된 느낌을 줍니다. 이렇듯 중앙그룹은 반응형 웹을 보여 주는 좋은 사례로 꼽을 수 있는 사이트입니다.

중앙그룹(https://www.joonganggroup.com)

라한호텔

호텔 기업인 라한호텔은 숙박업의 특성상 자칫 복잡해지기 쉬운 예약 사이트의 이미지와 정보를 효과적으로 전달해 주는 반응형 웹으로 제작되었습니다. 와이드한 이미지와 편리한 구조 그리고 디자인에 심혈을 기울여 설계한 웹 사이트입니다. 화면 크기를 작거나 크게 변경해도 사용자가 이질감을 느끼지 않도록 최대한 같은 환경을 보여 주고 깔끔한 버튼 배치와 토글 버튼 등으로 편리함을 줍니다. 또한 다양한 인터랙션 기능은 사용자에게 신선한 경험을 제공합니다.

▶ 현재 보고 있는 웹사이트가 반응형 웹으로 만들어졌는지 확인하는 방법은 간단합니다. 스마트 기기로 웹사이트에 접속해 보거나 PC에서 브라우저의 크기를 줄여보면 됩니다. 줄어든 화면에 맞춰 웹사이트의 구조가 변하는지 확인하면 되지요.

라한호텔(https://www.lahanhotels.com)

01-4
반응형 웹 학습과 제작을 위한 준비 작업

웹 브라우저 준비하기

이 책에서는 최신 기술들을 가장 잘 지원하고 모든 운영체제를 지원하는 브라우저인 크롬을 기준으로 작업을 합니다. 만약 크롬 브라우저가 설치되어 있지 않다면 www.google.co.kr/chrome에서 내려받아 설치하세요.

▶ 보통 윈도우에서는 익스플로러를, 매킨토시에서는 사파리를 사용하는데, 익스플로러의 경우 일부 버전에서는 최신 기술을 잘 지원하지 못하기 때문에 권장하지 않습니다.

크롬 브라우저 다운로드 사이트(www.google.co.kr/chrome)

코드 편집기 준비하기

코드 편집기는 코드를 편집하기 위한 코드 전용 편집 프로그램입니다. 윈도우에서는 에디트플러스(Editplus), 서브라임 텍스트(Sublime Text), 노트패드(Notepad), 비쥬얼 스튜디오(Visual Studio), 이클립스(Eclipse)와 같은 코드 편집기를 사용할 수 있고, 매킨토시에서는 코다(Coda), 서브라임 텍스트, 비비에디트(BBEdit), 텍스트랭글러(TextWrangler) 같은 코드 편집기를 사용할 수 있습니다.

▶ 서브라임 텍스트는 윈도우, 매킨토시 모두에서 사용할 수 있는 편집기입니다.

기본적으로 편집기마다 제공하는 기능과 코드의 색상도 다르고, 편집기에 기능을 추가할 수 있는 플러그인의 지원 범위도 편집기마다 다르기 때문에 사용자의 입맛에 맞는 편집기를 골라서 사용하는 것이 가장 좋은 방법입니다.

이 책은 마이크로소프트에서 개발한 비주얼 스튜디오 코드를 사용합니다. 비주얼 스튜디오 코드는 https://code.visualstudio.com에서 내려받아 무료로 사용할 수 있습니다.

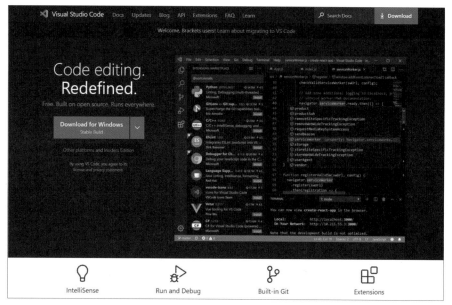

비주얼 스튜디오 코드(https://code.visualstudio.com)

알아 두면 좋아요! **기본 편집기**

앞에서 소개한 편집기 외에도 운영체제를 설치하면 기본적으로 제공되는 기본 편집기가 있습니다. 기본 편집기는 윈도우나 매킨토시 같은 운영체제 설치 시 기본적으로 설치되는 편집 프로그램입니다. 대표적으로 윈도우에는 메모장이, 매킨토시에는 텍스트 편집기가 있습니다.

기본 편집기는 HTML 태그나 CSS를 흔히 '하드코딩'이라는 방식으로 자유롭게 작성할 수 있습니다. 하지만 코드를 전부 외우고 있어야 하며, 오타를 잡아주는 기능이 없기 때문에 코드를 잘 모르는 사용자에게는 조금 어려울 수 있습니다.

예제 파일 준비하기

이 책에서는 실습하는 내용들을 미리 보거나 독자들이 직접 만든 예제와 비교해 볼 수 있도록 별도의 완성된 예제 파일을 제공하고 있습니다. 예제 파일은 http://easyspub.co.kr의 자료실에서 내려받을 수 있습니다.

이지스퍼블리싱(http://easyspub.co.kr)

호스팅 서버 준비하기

호스팅 서버는 인터넷 속 저장 공간으로, 이 저장 공간을 사용하려면 호스팅 서비스 업체에 돈을 지불하고 일정 용량을 빌려야 합니다. 마치 큰 빌딩의 사무실을 빌려 월세를 내는 것과 같습니다. 이 호스팅을 사용하려면 사양에 따라 매월 몇 천원부터 몇 만 원 이상의 비용을 지불해야 합니다.

인터넷을 통해 이 호스팅 공간과 내 컴퓨터가 연결되며, 이 공간에 이미지나 동영상을 올려놓을 수 있습니다.

처음에는 무료 호스팅 서비스를 이용하는 게 좋습니다. 나중에 더 많은 파일을 저장하거나 큰 공간이 필요하게 되면 그때 가서 유료 서비스로 바꾸면 됩니다.

무료 호스팅 신청은 http://www.dothome.co.kr에서 할 수 있습니다.

닷홈(http://www.dothome.co.kr)

보통 호스팅 서비스 업체는 안정적인 인터넷망에 연결되어 있고 데이터 센터를 운영하고 있습니다. 내 파일을 호스팅 서비스 업체의 데이터 센터에 저장해 놓고 불러오는 것이죠.

 알아 두면 좋아요! **웹 서버와 호스팅 서버 그리고 클라우드 호스팅**

서버의 종류는 다음과 같습니다.

1) 직접 운영하는 서버

개인이 컴퓨터를 구매하거나 빌려서 직접 저장 공간을 만들어 서버를 운영할 수 있습니다. 이 서버는 개개인이 서버를 관리하고 자유롭게 수정할 수 있다는 장점이 있지만 그만큼 서버에 관한 지식이 없는 사람은 관리하기가 까다롭다는 단점이 있습니다. 또 인터넷 속도 면에서도 불리해 호스팅 서버나 임대형 웹 서버를 이용하는 게 훨씬 경제적이고 실용적입니다.

2) 호스팅 서버

호스팅 서버는 특정 업체에서 웹 서버를 준비해 놓고 웹 서버의 일부 공간을 월 사용료를 받고 빌려주는 서비스입니다. 호스팅 서버는 특정 업체에서 이미 기본적으로 모든 설정을 끝낸 상태이므로 월 사용료만 내면 바로 서비스를 이용할 수 있습니다. 단점은 개개인이 서버를 관리하거나 수정하기가 어렵고 서비스에 따라 다르긴 하지만 한정된 공간만 제공되므로 여러 가지 제약이 따른다는 점입니다.

3) 클라우드 호스팅

요즘에는 웹 서버나 호스팅 서버 말고도 클라우드 호스팅이라는 서비스를 제공하는 곳도 많아졌습니다. 클라우드 호스팅이란 웹 서버와 호스팅 서버의 결합 서비스로, 웹 서버처럼 서버의 관리를 자유롭게 할 수 있고 월마다 사용한 공간만큼의 비용만 내면 됩니다.

클라우드 호스팅의 가장 큰 장점은 서버의 확장과 축소가 간편하다는 점입니다. 필요에 따라 일시적으로 저장 공간을 확장할 수도 있고 저장 공간이 필요 없게 되면 바로 축소하면 됩니다.

FTP 프로그램 준비하기

그런데 호스팅 서버처럼 저장 공간은 만들어놨는데, 이 저장 공간에 어떻게 파일을 저장하고 저장된 파일을 다시 내려 받을 수 있을까요? 이사할 때 짐을 손쉽게 옮기기 위해 용달차를 이용하듯이 호스팅 서버나 웹 서버에 파일을 자유자재로 옮기기 위해서는 FTP라는 프로그램을 이용해야 합니다. 이 책에서는 파일질라(FileZilla)라는 FTP 프로그램을 사용합니다. 파일질라는 http://www.filezilla-project.org에서 [Download FileZilla client] 버튼을 눌러 설치할 수 있습니다.

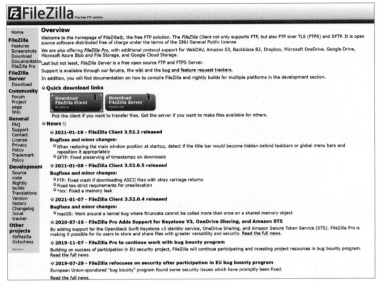

파일질라 (http://www.filezilla-project.org)

작업할 준비가 다 되었다면 이제 반응형 웹을 제작하는 데 필요한 기술들을 하나씩 알아보겠습니다.

01-5
반응형 웹 제작을 위한 핵심 기술 맛보기

반응형 웹을 제작할 때는 여러 가지 기술이 필요합니다. 화면 크기나 환경의 변화를 감지하는 기술, 화면 크기를 정확하게 제어하는 기술, 그리고 감지한 화면 크기로 변환하는 기술 등 다양한 기술이 필요합니다. 이 기술들에 대해서는 02장에서 살펴보기로 하고 우선 여기서는 반응형 웹 제작에 필요한 네 가지 기본 개념만 익히고 넘어가겠습니다.

픽셀은 한계가 있다! − 가변 그리드

우선 가변 그리드(Fluid Grid)라는 개념을 이해하고 있어야 합니다. 가변 그리드는 웹사이트를 제작할 때 화면의 크기에 관계없이 자유롭게 늘어나거나 줄어들 수 있도록 픽셀(px) 대신 퍼센트(%)로 제작하는 기술입니다.

> 가변 그리드 레이아웃은 Fluid Layout, Flexible Layout, Flexible Grid 등으로 다양하게 부르지만 의미는 모두 같습니다.

'가변' 또는 '가변적이다'라는 말은 무슨 의미일까요? 학창시절 과학 시간에 어떠한 물체 또는 공을 늘이거나 줄이는 실험을 하면서 '가변적이다' 또는 '유동적이다'라는 말을 한 번쯤 들어보았을 것입니다. 이렇듯 가변이라는 말은 어떠한 객체/물체 또는 사물이 늘어나거나 줄어들거나 성질이 변하는 것을 말합니다.

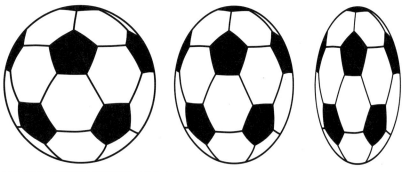

공의 크기가 가변적으로 줄어들거나 늘어나는 모습

그렇다면 그리드란 무엇일까요? 종이에 규칙적인 간격으로 그림을 그리고 싶을 때 우리는 먼저 종이의 길이를 재고 간격을 계산하여 줄자를 종이에 대고 규칙적인 선을 그을 것입니다.

바로 이러한 작업 또는 개념을 '그리드' 또는 '그리드 작업'이라고 합니다. 본래 그리드란 격자나 눈금을 말하지만 웹 디자인에서 말하는 그리드는 웹 페이지의 가로 크기 또는 세로 크기, 여백, 단 수 등 웹사이트의 구조 설계를 위한 의미로 사용되고 있습니다.

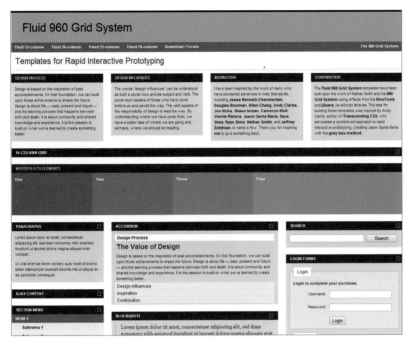

웹 그리드를 소개하는 홈페이지

지금까지는 웹사이트를 만들 때 픽셀(px) 크기로 계산을 했다면 반응형 웹을 만들 때는 모든 요소를 퍼센트(%)로 계산합니다. 가변 폭에 따라 내용들도 가변적이게 늘어나거나 줄어듭니다.

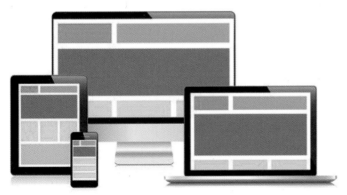

화면의 크기나 환경에 따라 다양하게 변화하는 가변 그리드

고정 크기의 박스를 가변 크기의 박스로 변환하기

• **실습 파일** 첫째마당/01장/실습/01_1.html • **완성 파일** 첫째마당/01장/완성/01_1.html

고정된 크기(px)로 제작된 박스를 가변적인 박스(%)로 변환하는 간단한 실습을 진행해 보겠습니다. 다음 예제의 코드들을 하나 하나 다 이해할 필요는 없습니다. 본격적으로 가변 그리드를 적용하는 방법은 02장에서 자세히 설명할 것이므로 여기서는 '이런 게 가변 그리드구나!'라는 정도로만 이해하고 넘어가면 됩니다.

1. 먼저 파일을 크롬으로 실행해 보세요. 그런 다음 웹 브라우저의 크기를 줄이면 가로 너비가 줄어들면서 오른쪽 화면이 잘려 보이지 않을 것입니다.
박스가 고정된 크기(px)로 제작되어 있기 때문에 화면 크기가 변경되어도 박스가 수정되지 않는 것이죠. 이제 이 박스를 가변 크기의 박스로 변환해 보겠습니다.

2. 박스를 가변 크기로 변경하기 위해 편집기에서 01_1.html 파일을 불러옵니다.

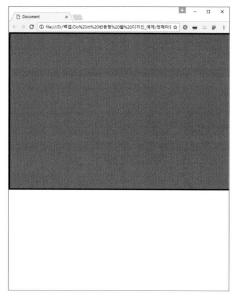

고정 크기로 제작된 박스를 줄인 모습

3. 여기서는 간단히 가로 너비만 수정해 보겠습니다. 소스 중 가로 너빗값인 960px을 90%로 변경합니다.

CSS

```
09:   #wrap{
10:     width:960px 90%
...   ...
15:   }
```

```
 8
 9  #wrap{
10  width:90%;
11  height:500px;
12  margin:0 auto;
13  background:#e65d5d;
14  border:4px solid #000;
15  }
16
```

수정된 소스의 화면

4. 이제 수정한 01_1.html 파일을 저장한 후 크롬에서 실행해 보세요.

가로 너비가 넓을 때는 차이가 없지만 가로 너비를 줄이면 폭에 맞게끔 박스의 크기가 줄어든 것을 확인할 수 있습니다. 이것을 가변 그리드 기술이라고 합니다.

▶ 예제를 실행할 때는 동일한 결과물을 확인하기 위해 반드시 구글 크롬 브라우저를 이용하세요.

하지만 px을 %로 바꾸어도 반응형 웹이 완성되지는 않는데, 이는 비율로 제작하면 가변적으로 작동하기는 하지만 기기나 환경에 따라 구조를 바꾸지는 못하기 때문입니다.

그래서 화면을 제어할 '뷰포트'와 화면의 크기나 환경을 감지하여 구조를 바꿔줄 '미디어 쿼리'가 필요합니다.

그럼 지금부터 미디어 쿼리와 뷰포트에 대해 알아볼까요?

가변 크기로 제작된 박스를 줄인 모습

미디어 쿼리와 뷰포트

화면의 크기와 환경 감지 및 웹사이트를 변경하는 기술 – 미디어 쿼리

미디어 쿼리(Media Queries)란 컴퓨터나 기기에게 '너는 어떤 종류의 미디어니?' 또는 '미디어의 화면 크기는 어느 정도나 되니?'라고 미디어에게 질문하고 감지하여 웹사이트를 변경하는 기술입니다. 컴퓨터나 기기의 환경 또는 종류를 감지해야 그 기기에 맞게 웹사이트의 구조를 바꿀 수 있기 때문에 반응형 웹을 제작할 때 반드시 필요한 기술이죠.

알아 두면 좋아요! **'미디어 쿼리'에서 쿼리란 무엇일까요?**

혹시 컴퓨터 같은 기기를 사용하면서 기기에게 질문을 하고 있다는 느낌을 받아본 적이 있나요? 그런 느낌을 받아 본 적이 있다면 아마 여러분들은 이미 알고 있는 내용일지도 모르겠네요.

우리가 실제로 기기를 사용하면서 하는 모든 행동들은 기기에게 질문을 하고 있는 것이라 할 수 있습니다. 예를 들어 컴퓨터 자판을 누르면서 컴퓨터에게 '자판을 눌렀으니 글자를 나타내줄 수 있겠니?'라고 묻고 만약 문제가 없다 면 컴퓨터가 그에 해당하는 답변을 주는 것과 같습니다. 물론 마우스도 마찬가지입니다.

이처럼 우리가 컴퓨터나 기기를 사용하면서 매번 질문을 하는 작업을 컴퓨터 용어로는 '질의' 또는 '쿼리(query)', '쿼리 작업'이라고 부릅니다.

화면을 제어하는 기술 – 뷰포트

뷰포트(Viewport)는 화면에 보이는 영역을 제어하는 기술 로, 미디어 쿼리로 수많은 기기의 화면 크기를 감지해야 할 때 꼭 필요합니다.

▶ 뷰포트는 모니터나 기기의 화면을 통해 보이는 영역을 뜻하기도 합니다.

데스크톱은 사용자가 지정한 해상도에 따라 보이는 영역이 결정되지만 스마트 기기는 기본 설정값 이 자동으로 보이는 영역으로 설정되기 때문에 미디어 쿼리를 사용해도 스마트 기기에서 화면의 크 기를 정확하게 감지하지 못합니다. 이처럼 스마트 기기의 보이는 영역을 기기의 실제 화면 크기로 변경하여 미디어 쿼리가 기기의 화면 크기를 정확하게 감지할 수 있도록 하기 위해 뷰포트라는 기술 을 이용하는 것이죠.

뷰포트를 적용하기 전

뷰포트를 적용한 후

앞의 설명이 잘 이해되지 않을 수도 있을 겁니다. 그래서 이번에는 테스트해 보면서 데스크톱 뷰포트와 스마트 기기 뷰포트의 차이를 비교해 보겠습니다. 그리고 미디어 쿼리를 적용해 보겠습니다.

Do it! 실습 ▶ **뷰포트 비교하기**

• **실습 파일** 첫째마당/01장/실습/01_2.html • **완성 파일** 첫째마당/01장/완성/01_2.html

뷰포트가 정확히 어떤 기술인지 알려면 뷰포트 기술을 사용하지 않은 파일과 사용한 파일을 각각 호스팅 서버에 올려 스마트 기기와 데스크톱 기기를 이용해서 각각 비교해야 합니다. 그럼 지금부터 기기마다 뷰포트를 비교하는 작업을 시작해 볼까요?

1. 먼저 FTP 프로그램인 파일질라를 실행합니다.

2. '사이트 관리자' 대화상자에서 [새 사이트(N)] 버튼을 눌러 사이트를 추가합니다. '호스트'에는 미리 가입한 닷홈의 FTP 주소를, '사용자'와 '비밀번호'에는 닷홈 호스팅 홈페이지에서 가입한 아이디와 FTP 비밀번호를 입력하고 [연결] 버튼을 누릅니다.

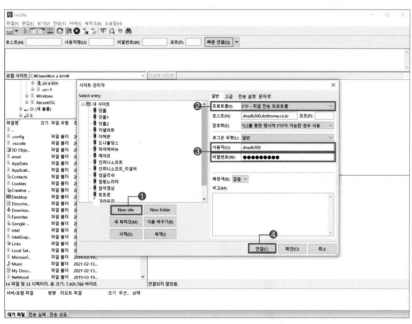

호스팅 서버에 접속합니다.

3. 뷰포트가 적용되지 않은 파일 확인하기

FTP 프로그램을 이용해 호스팅 서버에 연결한 후 html 폴더를 더블 클릭합니다. 그리고 01_2.html 파일과 img_01.jpg 파일을 오른쪽 박스로 드래그합니다. 이 이미지 파일은 가로 너비가 300px인 그림 이미지입니다.　　　　　　　　　　　▶ img_01.jpg는 첫째마당/1장/실습/source/ 폴더에 있습니다.

컴퓨터에 저장돼 있는 파일을 호스팅 서버로 옮깁니다.

4. 이제 데스크톱과 스마트 기기로 '×××.dothome.co.kr/01_2.html'처럼 자신의 호스팅 서버 주소와 업로드한 파일명을 주소 창에 입력하고 접속합니다.

확인해 보면 데스크톱에서는 문제가 없어 보이지만 스마트 기기에서는 그림이 더 작게 보입니다.

데스크톱과 스마트 기기의 보이는 영역의 차이

5. 스마트 기기에서 그림이 작게 보이는 문제를 해결하기 위해 01_2.html 파일을 편집기로 불러옵니다. 그리고 〈head〉, 〈/head〉 태그 사이에 뷰포트를 제어하기 위한 〈meta〉 태그를 작성합니다.

▶ 뷰포트와 관련된 〈meta〉 태그의 자세한 설명은 03장에서 설명합니다.

HTML

```
03:   <head>
04:   <meta charset="UTF-8">
05:
06:   <meta name="viewport" content="width=device-width, initial-scale=1, minimum-scale=1, maximum-scale=1, user-scalable=no">
07:
08:   <title>Document</title>
09:   </head>
```

〈meta〉 태그를 이용해서 화면의 크기나 배율을 조절해 줘야 미디어 쿼리가 정상적으로 작동할 수 있습니다.

6. 이제 수정한 html 파일을 FTP 프로그램인 파일질라를 이용해서 호스팅 서버에 업로드합니다.

7. 파일의 업로드가 완료되면 스마트 기기를 이용해 자신의 호스팅 주소와 업로드한 파일명을 주소창에 입력하고 접속합니다. 그럼 정상적으로 이미지가 크게 표현되는 것을 확인할 수 있습니다.

뷰포트 메타 태그를 사용하기 전

뷰포트 메타 태그를 사용한 후

데스크톱과 스마트 기기의 뷰포트를 비교해 봤다면 이제는 미디어 쿼리 소스를 실습할 차례입니다. 앞에서도 설명했듯이 미디어 쿼리 기술을 활용해야 기기의 환경 또는 종류를 감지할 수 있고, 그 기기에 맞게 웹사이트의 구조를 바꿀 수도 있습니다.

Do it! 실습 ▸ 미디어 쿼리 사용하기

• **실습 파일** 첫째마당/01장/실습/01_3.html • **완성 파일** 첫째마당/01장/완성/01_3.html

1. ⟨head⟩, ⟨/head⟩ 태그 사이에 ⟨style⟩ 태그를 입력합니다.

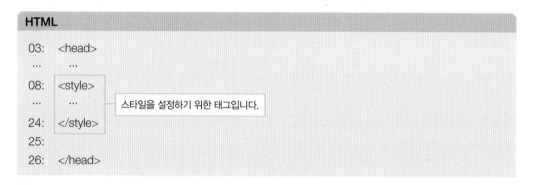

```
HTML
03:   <head>
...       ...
08:   <style>
...       ...          ┌─ 스타일을 설정하기 위한 태그입니다.
24:   </style>
25:
26:   </head>
```

2. 이제 ⟨style⟩, ⟨/style⟩ 태그 사이에 미디어 쿼리 CSS 코드를 입력합니다. 웹 브라우저의 크기별로 다른 색을 지정하는 것입니다.

```
HTML
03:   <head>
...       ...
08:   <style>
09:   @media all and (min-width:320px){
10:   body{
11:   background:#e65d5d;          웹 브라우저의 크기가 320px 이상일 때 배경색을 빨간
                                   색 계열로 변경합니다.
12:   }
13:   }
```

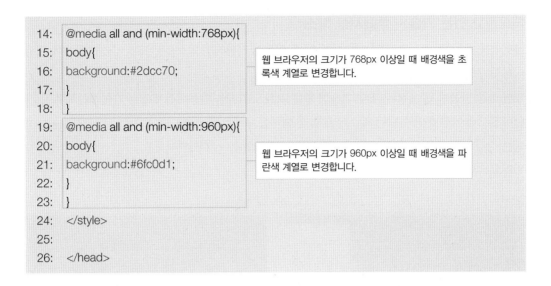

```
14:  @media all and (min-width:768px){
15:  body{
16:  background:#2dcc70;
17:  }
18:  }
```

웹 브라우저의 크기가 768px 이상일 때 배경색을 초록색 계열로 변경합니다.

```
19:  @media all and (min-width:960px){
20:  body{
21:  background:#6fc0d1;
22:  }
23:  }
24:  </style>
25:
26:  </head>
```

웹 브라우저의 크기가 960px 이상일 때 배경색을 파란색 계열로 변경합니다.

3. 작성한 파일을 저장한 후 크롬에서 실행하여 창의 크기를 줄입니다. 크기에 따라 배경색이 변하는 것을 확인할 수 있습니다.

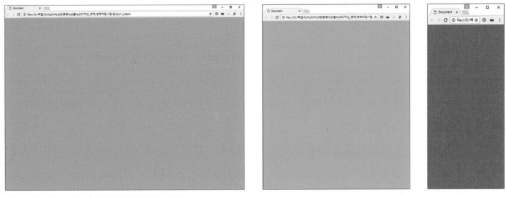

웹 브라우저의 크기에 따라 배경색이 변하는 모습

미디어 쿼리와 뷰포트에 대한 자세한 내용은 03장에서 좀 더 자세히 다룰 것이므로 여기서는 각 기술의 기본 정의에 대해서만 이해하고 넘어가세요.

떠오르고 있는 기술 – 플렉서블 박스

플렉서블 박스(Flexible Box)란 단어에서 알 수 있듯이 가변적인 박스를 만드는 기술인 동시에 웹사이트의 구조 설계를 위한 새로운 기술입니다.

또한 요즘 반응형 웹 제작 시 필수 기술인 가변 그리드 기술을 이용해서 만드는 가변적인 박스를 간단하게 만들어줄 뿐만 아니라 박스를 손쉽게 배치할 수 있 ▶ 플렉서블 박스에 대해서는 04장에서 자다는 장점 때문에 반응형 웹과 플렉서블 박스는 환상의 콤 세히 배웁니다.
비라고도 합니다.

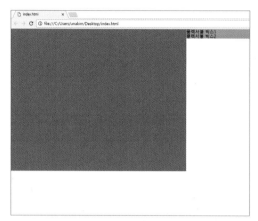

플렉서블 박스 크기 증감 속성을 적용하기 전

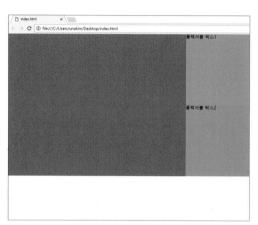

플렉서블 박스 크기 증감 속성을 적용한 후

지금까지는 반응형 웹이 무엇인지 사례를 통해 살펴보고, 반응형 웹을 제작할 때 어떤 기술들이 사용되는지에 대해 알아보았습니다.

각 기술들을 사용하는 구체적인 방법에 대해서는 02장에서 직접 실습해 보겠습니다. 이제부터는 각 기술의 문법과 조건문 등을 하나씩 살펴볼 것이므로 만약 가변 그리드와 미디어 쿼리, 뷰포트 등에 대한 개념이 잘 이해되지 않는다면 01장을 한 번 더 읽고 난 후에 02장으로 넘어가는 것이 좋습니다.

01장에서 꼭 기억해야 할 내용

1. [반　　　] 웹이란 PC, TV, 내비게이션, 스마트 기기 등 기기마다 또는 환경마다 최적화된 웹사이트를 제공하는 것을 말합니다.

2. [호　　　] 서버는 인터넷 속 저장 공간입니다. 우리는 이 저장 공간을 소유하고 있는 회사에 돈을 지불하고 일정 용량을 빌려 쓰는 것입니다.

3. 호스팅 서버나 웹 서버에 파일을 자유자재로 옮기기 위해서는 파일질라 등의 [F　　　] 프로그램을 이용해야 합니다.

4. [가　　　] 는 웹사이트를 제작할 때 가변적으로 늘어나거나 줄어드는 구조를 제작하는 기술로, 가로 크기를 퍼센트로 제작해 비율이 바뀌는 개념입니다.

5. [미　　　] 란 컴퓨터에게 '너는 어떤 종류의 미디어니?' 또는 '미디어의 화면 크기는 어느 정도 되니?'라고 질문하고 감지하여 웹사이트를 변경하는 기술입니다.

6. [뷰　　　] 는 화면의 보이는 영역을 제어하는 기술로, 미디어 쿼리로 수없이 많은 화면의 크기를 감지해야 할 때 꼭 필요합니다.

7. [플　　　] 란 단어는 가변적인 박스를 만드는 기술인 동시에 웹사이트의 구조 설계를 위한 기술입니다.

• 정답 1. 반응형 2. 호스팅 3. FTP 4. 가변 그리드 5. 미디어 쿼리 6. 뷰포트 7. 플렉서블 박스

px을 %로 바꾸기 - 가변 그리드

앞에서 px 단위의 박스를 % 단위로 바꾸는 작업을 수행해 보았습니다. 하지만 웹사이트에서 박스 하나 혹은 일부 콘텐츠만 바꾸는 것으로는 부족하겠죠?
이번 장에서는 본격적으로 가변 그리드 공식을 살펴본 다음 마진과 패딩, 폰트 그리고 멀티 미디어 요소까지 가변 크기로 바꾸는 작업을 직접 진행해 보겠습니다. 특히 가변 그리드와 가변 마진, 가변 패딩은 확실히 익혀 두어야 나중에 헷갈리지 않으므로 주의 깊게 살펴보기 바랍니다.

02-1 본격적으로 가변 그리드 배우기

02-2 가변 마진과 가변 패딩 이해하기

02-3 폰트도 자유자재로! 가변 폰트 이용하기

02-4 멀티미디어 요소 가변적으로 만들기 – 가변 이미지와 가변 동영상

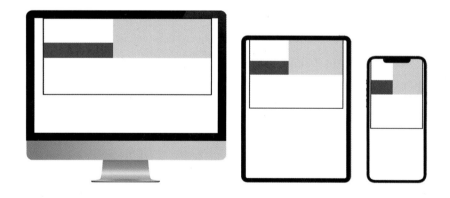

02-1
본격적으로 가변 그리드 배우기

이제부터는 본격적으로 가변 그리드에 대해 알아보고 가변 그리드를 이용한 가변 마진 그리고 가변 패딩도 함께 알아보겠습니다.

가변 그리드 공식 이해하기

앞에서 간단히 % 값을 이용해서 가변 크기의 박스를 만들어 보았습니다. 하지만 사실상 가변 그리드라는 기술은 정해져 있는 공식에 의해 정확한 가변 크기의 박스를 만드는 기술입니다.

공식은 다음과 같습니다.

> (가변 크기로 만들 박스의 가로 너비 ÷ 가변 크기로 만들 박스를 감싸고 있는 박스의 가로 너비) × 100
> = 가변 크기의 % 값

예를 들어 노란 박스를 감싸고 있는 테두리 박스의 가로 너비가 960px이고, 가변 크기로 만들 박스의 가로 너비가 300px이라면 노란 박스를 가변 크기로 만들기 위한 공식은 다음과 같습니다.

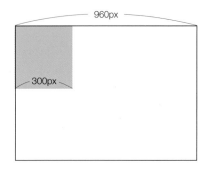

> (300px ÷ 960px) × 100 = 31.25%

그렇다면 여기서 왜 100을 곱하는 걸까요? 그 이유는 가변 크기의 박스는 비례형인 % 값으로 지정되기 때문에 백분율로 표현하기 위해 100을 곱해준 것입니다.

▶ 만약 이러한 계산법이 복잡하다면 100을 곱하지 않고 간단히 공식을 이용해서 나온 가변 크기의 값에서 앞의 두 자리를 앞당겨주기만 하면 됩니다.

서로 다른 크기의 박스를 가변 크기로 변환하기

• **실습 파일** 첫째마당/02장/실습/02_1.html • **완성 파일** 첫째마당/02장/완성/02_1.html

이제 크기가 다른 두 개의 박스를 앞에서 배운 공식을 이용해 가변 크기의 박스로 제작해 보겠습니다.

먼저 테두리 박스(a)의 가로 너비는 960px로, 그리고 그 안에 있는 박스(b)의 가로 너비는 900px로 설정합니다. 900px 박스 안의 자식 박스인 두 개의 박스(c, d) 크기는 각각 300px, 600px입니다.

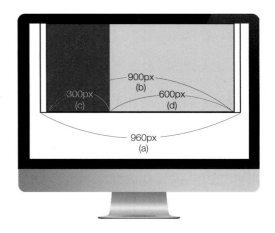

⏵ 테두리 박스 안에 또 다른 박스가 하나 더 있는 이유는 감싸고 있는 요소가 하나 더 있기 때문에 이를 구분하기 위해 테두리를 넣은 것입니다.

1. 먼저 편집기를 실행시켜 실습 파일인 02_1.html을 불러옵니다.

2. ⟨body⟩, ⟨/body⟩ 태그 사이에 ⟨div⟩ 태그들을 작성합니다. ⟨div⟩ 태그는 요소를 묶기 위해 사용하는 태그입니다. 전체를 감싸는 ⟨div⟩ 태그를 만드는 이유는 각 요소들의 너비를 %(백분율)로 바꿀 때 기준이 되는 너비가 필요하기 때문입니다.

HTML

```
44:    <body>
45:      <div id="wrap">        모든 태그를 감싸고 있는 박스를 만들기 위해 'wrap'이라는 아이디를 가진 <div> 태그
                                를 작성합니다.
46:        <div class="container">
47:          <div></div><div></div>
48:        </div>
49:      </div>
50:    </body>
```

 알아 두면 좋아요! **wrap 또는 wrapper라는 박스가 소스에 항상 있는 이유**

다른 웹사이트의 소스를 보면 wrap 또는 wrapper라는 아이디를 쓰는 ⟨div⟩ 태그로 모든 태그들을 감싸고 있는 소스를 자주 볼 수 있습니다. 왜 이렇게 작업을 하는 것일까요?

wrap 또는 wrapper라는 요소로 박스 전체를 감싸면 웹 문서 내용 전체의 크기나 배경색 등을 한꺼번에 조절할 수 있을 뿐만 아니라, 브라우저 화면 크기에 상관없이 웹 문서의 내용을 중앙에 배치할 수도 있습니다. 또한 반응형 웹에서는 자식 박스들이 가변 크기로 설정되었을 때 무제한으로 늘어나는 것을 방지할 수 있을 뿐만 아니라 자식 박스들을 가변 크기로 만들 때 기준 크기로 사용할 수도 있습니다.

---

3. ⟨head⟩, ⟨/head⟩ 태그 사이에 ⟨style⟩, ⟨/style⟩ 태그를 작성합니다.

HTML

```
03:    <head>
...    ...
07:    <style>
...    ...
42:    </style>
43:    </head>
```

4. ⟨style⟩, ⟨/style⟩ 태그 사이에 wrap이라는 아이디를 가진 ⟨div⟩ 태그의 스타일을 설정합니다. 먼저 고정 크기였던 960px을 가변 크기로 설정합니다. 단, wrap 박스는 가장 상위의 박스이므로 가변 그리드 계산시 기준이 될 박스가 없기 때문에 임의로 설정한 값인 90%로 설정합니다. 세로 높이는 500px로, 마진값과 선값은 다음처럼 설정합니다.

CSS

```
03:    <head>
...    ...
07:    <style>
...    ...
10:    #wrap{
11:    width:90%;        wrap이라는 아이디를 가진 <div> 태그의 너빗값을 90%로 설정합니다.
12:    /* 960px */
13:    height:500px;
14:    margin:0 auto;
15:    border:4px solid #000;
16:    }
17:
...    ...
42:    </style>
43:    </head>
```

> 🔍 **알아 두면 좋아요!** **wrap이라는 아이디를 가진 박스의 너빗값을 임의로 설정한 또 다른 이유!**
>
> 최상위의 박스는 가변 그리드 공식을 사용할 수 없기 때문에 보통 임의 값으로 너빗값을 지정합니다. 하지만 최상위 박스의 너빗값을 지정할 때 참고하면 좋은 또 다른 기준이 있습니다. 바로 기획, 디자인 단계에서 '이 정도의 크기로 보였으면 좋겠다'처럼 기획자나 디자이너가 미리 정해둔 목적(의도) 또는 크기를 최상위 박스의 너빗값으로 하는 것입니다. 이처럼 반응형 웹사이트를 제작할 때는 기획자와 디자이너, 개발자 모두의 의견을 모아 협력해서 작업을 해야 합니다.

5. 이번에는 container라는 클래스명을 가진 〈div〉 태그의 스타일을 설정합니다. 높이는 492px로 설정하고 마지막으로 마진값과 선값을 다음처럼 설정합니다.

▶ 예제처럼 가변 크기로 변환하여 값을 적용한 곳 아래에는 사용한 공식을 주석으로 작성해야 합니다. 그래야 나중에 코드를 확인할 때 유용합니다.

CSS

```
03:    <head>
...       ...
07:    <style>
...       ...
18:    .container{
19:    width:93.75%;
20:    /* 900px ÷ 960px */
21:    height:492px;
22:    margin:0 auto;
23:    border:4px solid #000;
24:    }
25:
...       ...
42:    </style>
43:    </head>
```

> 본래 크기인 900px을 가변 크기로 변환하기 위해 container 박스의 부모 박스인 wrap 박스의 가로 너비를 900px÷960px 공식을 이용해서 얻은 값인 93.75%로 설정합니다.

6. 자식 박스의 가변 크기 설정하기

이제 container의 자식 박스의 〈div〉 태그에 스타일을 설정합니다. 태그를 어떻게 보일지 설정하는 display 속성의 값을 inline-block으로 설정합니다. 그리고 높이는 100%로 설정합니다.

▶ inline-block은 display 속성의 값 중 inline 속성값처럼 요소들이 한 줄로 보이고, 〈block〉 태그에 적용할 수 있는 속성들도 사용할 수 있는 속성값입니다.

CSS

```
...       ...
26:    .container div{
27:    display:inline-block;
28:    height:100%;
29:    }
30:
...       ...
42:    </style>
43:    </head>
```

7. 마지막으로 container의 자식 태그인 두 개의 〈div〉 태그 중 첫 번째와 두 번째의 스타일을 각각 설정합니다.

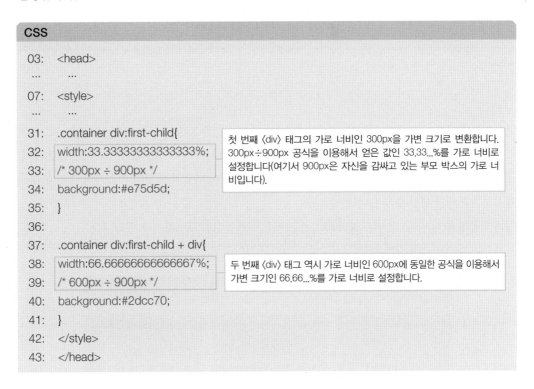

CSS

```
03:    <head>
...       ...
07:    <style>
...       ...
31:    .container div:first-child{
32:    width:33.33333333333333%;
33:    /* 300px ÷ 900px */
34:    background:#e75d5d;
35:    }
36:
37:    .container div:first-child + div{
38:    width:66.66666666666667%;
39:    /* 600px ÷ 900px */
40:    background:#2dcc70;
41:    }
42:    </style>
43:    </head>
```

첫 번째 〈div〉 태그의 가로 너비인 300px을 가변 크기로 변환합니다. 300px÷900px 공식을 이용해서 얻은 값인 33.33...%를 가로 너비로 설정합니다(여기서 900px은 자신을 감싸고 있는 부모 박스의 가로 너비입니다).

두 번째 〈div〉 태그 역시 가로 너비인 600px에 동일한 공식을 이용해서 가변 크기인 66.66...%를 가로 너비로 설정합니다.

34, 40행 두 박스의 배경색은 다르게 설정한 후 마무리합니다.

이제 완성한 파일을 실행해 보겠습니다. 화면의 가로 너비를 줄여도 화면 오른쪽이 잘리지 않고 브라우저의 비율에 맞춰 박스의 크기도 줄어드는 것을 볼 수 있습니다.

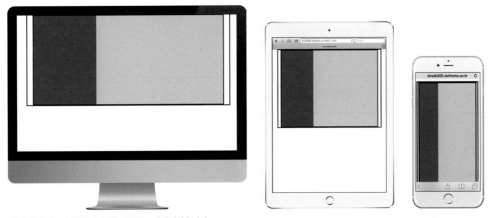

여러 개의 박스가 중첩되어 있는 구조로 제작되었습니다.

02-2
가변 마진과 가변 패딩 이해하기

웹사이트의 요소에 마진과 패딩을 설정할 때는 모든 박스들을 감싸고 있는 wrap과 같은 요소들의 너빗값을 고려하여 요소의 마진값과 패딩값을 지정해야 합니다. 만약 너빗값을 고려하지 않은 상태로 마진값과 패딩값들을 설정하면 의도했던 대로 레이아웃이 나오지 않거나 박스들이 밀려 아래로 떨어지는 문제가 생길 수 있습니다.

이는 반응형 웹에서도 마찬가지지만 크기가 가변값으로 설정된다는 차이가 있습니다.

여기서는 가변 마진과 가변 패딩을 설정하는 방법을 알아보고 실습해 보겠습니다.

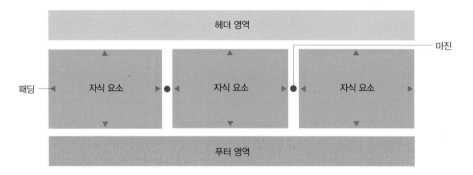

간격을 자유자재로! 가변 마진 설정하기

반응형 웹사이트에서는 모든 요소가 가변적이어야 합니다. 구조상의 간격 역시 마찬가지죠. 기존의 고정되어 있는 마진(여백)을 변할 수 있게 설정해줘야 합니다.

가변 마진은 가변 그리드에서 사용했던 공식과 같습니다.

(가변 마진을 적용할 마진값 ÷ 적용할 박스를 감싸고 있는 박스의 가로 너비) × 100 = 가변 마진값

예제와 함께 살펴보는 것이 이해하기 더 쉬울 것입니다. 오른쪽 이미지를 보면 너빗값이 각각 300px 인 두 개의 박스를 고정 크기가 960px인 박스가 감싸고 있습니다. 이 중 A 박스의 오른쪽에 가변 마

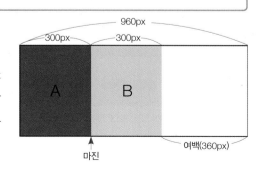

진을 적용하여 A 박스와 B 박스 사이에 공간을 만드는 예제입니다.

예제로 구경하기　　　　　　　　　　　　　　　• 예제 파일　첫째마당/02장/예제/ex_01.html

```
03:    <head>
...        ...
07:    <style>
...        ...
10:    #wrap{
11:    width:90%;
12:    /* 960px */
13:    height:500px;
14:    margin:0 auto;
15:    border:4px solid #000;
16:    }
17:
18:    #wrap div{
19:    display:inline-block;
20:    width:31.25%;
21:    /* 300px ÷ 960px */
22:    height:100%;
23:    }
24:
25:    #wrap div:first-child{
26:    margin-right:37.5%;
27:    /* 360px ÷ 960px */
28:    background:#1f518b;
29:    }
30:
31:    #wrap div:first-child + div{
32:    background:#f7e041;
33:    }
34:    </style>
35:    </head>
36:    <body>
37:      <div id="wrap">
38:        <div></div><div></div>
39:      </div>
40:    </body>
```

> 두 개의 박스 중 A 박스 오른쪽에 360px 크기의 가변 마진값을 적용하기 위해 360px÷ 960px 공식을 이용해서 가변 마진값으로 설정합니다.

A 박스에 360px의 가변 마진값을 적용하니 B 박스가 부모 박스의 오른쪽 끝에 붙는 구조가 됩니다.

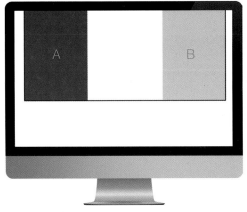
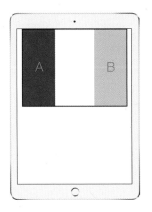

가변 마진을 적용한 모습

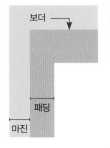
Do it! 실습 ▶ 고정 마진을 가변 마진으로 변환하기

• 실습 파일 첫째마당/02장/실습/02_2.html • 완성 파일 첫째마당/02장/완성/02_2.html

02장/실습/02_2.html 파일을 크롬에서 실행해 보면 파란색 박스와 달리 노란색 박스는 오른쪽에 딱 붙지 않고 어중간한 위치에 배치되어 있는 것을 볼 수 있습니다. 가변적인 크기로 제작된 박스에 마진이 고정값으로 설정되어 있다 보니 노란색 박스가 오른쪽에 붙지 않고 어중간한 위치로 배치되어버린 것입니다. 이러한 문제를 해결하기 위해 고정 마진을 가변 마진으로 변환해야 합니다.

1. 편집기에서 실습 파일인 02_2.html 파일을 불러옵니다. 현재 소스를 보면 모든 박스를 감싸고 있는 테두리 박스의 가로 너비는 960px이고 그 박스 안에 있는 자식 박스들인 두 개의 박스는 가로 너비가 각각 300px입니다.

▶ 크기가 960px인 박스와 300px인 박스 모두 가변 크기로 변환되어 있는 상태입니다.

2. 첫 번째 박스의 마진 수정하기

두 개의 자식 박스 중 첫 번째 박스에 고정 마진이 설정되어 있는데, 이는 나머지 공간을 마진 영역으로 만들기 위해 360px 크기의 고정 마진으로 설정된 것입니다.

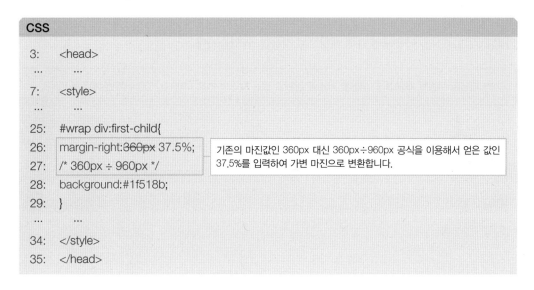

```
CSS
3:      <head>
...       ...
7:      <style>
...       ...
25:     #wrap div:first-child{
26:     margin-right:360px 37.5%;
27:     /* 360px ÷ 960px */
28:     background:#1f518b;
29:     }
...       ...
34:     </style>
35:     </head>
```

기존의 마진값인 360px 대신 360px÷960px 공식을 이용해서 얻은 값인 37.5%를 입력하여 가변 마진으로 변환합니다.

3. 수정한 파일을 저장한 다음 크롬으로 열어보겠습니다. 노란색 박스가 어중간한 위치에 배치되지 않고 정상적으로 오른쪽에 붙어 있는 모습을 확인할 수 있습니다.

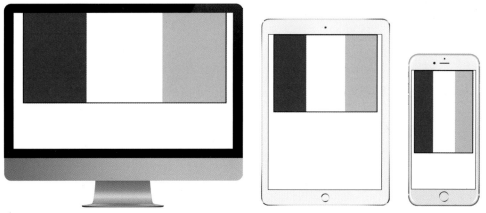

고정 마진을 가변 마진으로 변환하여 적용한 모습

가변 패딩을 적용하는 두 가지 방법

가변 패딩을 적용할 때는 가변 그리드에서 사용한 공식을 이용하면 됩니다. 단, 가변 패딩은 가변 마진과 달리 박스 너빗값에 포함되기 때문에 작업할 때 헷갈릴 수 있으므로 여기서 정확히 이해하고 넘어가는 것이 좋습니다.

가변 패딩을 적용할 때 일반적으로는 기본 방법인 **'방법 1'**을 사용하고, 제한적인 조건이 있을 때는 **'방법 2'**를 사용하면 됩니다. 하나씩 예제와 함께 살펴보겠습니다.

가변 패딩 적용 방법 1 – 기본 방법

첫 번째 방법은 가변 패딩을 적용하는 기본적인 방법입니다. 아래 예제처럼 40px 크기의 패딩값을 가변 그리드 공식을 이용해서 가변 패딩으로 적용할 수 있습니다.

> (가변 패딩을 적용할 패딩값 ÷ 적용할 박스를 감싸고 있는 박스의 가로 너비) × 100 = 가변 패딩 % 값

다음 예제는 960px 크기의 박스 안에 또 다른 박스가 있고, 이 박스의 상하좌우에 40px 크기의 가변 패딩을 적용하는 예제입니다.

예제로 구경하기	• 예제 파일 첫째마당/02장/예제/ex_02.html

```
03:   <head>
  ...      ...
07:   <style>
  ...      ...
10:   #wrap{
11:   width:90%;
12:   /* 960px */
13:   height:500px;
14:   margin:0 auto;
15:   border:4px solid #000;
16:   background:#f7e041;
17:   }
18:
19:   #wrap p{
20:   padding:40px 4.16666666666667%;
21:   /* 40px ÷ 960px */
22:   }
23:   </style>
24:   </head>
```

> 40px 크기의 가변 패딩값을 적용하기 위해 40px ÷ 960px 공식을 이용해서 얻은 값인 4.16…%를 왼쪽과 오른쪽 패딩값으로 설정합니다.

```
25:    <body>
26:        <div id="wrap">
27:            <p>...텍스트 생략...</p>
28:        </div>
29:    </body>
```

그리고 예제 파일을 브라우저에서 열어 브라우저의 가로 너비를 줄여보세요. 적용된 가변 패딩을 확인할 수 있습니다.

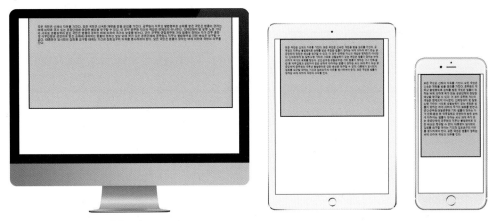

가변 패딩 적용 방법 1을 적용한 모습

가변 패딩 적용 방법 2 – 제한적인 조건이 있을 때

두 번째 방법은 박스에 패딩을 적용하더라도 박스의 정해진 너빗값 이상이 되지 말아야 하는 경우에 이용하는 방법입니다. 이용하는 공식은 방법 1과 같습니다.

(가변 패딩을 적용할 패딩값 ÷ 적용할 박스를 감싸고 있는 박스의 가로 너비) × 100 = 가변 패딩 % 값

다음 예제는 고정 크기일 때 960px 크기의 박스 안에 하나의 박스가 있고, 이 박스는 600px을 넘지 않으면서 상하좌우 패딩값을 50px로 적용하는 예제입니다.

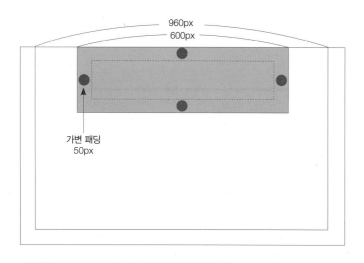

960px
600px

가변 패딩
50px

```
03:    <head>
...        ...
07:    <style>
...        ...
10:    #wrap{
11:    width:90%;
12:    /* 960px */
13:    height:500px;
14:    margin:0 auto;
15:    border:4px solid #000;
16:    }
17:
18:    #wrap p{
19:    width:52.08333333333333%;
20:    /* 500px ÷ 960px */
21:    padding:50px 5.208333333333333%;
22:    /* 50px ÷ 960px */
23:    margin:0 auto;
24:    background:#f7e041;
25:    }
26:    </style>
27:    </head>
28:    <body>
29:        <div id="wrap">
30:            <p>...텍스트 생략...</p>
31:        </div>
32:    </body>
```

600px을 유지해야 하는 박스에 가변 패딩값을 적용하기 위해 600px−100px(왼쪽/오른쪽 패딩값을 더한 값) 공식을 이용해서 얻은 값인 500px을 다시 500px÷960px 공식을 이용해서 얻은 가변 크기의 값인 52.08%를 너빗값으로 설정합니다.

50px 크기의 가변 패딩을 적용하기 위해 50px÷960px 공식을 이용해서 가변 패딩을 설정합니다.

위 예제를 좀 더 자세히 설명하겠습니다. 먼저 600px에서 왼쪽과 오른쪽 패딩값을 더한 값인 100px을 뺍니다. 그럼 500px이 남겠죠? 이 500px을 너빗값으로 설정합니다. 그리고 왼쪽과 오른쪽의 가변 패딩값을 적용하면 됩니다.

단, 여기서 주의할 점은 앞에서도 말했듯이 패딩값은 너빗값에 포함된다는 것입니다. 그러므로 가변 그리드 공식을 이용해서 가변 패딩을 적용할 때는 박스의 너빗값인 600px이 아닌, 가장 상위의 부모 박스 크기인 960px을 기준으로 계산해야 합니다.

결국 앞서 배운 가변 패딩과 공식은 동일하지만 계산이 조금 더 복잡해진 것뿐입니다. 상황에 따라 가변 패딩을 다르게 적용해야 할 수도 있으니 반드시 이해하고 넘어가세요.

가변 패딩 적용 방법 2를 적용한 모습

고정 크기의 마진과 패딩을 위해 calc 함수 이용하기

그런데 가변 마진과 가변 패딩에는 소소한 문제가 있습니다. 바로 브라우저의 비율에 따라 마진과 패딩도 줄어든다는 것입니다. 물론 '가변적이니까 줄어들 수도 있겠지'라고 생각할 수도 있지만 박스는 가변적이되 마진이나 패딩은 고정되어 있도록 설정하고 싶다면 어떻게 해야 할까요? 그럴 때는 CSS3의 calc 함수를 이용하면 됩니다.

프로그래밍 언어에서는 오래 전부터 함수를 사용해 왔지만 CSS 언어에서는 함수라는 개념 자체가 존재하지 않아 복잡한 연산이나 기타 반복적인 작업들을 할 수가 없었습니다. 하지만 CSS3부터 함수라는 개념이 등장하면서 복잡한 연산이나 반복적인 작업들을 할 수 있게 되었습니다. 이것을 CSS 함수라고 합니다.

▶ 프로그래밍에서 함수란 쉽게 말해 붕어빵을 만들 때 붕어빵 틀에 팥을 넣으면 팥 붕어빵이 되고, 크림을 넣으면 크림 붕어빵이 되듯이 특정한 작업은 동일하게 하지만 다른 값을 넣을 때마다 다른 게 튀어나오는 틀을 말합니다.

calc 함수는 말 그대로 계산을 위한 CSS 함수입니다. 고차원의 연산까지는 아니더라도 간단한 사칙 연산과 우선순위 계산 등 다양한 곳에서 활용할 수 있습니다.

함수명	함숫값	적용 요소
calc	width 속성에서 사용할 수 있는 모든 값, 연산 기호	모든 대상

다음 예제는 wrap이라는 아이디를 가진 박스 안에 자식 박스 한 개가 있고, 그 박스에 50px 크기의 고정 마진을 적용하기 위해 calc 함수를 이용해 총 너빗값에서 왼쪽, 오른쪽 패딩값을 더한 값인 100px을 뺀 값을 너빗값으로 설정하고, 마진값을 50px로 설정한 예제입니다.

예제를 웹 브라우저에서 열어 브라우저 크기를 줄여가면서 확인해 보면 50px 크기의 마진은 그대로 적용되고 박스의 크기만 가변적으로 작동하는 것을 확인할 수 있습니다.

예제로 구경하기   • 예제 파일 첫째마당/02장/예제/ex_04.html

```
03:   <head>
 ...    ...
07:   <style>
 ...    ...
10:   #wrap{
11:   width:90%;
12:   /* 960px */
13:   height:500px;
14:   margin:0 auto;
15:   border:4px solid #000;
16:   }
17:
18:   #wrap div{
19:   width:calc(100% - 100px);
20:   height:200px;
21:   margin:50px;
22:   background:#f7e041;
23:   }
24:   </style>
25:   </head>
26:   <body>
27:     <div id="wrap">
28:       <div></div>
29:     </div>
30:   </body>
```

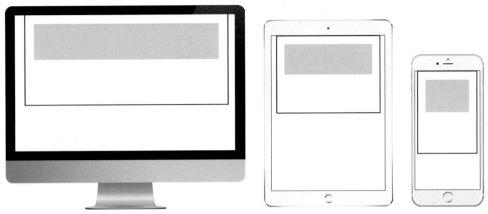

calc 함수를 이용해 마진을 설정한 모습

가변 패딩 직접 적용하기

• **실습 파일** 첫째마당/02장/실습/02_3.html　• **완성 파일** 첫째마당/02장/완성/02_3.html

간단한 구조를 직접 만든 다음 가변 패딩을 적용해 보겠습니다.

1. 편집기에서 실습 파일인 02_3.html을 불러옵니다.

2. 먼저 〈body〉, 〈/body〉 태그 사이에 wrap이라는 아이디를 가진 〈div〉 태그를 작성합니다. 그리고 작성한 〈div〉 태그 사이에 두 개의 〈div〉 태그를 작성합니다.

```
HTML
37:   <body>
38:     <div id="wrap">
39:       <div></div><div></div>
40:     </div>
41:   </body>
```

3. 〈head〉, 〈/head〉 태그 사이에 〈style〉, 〈/style〉 태그를 작성한 다음 wrap이라는 아이디를 가진 〈div〉 태그에 너비는 90%로, 높이는 500px로 입력해 스타일을 지정합니다. 그리고 마진값과 선값을 입력합니다.

CSS

```
07:    <style>
 ...        ...
10:    #wrap{
11:    width:90%;
12:    /* 960px */
13:    height:500px;
14:    margin:0 auto;
15:    border:4px solid #000;
16:    }
 ...        ...
35:    </style>
```

4. wrap이라는 〈div〉 태그의 자식 박스에 공통 스타일 설정하기

먼저 〈div〉 태그에 공통적으로 300px을 가변 크기로 설정합니다. 300px ÷ 960px 공식을 이용해서 얻은 값인 31.25%를 너빗값으로 설정합니다.

CSS

```
07:    <style>
 ...        ...
18:    #wrap div{
19:    width:31.25%;
20:    /* 300px ÷ 960px */
21:    display:inline-block;
22:    }
 ...        ...
35:    </style>
```

5. 첫 번째 박스에 가변 패딩 적용하기

자식 박스 중 첫 번째 박스에 50px 크기의 가변 패딩을 적용합니다. 50px ÷ 960px 공식을 이용해서 얻은 값을 패딩값으로 설정합니다.

```
CSS

07:   <style>
 ...      ...
24:   #wrap div:first-child{
25:   padding:50px 5.20833333333333%;
26:   /* 50px ÷ 960px */
27:   background:#1f518b;
28:   }
 ...      ...
35:   </style>
```

그러면 왼쪽과 오른쪽의 패딩값이 실제로는 50px + 50px이 되어 총 100px 크기의 가변 패딩이 적용됩니다.

6. 두 번째 박스에 가변 패딩 적용하기

자식 박스 중 두 번째 박스에 130px 크기의 가변 패딩을 적용합니다. 130px ÷ 960px 공식을 이용해서 얻은 값을 패딩값으로 설정합니다.

```
CSS

07:   <style>
 ...      ...
30:   #wrap div:first-child + div{
31:   padding:130px 13.54166666666667%;
32:   /* 130px ÷ 960px */
33:   background:#f7e041;
34:   }
35:   </style>
```

그러면 왼쪽과 오른쪽 패딩값이 실제로는 130px + 130px이 되어 총 260px 크기의 가변 패딩이 적용됩니다. 이렇게 두 번째 박스까지 가변 패딩을 적용하면 너빗값을 설정한 후에 남은 값인 360px을 가변 패딩 영역으로 사용하여 박스를 꽉 채우는 구조가 됩니다.

7. 이제 작업한 소스를 저장한 다음 크롬으로 실행해 봅니다. 모든 박스들이 구조를 꽉 채우게 되고 웹 브라우저의 크기를 줄여도 가변 패딩은 유지되며 모든 박스들이 가변적으로 작동하는 모습을 확인할 수 있습니다.

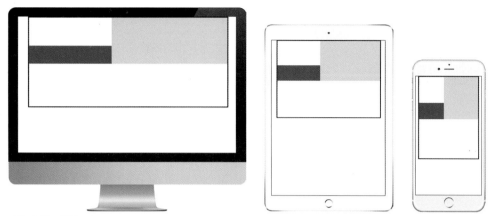

가변 패딩을 적용한 모습

알아 두면 좋아요! **브라우저 기술 지원 현황을 확인할 수 있는 사이트**

CSS3와 같이 새로 나온 속성들은 브라우저마다 제각기 지원하는 방식이나 지원율이 다를 수 있으므로 반드시 브라우저 기술 지원 현황을 확인하고 사용해야 합니다. 브라우저 기술 지원 현황을 확인할 수 있는 Can I use... 사이트에서 기술명을 검색하여 사용해 보기 바랍니다.

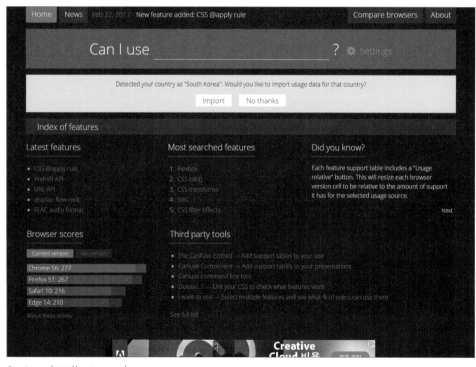

Can I use...(http://caniuse.com)

02-3
폰트도 자유자재로! 가변 폰트 이용하기

웹사이트를 구성하는 요소는 여러 가지가 있지만 그중에서도 글자, 즉 폰트는 웹사이트에서 빠져서는 안 될 핵심 요소 중 하나입니다.

기존에 웹사이트를 개발할 때는 고정 단위인 픽셀(px)을 많이 사용했습니다. 하지만 픽셀은 모니터의 해상도를 기준으로 하기 때문에 화면이 확대되거나 축소되는 환경에는 맞지 않습니다. 웹 페이지를 표시하는 모니터 해상도에 따라 픽셀 크기가 달라지기 때문이죠. 웹 브라우저에서 정확하게 글자 크기를 나타내려면 상대적인 단위인 em을 사용하는 것이 좋습니다. em 단위는 대문자 M의 너비를 1em으로 표현한 것으로, 16px이 1em에 해당합니다.

▶ 최신 브라우저는 픽셀(px) 단위를 사용해도 축소, 확대가 가능합니다.

글자를 가변적이게 만들어주는 가변 폰트

반응형 웹에서 글자 크기를 상대적인 단위로 사용할 때 상속 문제를 해결해주는 방법을 가변 폰트라고 합니다. 가변 폰트는 지금까지 이용한 가변 그리드 공식을 이용해서 적용할 수 있습니다.

> (가변 폰트를 적용할 글자 크깃값 ÷ 적용할 요소를 감싸고 있는 요소의 글자 크깃값) = 가변 폰트값

예를 들어 〈p〉 태그 안에 〈span〉 태그가 있고, 〈p〉 태그에 폰트 크기를 2em으로 적용했다고 가정해 보겠습니다. 그런데 〈span〉 태그에 1em 크기의 폰트를 적용하기 위해 공식을 이용합니다.

그럼 여기서 〈가변 폰트를 적용할 요소를 감싸고 있는 요소의 글자 크깃값〉은 〈p〉 태그에 적용된 2em(32px)이 됩니다. 그리고 〈적용할 글자 크깃값〉은 〈span〉 태그에 적용할 1em(16px)이겠죠? 공식은 다음과 같습니다.

> 16px ÷ 32px = 0.5
> (글자 크기)

다음은 글자 크기가 6em(96px)으로 적용되어 있는 박스에 자식 박스가 있고, 그 박스 안에 글자 크기를 64px로 적용하는 예제입니다.

```
03:   <head>
 ...     ...
07:   <style>
 ...     ...
10:   #para{
11:   font-size:6em;
12:   }
13:
14:   #para p{
15:   font-size: 0.6666666666666667em;
16:   /* 64px ÷ 96px */
17:   }
18:   </style>
19:   </head>
20:   <body>
21:     <div id="para">
22:     가변적인 폰트1
23:       <p>가변적인 폰트2</p>
24:     </div>
25:   </body>
```

> 64px의 글자 크기를 적용하기 위해서는 64px÷96px 공식을 이용해서 얻은 값을 글자 크기로 지정합니다.

단순히 글자 크기를 4em(64px)으로 지정하게 되면 자신의 부모 박스에 적용된 6em이라는 글자 크기 때문에 상속 문제가 발생하여 글자가 엄청나게 커집니다.

따라서 지정하고자 하는 글자 크기를 가변 폰트 공식을 이용해서 설정해야 합니다.

공식을 이용하지 않고 글자 크기를 적용했을 때

공식을 이용해서 글자 크기를 적용했을 때

가변 폰트 크기를 쉽게 계산해주는 사이트

가변 폰트를 적용할 때 매번 공식을 이용해서 계산해야 한다면 불편하겠죠? 이를 위해 폰트 크기를 계산해 주는 사이트가 있습니다. PXtoEM 사이트에서 간단히 가변 폰트 크기를 계산해 보세요.

PXtoEM.com PX to EM conversion made simple.					1. Convert		2. Grab CSS		3. Learn

Select your body font size — **Voilà! Your conversions** — **Oh la la! Custom conversion**

Pixels	EMs	Percent	Points	Pixels	EMs	Percent	Points
6px	0.375em	37.5%	5pt	6px	0.375em	37.5%	5pt
7px	0.438em	43.8%	5pt	7px	0.438em	43.8%	5pt
8px	0.500em	50.0%	6pt	8px	0.500em	50.0%	6pt
9px	0.563em	56.3%	7pt	9px	0.563em	56.3%	7pt
10px	0.625em	62.5%	8pt	10px	0.625em	62.5%	8pt
11px	0.688em	68.8%	8pt	11px	0.688em	68.8%	8pt
12px	0.750em	75.0%	9pt	12px	0.750em	75.0%	9pt
13px	0.813em	81.3%	10pt	13px	0.813em	81.3%	10pt
14px	0.875em	87.5%	11pt	14px	0.875em	87.5%	11pt
15px	0.938em	93.8%	11pt	15px	0.938em	93.8%	11pt
16px	1.000em	100.0%	12pt	16px	1.000em	100.0%	12pt
17px	1.063em	106.3%	13pt	17px	1.063em	106.3%	13pt
18px	1.125em	112.5%	14pt	18px	1.125em	112.5%	14pt
19px	1.188em	118.8%	14pt	19px	1.188em	118.8%	14pt
20px	1.250em	125.0%	15pt	20px	1.250em	125.0%	15pt
21px	1.313em	131.3%	16pt	21px	1.313em	131.3%	16pt
22px	1.375em	137.5%	17pt	22px	1.375em	137.5%	17pt
23px	1.438em	143.8%	17pt	23px	1.438em	143.8%	17pt
24px	1.500em	150.0%	18pt	24px	1.500em	150.0%	18pt

1. Enter a base pixel size
16 px

2. Convert
PX to EM   EM to PX
px   or   em
Convert

3. Result

PXtoEM(http://pxtoem.com)

em 단위의 상속 문제를 해결해주는 rem 단위

앞에서 살펴본 em 단위는 자신의 부모 박스에 글자 크기가 지정되어 있을 경우 자식 박스에게 글자 크기가 상속됩니다. 그래서 자식 박스의 글자 크기를 지정할 때 공식을 이용하여 글자 크기를 지정해야 하는 등 복잡해집니다.

rem 단위는 최상위, 즉 웹 문서의 시작인 〈html〉, 〈/html〉 태그를 기준으로 하기 때문에 상속 문제가 발생하지 않아 유용하게 사용할 수 있는 단위 중 하나입니다.

▶ 이 책에서도 반응형 웹사이트를 제작할 때 rem 단위를 사용하므로 반드시 이해하고 넘어가기 바랍니다

다음 예제는 부모 박스에는 글자 크기를 5em으로 적용하고 자식 박스에는 글자 크기를 5rem으로 적용하는 예제입니다. 글자 크기를 rem 단위로 사용하면 상속 문제가 발생하지 않습니다.

예제로 구경하기	• 예제 파일 첫째마당/02장/예제/ex_06.html

```
03:   <head>
...    ...
07:   <style>
...    ...
10:   p{
11:   font-size:5em;
12:   }
```

```
13:
14:   p span{
15:     font-size:5rem;
16:   }
17:   </style>
18:   </head>
19:   <body>
20:     <p>
21:     rem 단위!
22:       <span>rem 단위!</span>
23:     </p>
24:   </body>
```

자식 박스에 em 단위를 적용했을 때

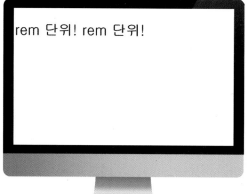

자식 박스에 rem 단위를 적용했을 때

진정한 가변 폰트 – vw, vh, vmin, vmax 단위

사실 앞에서 살펴본 가변 폰트는 em 단위의 글자 크기로 인해 발생하는 상속 문제를 공식을 이용해서 해결하려는 방법일 뿐, 글자가 브라우저의 비율에 따라 줄어들거나 늘어나지는 않으므로 실제로는 가변 폰트라고 보기 어렵습니다.

이제 브라우저의 비율에 따라 글자 크기가 늘어나거나 줄어드는 CSS3의 새로운 가변 단위인 vw, vh, vmin, vmax 단위를 알아보겠습니다.

▶ 우리나라는 아직까지 최신 기술의 지원이 용이하지 못한 익스플로러 사용자가 상당히 많기 때문에 vw, vh, vmin, vmax 단위는 지금 바로 사용하기 어려울 수 있습니다. 하지만 앞으로 미래에는 많이 사용하게 될 기술이므로 꼭 알아두는 게 좋습니다.

1. vw(viewport width) 단위

vw 단위는 웹 브라우저의 너비를 100을 기준으로 하여 크기를 결정하는 단위입니다.

> (vw 단위를 적용할 글자 크깃값 × 브라우저의 너빗값) ÷ 100 = 크깃값

만약 글자 크기를 5vw로 설정하면 웹 브라우저의 너비는 100을 기준으로 하기 때문에 5%가 됩니다. 정확한 값을 얻기 위해서는 웹 브라우저의 너비를 알아야 하는데 너비가 만약 1280이라면 (5 × 1280)÷100 공식을 이용해서 얻은 값인 64px이 정확한 값이 됩니다.

예제로 구경하기	• 예제 파일 첫째마당/02장/예제/ex_07.html

```
03:    <head>
...        ...
07:    <style>
...        ...
10:    p{
11:    font-size:5vw;
12:    }
13:    </style>
14:    </head>
15:    <body>
16:      <p>vw단위!</p>
17:    </body>
```

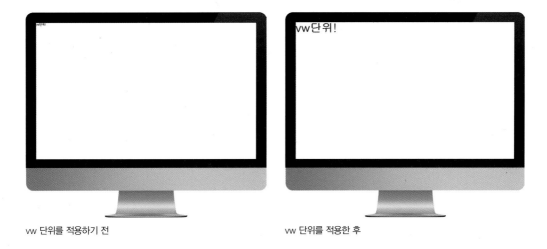

vw 단위를 적용하기 전   vw 단위를 적용한 후

2. vh(viewport height) 단위

vh 단위는 웹 브라우저의 높이를 100을 기준으로 하여 크기를 결정하는 단위입니다.

> (vh 단위를 적용할 글자 크깃값 × 브라우저의 높잇값) ÷ 100 = 크깃값

만약 글자 크기를 5vh로 설정하면 웹 브라우저의 높이는 100을 기준으로 하기 때문에 5%가 됩니다. 만약 웹 브라우저의 높이가 1024px이라면 (5 × 1024) ÷ 100 공식을 이용해서 얻은 값인 51.2px이 정확한 값이 됩니다.

예제로 구경하기	• 예제 파일 첫째마당/02장/예제/ex_08.html

```
03:    <head>
 ...      ...
07:    <style>
 ...      ...
10:    p{
11:    font-size:5vh;
12:    }
13:    </style>
14:    </head>
15:    <body>
16:      <p>vh단위!</p>
17:    </body>
```

vh 단위를 적용하기 전

vh 단위를 적용한 후

3. vmin(viewport minimum) 단위

vmin 단위는 웹 브라우저의 너비와 높이 중 짧은 쪽을 기준으로 하여 크기를 결정하는 단위입니다. 만약 글자 크기를 5vmin으로 설정하면 글자 크기는 웹 브라우저의 너비, 높이 중 작은 쪽을 100을 기준으로 해서 결정합니다. ▶ 그 외에는 vw, vh 단위와 같습니다.

예제로 구경하기	• 예제 파일 첫째마당/02장/예제/ex_09.html

```
03:   <head>
...      ...
07:   <style>
...      ...
10:   p{
11:   font-size:5vmin;
12:   }
13:   </style>
14:   </head>
15:   <body>
16:      <p>vmin단위!</p>
17:   </body>
```

vmin 단위를 적용하기 전   vmin 단위를 적용한 후

4. vmax(viewport maximum) 단위

vmax 단위는 웹 브라우저의 너비와 높이 중 큰 쪽을 기준으로 하여 크기를 결정하는 단위입니다.
만약 글자 크기를 5vmax로 설정하면 글자 크기는 브라우저의 너비와 높이 중 큰 쪽을 100을 기준으로 해서 결정합니다. ▶ 그 외에는 vw, vh 단위와 같습니다.

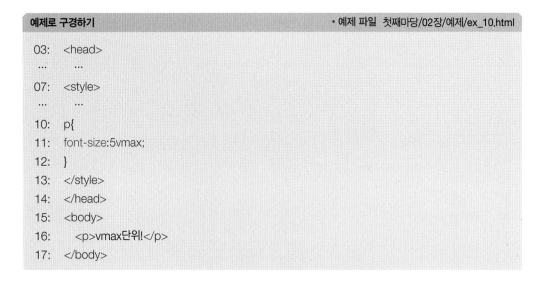

예제로 구경하기	· 예제 파일 첫째마당/02장/예제/ex_10.html

```
03:    <head>
...        ...
07:    <style>
...        ...
10:    p{
11:    font-size:5vmax;
12:    }
13:    </style>
14:    </head>
15:    <body>
16:      <p>vmax단위!</p>
17:    </body>
```

vmax 단위를 적용하기 전   vmax 단위를 적용한 후

02-4
멀티미디어 요소 가변적으로 만들기
– 가변 이미지와 가변 동영상

비율에 상관없이 가변적인 멀티미디어 요소 만들기

식당에는 사람마다 항상 찾는 단골 메뉴가 있듯이 웹사이트에서도 자주 사용하는 단골 메뉴와 같은 요소들이 있습니다. 바로 이미지와 동영상 같은 미디어 요소들입니다. 기존의 웹사이트에서는 아무런 문제가 없었지만 브라우저의 비율에 따라 웹사이트의 구조가 늘어나거나 줄어드는 가변형 레이아웃에서도 브라우저 너비에 맞게 이미지나 기타 멀티미디어 요소들도 가변적으로 작동하게 만들어줘야 합니다.

다음 예제는 이미지와 동영상을 가변적으로 작동하게 만드는 예제입니다.

예제로 구경하기	• 예제 파일 첫째마당/02장/예제/ex_11.html

```
03:    <head>
...        ...
07:    <style>
...        ...
10:    #wrap{
11:    width:90%;
12:    /* 960px */
13:    margin:0 auto;
14:    border:4px solid #000;
15:    }
16:
17:    #wrap div{
18:    width:50%;
19:    display:inline-block;
20:    }
21:
22:    img, video{
23:    width:100%;
24:    max-width:100%;
```

> 이미지와 동영상 요소에 너빗값과 최대 너빗값을 100%로 설정하면 멀티미디어 요소가 가변적으로 작동합니다.

```
25:    }
26:  </style>
27:  </head>
28:  <body>
29:    <div id="wrap">
30:      <div>
31:        <video controls>
32:            <source src="source/video.mp4" type='video/mp4'></source>
33:            <source src="source/video.ogv" type='video/ogg'></source>
34:            <source src="source/video.webm" type='video/webm'></source>
35:        </video>
36:      </div><div>
37:        <img src="source/img_01.jpg"></div>
38:    </div>
39:  </body>
```

예제 파일을 웹 브라우저에서 실행해 보면 화면 크기에 따라 이미지와 비디오가 가변적으로 작동하는 것을 확인할 수 있습니다.

멀티미디어 요소가 가변적으로 작동하는 모습

 알아 두면 좋아요! **width와 max-width의 차이점**

width 속성과 max-width 속성은 비슷해 보이지만 분명한 차이가 있습니다. width 속성은 속성값을 100%로 설정할 경우 요소의 크기를 100%로 유지하지만, max-width 속성은 속성값을 100%로 설정할 경우 요소의 기본 크기 이상으로는 크기가 조절되지 않습니다.

유튜브나 비메오 같은 멀티미디어 요소를 가변적으로 만들기

앞서 멀티미디어 요소들을 가변적으로 만드는 방법에 대해 알아보았습니다. 그런데 유튜브 (YouTube)나 비메오(Vimeo) 같은 동영상 사이트의 멀티미디어 요소들은 어떨까요? 아쉽게도 앞서 알아본 방법으로는 정상적으로 작동하지 않습니다. 유튜브나 비메오는 자체적으로 만든 동영상 플레이어를 제공하고 있으므로 다른 방법을 이용해야 합니다.

유튜브, 비메오 같은 멀티미디어 요소를 가변적으로 만드는 방법 2가지를 알아보겠습니다.

방법 1. 패딩 속성을 사용하기

멀티미디어 요소 중에서도 동영상 요소는 대부분 16:9 비율로 이루어져 있습니다. 이는 텔레비전과 모니터의 국제 표준이기도 합니다. 유튜브나 비메오도 마찬가지로 16:9 비율로 동영상을 제공하고 있기 때문에 이 표준을 참고하여 패딩 속성을 이용하면 유튜브나 비메오의 동영상도 가변적으로 만들 수 있습니다.

다음의 예제는 비메오의 동영상을 가변적으로 만드는 예제입니다.

```
HTML                                        • 예제 파일  첫째마당/02장/예제/ex_12.html
03:  <head>
...      ...
07:  <style>
...      ...
18:  #wrap{
19:    position:relative;
20:    padding-bottom:56.25%;
21:    /* 9 ÷ 16 */
22:    height:0;
23:    overflow:hidden;
24:  }
25:
26:  iframe{
27:    position:absolute;
28:    top:0;
29:    left:0;
30:    height:100%;
31:  }
32:  </style>
33:  </head>
34:  <body>
35:    <div id="wrap">
```

```
36:        <iframe   src="https://player.vimeo.com/video/192526798?byline=0&badge=0"   frame
      border="0" webkitallowfullscreen mozallowfullscreen allowfullscreen></iframe>
37:      </div>
38:    </body>
```

18행 ~ 24행 동영상 요소가 위치할 기준점을 만들기 위해 position 속성의 값을 상대적인 위치로 만들어주는 relative로 설정합니다. 그리고 동영상 요소를 16:9 비율로 만들기 위해 가변 그리드 공식을 이용하여 얻은 값인 56.26%를 하단 패딩값으로 설정합니다. 높잇값은 0으로 설정하고 overlfow의 속성값을 hidden으로 설정합니다.

26행 ~ 31행 요소의 위치를 설정해주는 속성인 position 속성의 값을 절대적인 위치로 만들어주는 absolute로 설정합니다. 그리고 요소의 위치 속성을 위쪽과 왼쪽을 0으로 설정합니다. 높잇값은 100%로 설정합니다.

패딩 값을 적용하기 전

패딩 값을 적용하기 후

 알아 두면 좋아요! 상/하 퍼센트 패딩 값은 어디를 기준점으로 하나요?

상/하 퍼센트 패딩 값은 해당 요소의 부모 요소 가로 너비를 기준으로 합니다. 보통은 부모 요소의 높이를 기준으로 할 것으로 생각하지만, CSS 스펙을 살펴보면 상/하 퍼센트 패딩 값은 부모 요소의 너빗값을 기준으로 한다고 명시되어 있습니다. 많이 헷갈릴 수 있는 부분이니 꼭 기억하고 넘어가세요!

방법 2. 스크립트 파일 사용하기
이번에는 스크립트 파일을 사용하여 동영상 요소를 가변적으로 만드는 방법을 알아보겠습니다.
다음의 예제는 fitvids라는 스크립트 파일을 사용한 예제입니다.

```
19:  <body>
20     <div id="wrap">
21       <iframe src="https://player.vimeo.com/video/203671501" width="640" height="360"
         frameborder="0" webkitallowfullscreen mozallowfullscreen allowfullscreen></iframe>
22:      </div>
23:    <script src="source/jquery.min.js"></script>
24:    <script src="source/jquery.fitvids.js"></script>
25:    <script>
26:    $("#wrap").fitVids();
27:    </script>
28:    </body>
```

위의 예제는 사실 앞서 알아본 **방법 1**을 자바스크립트라는 언어를 이용해 스크립트 파일로 만들고, 해당 스크립트 파일만 연결하면 간단하게 동영상 요소를 자동으로 가변적이게 만들어주는 스크립트 파일 중 하나입니다. 그러므로 앞의 **방법 1**과 같다고 볼 수 있습니다.

스크립트 파일을 적용하기 전

스크립트 파일을 적용하기 후

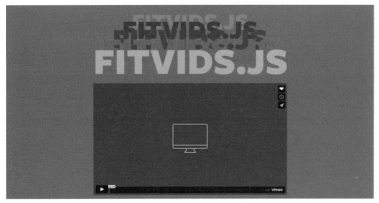
FitVids(http://fitvidsjs.com/)

02장에서 꼭 기억해야 할 내용

1. 가변 그리드 공식은 다음과 같습니다.

> (가변 크기로 만들 박스의 [가] 너비 ÷ 가변 크기로 만들 박스를 감싸고 있는 박스의 가로 너비) x 100 = 가변 크깃값

2. 가변 마진 공식은 다음과 같습니다.

> (가변 마진을 적용할 [마] 값 ÷ 가변 마진을 적용할 박스를 감싸고 있는 박스의 가로 너비) × 100 = 가변 마진값

3. 가변 패딩 공식은 다음과 같습니다.

> (가변 패딩을 적용할 [패] 값 ÷ 가변 패딩을 적용할 박스를 감싸고 있는 박스의 가로 너비) × 100 = 가변 패딩값

4. [c] 함수는 단어에서도 알 수 있듯이 계산을 위한 CSS 함수입니다. 고차원 수준의 연산까지는 아니더라도 간단한 사칙연산과 우선순위 계산 등 다양한 곳에서 활용할 수 있습니다.

5. [r] 단위는 최상위, 즉 웹 문서의 시작인 〈html〉, 〈/ html〉 태그를 기준으로 하기 때문에 상속 문제가 발생하지 않아 유용하게 사용할 수 있는 단위 중 하나입니다.

6. 브라우저의 비율에 따라 글자 크기가 늘어나고 줄어드는 CSS3의 새로운 가변 단위는 [v], [v], [v], [v] 단위입니다.

7. 이미지와 동영상을 가변적이게 만들기 위해서는 width, max-width 속성값을 [1] %로 설정해야 합니다.

• **정답** 1. 가로   2. 마진   3. 패딩   4. calc   5. rem   6. vw, vh, vmin, vmax   7. 100

미디어 쿼리와 뷰포트

01장에서 간단히 설명한 내용만으로는 미디어 쿼리와 뷰포트가 정확히 무엇인지 이해하기 어려울 것입니다. 여기서는 미디어 쿼리와 뷰포트의 전반적인 사항들과 문법들을 꼼꼼하게 살펴보겠습니다.

03-1 화면의 크기나 환경에 따라 웹사이트를 변경하는 기술, 미디어 쿼리

03-2 화면의 보이는 영역을 다루는 기술, 뷰포트

03-1
화면의 크기나 환경에 따라 웹사이트를 변경하는 기술, 미디어 쿼리

미디어 쿼리(Media Queries)는 사실 새로운 기술이 아닙니다. 이미 오래 전에 미디어 타입이라는 이름으로 등장한 적이 있는데, 미디어 타입은 말 그대로 미디어의 종류만 감지하기 때문에 기기의 세부적인 사항들은 감지할 수가 없었습니다. 또한 예전에는 기기의 종류가 다양하지 않아 사용성에도 의구심을 갖는 사람들이 많아 거의 사용하지 않았던 기술이었죠.

하지만 CSS3가 등장하면서 이 미디어 타입이라는 기술은 '미디어 쿼리'라는 이름으로 바뀌었고 기기의 종류뿐만 아니라 해상도, 비트 수, 가로, 세로 여부 등 세밀한 부분까지 감지할 수 있는 기술이 탑재되면서 반응형 웹의 시작과 함께 웹 개발의 새로운 지평을 열고 있다는 찬사를 받고 있습니다.

미디어 쿼리는 화면 해상도, 기기 방향 등의 조건으로 HTML에 적용하는 스타일을 전환할 수 있는 CSS3의 속성 중 하나입니다. 반응형 웹 디자인에서는 미디어 쿼리를 사용해 적용하는 스타일을 기기마다(화면 크기마다) 전환할 수 있습니다.

이 미디어 쿼리를 제대로 사용하려면 기초적인 사항들을 정확히 이해하고 있어야 합니다. 이제부터 미디어 쿼리의 기본 문법과 적용 방식에 대해 알아보겠습니다.

미디어 쿼리의 기본 문법

미디어 쿼리를 작성할 때는 기본적인 순서와 규칙을 따라야 합니다. 필요에 따라 미디어 유형과 and 또는, 콤마 논리 연산자로 조건을 적용할 수 있습니다.

@media [only 또는 not] [미디어 유형] [and 또는 ,콤마] (조건문){실행문}

▶ 미디어 쿼리 구문은 대 · 소문자를 구별하지 않습니다.

@media
미디어 쿼리 문법의 시작을 알리는 부분입니다.

[only 또는 not]

only 키워드는 미디어 쿼리를 지원하는 브라우저에서만 미디어 쿼리를 해석하게 해주는 키워드입니다. not 키워드는 not 다음에 따라오는 조건을 부정하는 키워드입니다. 예를 들어 'not tv'일 경우 tv를 제외한 모든 미디어 유형에만 적용합니다.

▶ 인터넷 익스플로러 6, 7, 8 버전에서는 미디어 쿼리를 지원하지 않기 때문에 only 키워드는 작성하지 않습니다.

미디어 유형

미디어 쿼리는 미디어별로 적용할 CSS를 따로 작성하는 것이므로 @media 속성 다음에 미디어 유형을 알려줘야 합니다. 미디어 유형은 다음과 같습니다. 미디어 유형은 생략이 가능하며 생략 시에는 all 키워드처럼 작동합니다.

미디어 유형

기기명	설명
all	모든 장치
print	인쇄 장치
screen	컴퓨터 화면 장치 또는 스마트 기기의 화면
tv	영상과 음성이 동시에 출력되는 장치
projection	프로젝터 장치
handheld	손에 들고 다니는 소형 장치
speech	음성 출력 장치
aural	음성 합성 장치(화면을 읽어 소리로 출력해 주는 장치)
embossed	점자 인쇄 장치(화면을 읽어 종이에 점자를 찍어내는 장치)
tty	디스플레이 기능이 제한된 장치
braille	점자 표시 장치

▶ handheld는 소형 기기라는 의미가 있지만 스마트 기기는 screen을 사용합니다.

[and 또는 ,콤마]

and는 앞뒤 조건이 모두 사실일 때 뒤에 따라오는 것을 해석하라는 의미입니다. ,콤마는 앞뒤 조건 중 하나만 사실이더라도 뒤에 따라오는 것을 해석하라는 의미입니다. and 또는 ,콤마 선언 역시 생략할 수 있습니다.

▶ and 또는 ,콤마는 조건의 사실 여부를 판단하는 논리 연산자인 셈이죠.

```
@media A and B{실행문}
@media A , B{실행문}
```

(조건문)

(조건문)은 조건문이 사실일 때 뒤에 따라오는 것을 해석하라는 의미입니다. (조건문)은 and나 콤마 기호를 이용하여 두 가지 이상 작성할 수 있으며 생략할 수 있습니다.

(조건문)에 들어올 수 있는 조건문은 다음 표를 참고하세요.

@media (min-width:320px){실행문} ─────── 가로 너비가 320px 이상일 때 실행문을 실행합니다.

@media (min-width:320px) and (max-width:768px){실행문} ─ 가로 너비가 320px 이상이고 768px 이하일 때 실행문을 실행합니다.

조건문	설명	조건값	min/max 사용 여부
width	웹 페이지의 가로 너빗값	width 속성에서 사용할 수 있는 모든 속성값	사용함
height	웹 페이지의 세로 높잇값		
device–width	기기의 가로 너빗값		
device–height	기기의 세로 높잇값		
orientation	기기의 화면 방향	portrait(세로) landscape(가로)	사용 안 함
aspect–ratio	화면 비율	브라우저 화면 비율(1), 브라우저 종횡비(16/9), 브라우저 해상도(1280/720),	사용함
device–aspect–ratio	단말기의 화면 비율	기기 화면 비율(1), 기기 종횡비(16/9), 기기 해상도(640/320),	
color	기기의 비트 수	8(bit 단위)	
color–index	기기의 색상 수	128(색상 수 단위)	
monochrome	기기가 흑백일 때 픽셀당 비트 수	1(bit 단위)	
resolution	기기의 해상도	300dpi/dpcm	
scan	TV의 스캔 방식	progressive/interlace	사용 안 함
grid	기기의 그리드/비트맵	0(비트맵 방식)/1(그리드 방식)	

▶ min/max(접두사 구문): min은 최소, 즉 이상이라는 의미가 있고, max는 최대, 즉 이하라는 의미가 있습니다.

{실행문}

{실행문}은 앞의 조건들이 모두 사실일 때 실행되는 실행문입니다. {실행문}에는 일반적으로 사용하는 CSS 코드를 작성합니다.

```
@media {실행문}
```

미디어 쿼리를 적용하려면? – 링크 방식

미디어 쿼리를 적용하려면 CSS 파일 내에 미디어 쿼리를 작성해서 〈link〉〈/link〉 태그로 CSS 파일을 연결하여 적용해야 합니다.

▶ 미디어 쿼리를 적용하는 방법은 여러 가지가 있지만 현재는 이 방식이 가장 많이 사용되는 방식 중 하나입니다.

```
<link rel="stylesheet" href="mediaqueries.css">
```

이 방식은 HTML 파일과 CSS 파일을 별도로 관리하므로 불러오는 속도도 빠르고 관리 면에서도 효율적입니다.

이제 미디어 쿼리의 문법과 조건문 등을 직접 사용한 예제를 살펴보겠습니다. 공통으로 적용할 스타일을 작성하고 난 다음 미디어 쿼리를 작성합니다.

예제로 구경하기	· 예제 파일 첫째마당/03장/예제/ex_01.html

```
03:    <head>
 ...       ...
07:    <style>
 ...       ...
10:    #wrap{
11:    height:500px;
12:    margin:0 auto;
13:    border:4px solid #000;
14:    }
15:
```

```
16:    @media all and (min-width:320px){
17:    #wrap{
18:    width:30%;
19:    background:#00d2a5;
20:    }
21:    }
22:
23:    @media all and (min-width:768px){
24:    #wrap{
25:    width:60%;
26:    background:#40b0f9;
27:    }
28:    }
29:
30:    @media all and (min-width:1024px){
31:    #wrap{
32:    width:90%;
33:    background:#f45750;
34:    }
35:    }
36:    </style>
37:    </head>
38:    <body>
39:       <div id="wrap"></div>
40:    </body>
```

> 미디어 쿼리의 조건문을 사용해서 브라우저의 크기가 320px 이상일 때는 박스의 크기를 30%로 만들면서 배경색을 변경합니다. 768px 이상일 때는 박스의 크기를 60%로 만들면서 배경색을 변경하고, 1024px 이상일 때는 박스의 크기를 90%로 만들면서 배경색을 변경합니다.

16, 23, 30행 각각의 미디어 쿼리에서 사용한 조건문은 미디어 쿼리를 적용할 기기의 종류를 말하는 조건문 중 모든 기기를 말하는 all 키워드와 작성한 미디어 쿼리에 두 개 이상의 조건이 있기 때문에 논리 연산자 중 앞과 뒤의 조건이 모두 사실인지 판단하는 and 구문을 사용하고 마지막으로 최소, 즉, 이상이라는 의미가 있는 min 접두사에 width 조건문을 사용했습니다.

미디어 쿼리를 적용한 모습

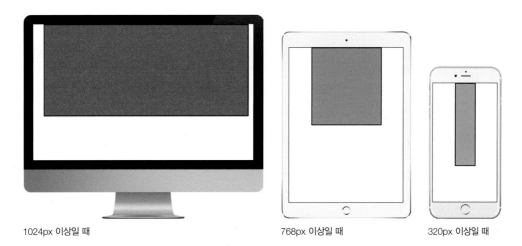

1024px 이상일 때   768px 이상일 때   320px 이상일 때

 알아 두면 좋아요!   **미디어 쿼리를 적용할 수 있는 기타 방식들**

앞에서 소개한 링크 방식 외에도 몇 가지 방식이 더 있습니다.

링크 방식 2

```
<link rel="stylesheet" media="all and (min-width:320px)" href="style320px.css">
```

링크 방식 2는 〈link〉, 〈/link〉 태그에 직접 미디어의 종류와 조건문 등을 작성하고 적용할 CSS 파일을 연결하는 방식인데, 이 방식은 되도록 사용하지 않는 것이 좋습니다. 조건이 여러 개로 나눠지게 되면 그 만큼 CSS 파일의 개수도 늘어나게 되어 CSS 파일을 여러 번 불러와야 하므로 웹사이트의 속도도 느려지기 때문입니다.

문서 내에 작성하는 방식

```
<head>
<style>
@media all and (min-width:320px){실행문}
</style>
</head>
<body>

</body>
```

문서 내에 작성하는 방식은 HTML 문서 내에 미디어 쿼리를 작성하는 방식인데, 이 방식은 어쩔 수 없이 사용해야 하는 상황이 아니라면 피하는 게 좋습니다. 그 이유는 CSS 코드를 문서 내에 작성하게 될 경우 문서의 용량이 커지고, 이렇게 커진 용량 때문에 속도가 느려져 웹사이트를 방문하는 사용자가 웹사이트를 빨리 볼 수 없기 때문입니다. 그렇기 때문에 미디어 쿼리를 작성할 때는 문서 내에 작성하는 방식이 아닌 CSS 파일을 별도로 관리하는 방식을 이용하는 것이 좋습니다. 또한 CSS 파일을 별도로 관리하게 되면 브라우저의 기억 장치 또는 캐싱이라는 특성을 이용해 웹사이트를 다시 방문하는 사용자는 기억 장치에 입력된 CSS 파일을 빠르게 불러와 웹사이트의 속도가 빨라지는 효과를 얻을 수 있습니다.

▶ 물론 처음 웹사이트를 개발할 때는 문서 내에 작성하는 방식을 사용하는 것이 좋습니다. 구조를 확인하면서 어디에 스타일을 적용할지를 동시에 보면서 작성할 수 있기 때문에 작업의 효율이 높아지기 때문입니다. 하지만 웹사이트의 모든 개발이 끝난 후에는 반드시 작성한 CSS 코드를 별도의 CSS 파일로 저장하여 앞에서 소개한 링크 방식으로 변경해야 합니다.

임포트 방식

```
@import url("style320px.css") all and (min-width:320px);
```

임포트 방식은 CSS 파일 내에서 CSS 파일을 불러오는 방식인데, 이 또한 링크 방식 2와 마찬가지로 조건이 늘어나게 되면 여러 개의 CSS 파일을 불러와야 하므로 같은 문제가 발생하게 됩니다. 그러므로 되도록 사용하지 않는 것이 좋습니다.

미디어 쿼리 사용 시 주의 사항

미디어 쿼리를 사용할 때 주의할 점이 몇 가지 있습니다. 특히 오류를 최대한 방지하기 위해서는 아주 사소한 부분까지 주의해야 합니다.

띄어쓰기 주의하기

미디어 쿼리를 작성할 때는 항상 띄어쓰기에 주의해야 합니다. 예를 들어 논리 연산자 중 하나인 and 구문을 사용할 때 and 구문 뒤에는 항상 공백을 한 칸 띄어줘야 합니다.

만약 공백을 한 칸 띄어주지 않고 미디어 쿼리를 작성하면 정상적으로 작동하지 않습니다. 사소한 부분이지만 자주 실수하는 부분이니 주의하세요!

꼭 띄어쓰세요!

```
@media all and (min-width:320px){실행문}
```

접두사인 min/max 사용 시 작성 순서 주의하기

미디어 쿼리를 사용할 때는 min/max와 크기 조건문(width)을 사용해서 해상도별로 웹사이트를 다양하게 보여줄 수 있습니다.

그런데 min을 사용할 때는 반드시 크기가 작은 순서대로 작성해야 하고, max를 사용할 때는 반드시 크기가 큰 순서대로 작성해야 합니다.

```
@media all and (min-width:320px){실행문}
@media all and (min-width:768px){실행문}
@media all and (min-width:1024px){실행문}
```

min을 사용할 때 크기(width)가 작은 순서대로 작성해야 하는 이유는 min은 최소 또는 그 이상이라는 뜻으로, 점차 커지는 것을 의미하기 때문에 반드시 작은 순서부터 큰 순서로 작성해야 합니다. 반대로 max는 최대 또는 그 이하라는 뜻으로, 점차 작아지는 것을 의미하기 때문에 max를 사용할 때는 반드시 큰 순서부터 작은 순서로 작성해야 합니다.

미디어 쿼리로 브라우저 크기 감지 시 주의하기

미디어 쿼리를 처음 사용할 때는 미디어 쿼리가 어떻게 작동하는지도 모르는 경우가 많습니다. 예를 들어 브라우저의 크기를 감지해서 특정 크기별로 스타일을 적용하고자 할 때 어떤 대상을 기준으로 크기를 감지하는지 모르고 있는 경우가 대부분이죠. 이처럼 어떤 기준으로 크기를 감지해야 하는지 몰라 웹사이트를 제작할 때 혼란을 겪을 때가 있는데, 여기서 알아두어야 할 점은 미디어 쿼리를 이용해서 크기를 감지할 때는 보이는 영역을 뜻하는 뷰포트 크기를 기준으로 감지한다는 것입니다.

▶ 보이는 영역을 뷰포트 영역이라고 하며 01장에서도 간단하게 알아보았습니다. 이와 관련된 건 03-2절 뷰포트 내용에서 더 자세하게 설명합니다.

Do it! 실습 ▶ **미디어 쿼리 사용해 웹사이트 구조 변경하기**

• **실습 파일** 첫째마당/03장/실습/03_1.html • **완성 파일** 첫째마당/03장/완성/03_1.html

미디어 쿼리를 사용해 해상도가 바뀌면 웹사이트의 구조도 변하도록 수정해 보겠습니다.

1. ⟨body⟩ 태그에 wrap이라는 아이디를 가진 ⟨div⟩ 태그를 작성하고 구조가 변경되는 모습을 눈으로 확인하기 위해 그 안에 ⟨div⟩ 태그 5개를 다음처럼 작성합니다(70행).

```
HTML
68:   <body>
69:     <div id="wrap">
70:       <div></div><div></div><div></div><div></div><div></div>
71:     </div>
72:   </body>
```

2. 스타일을 적용하기 위해 ⟨head⟩, ⟨/head⟩ 태그 사이에 ⟨style⟩⟨/style⟩ 태그를 작성합니다(7행, 66행).

3. 스타일 적용하기

wrap이라는 아이디를 가진 〈div〉 태그와 자식 태그들인 〈div〉 태그에 스타일을 적용합니다.

```css
03: <head>
...     ...
07: <style>
...     ...
10: #wrap{
11:     width:90%;
12:     margin:0 auto;
13:     border:4px solid #000;
14: }
15:
16: #wrap div{
17:     display:inline-block;
18:     height:100px;
19: }
20:
21: #wrap div:first-child{
22:     background:#f45750;
23: }
24:
25: #wrap div:nth-child(2){
26:     background:#40b0f9;
27: }
28:
29: #wrap div:nth-child(3){
30:     background:#00d2a5;
31: }
32:
33: #wrap div:nth-child(4){
34:     background:#ff884d;
35: }
36:
37: #wrap div:last-child{
38:     background:#464646;
39: }
...     ...
66: </style>
67: </head>
```

아이디가 wrap인 〈div〉 태그에 가로 너빗값을 90%로 설정하고, 마진값과 선값도 설정합니다.

자식 태그들인 〈div〉 태그에는 공통적으로 display 속성의 값을 inline-block으로 설정하고, 높잇값을 100px로 설정합니다. 마지막으로 각각의 배경색을 설정합니다.

4. 미디어 쿼리 적용하기

이제 웹 브라우저의 해상도별로 박스의 너빗값을 따로 설정해 줘야 합니다.

각각의 미디어 쿼리에서 사용한 조건문은 미디어 쿼리를 적용할 기기를 말하는 기기 조건문인 all 키워드와 앞과 뒤가 사실인지를 판단하는 논리 연산자 and 구문, 그리고 최소, 즉 그 이상이라는 뜻을 가진 min 접두사와 크기 조건문인 width 조건문을 사용합니다.

CSS

```
03:  <head>
...      ...
07:  <style>
...      ...
41:  @media all and (min-width:320px){
42:  #wrap div{
43:  width:100%;
44:  }
45:  }
46:
47:  @media all and (min-width:768px){
48:  #wrap div{
49:  width:50%;
50:  }
51:
52:  #wrap div:last-child{
53:  width:100%;
54:  }
55:  }
56:
57:  @media all and (min-width:1024px){
58:  #wrap div{
59:  width:20%;
60:  }
61:
62:  #wrap div:last-child{
63:  width:20%;
64:  }
65:  }
66:  </style>
67:  </head>
```

> 브라우저의 크기가 320px 이상일 때 모든 박스의 가로 너빗값을 100%로 설정합니다.

> 브라우저의 크기가 768px 이상일 때 첫 번째 박스부터 네 번째 박스까지는 너빗값을 50%로 설정합니다.

> 마지막 박스만 너빗값을 100%로 설정합니다.

> 브라우저의 크기가 1024px 이상일 때는 첫 번째 박스부터 네 번째 박스까지는 너빗값을 20%로 설정합니다.

> 마지막 박스의 너빗값을 20%로 설정합니다.

5. 이제 작성한 파일을 저장한 다음 크롬으로 실행합니다. 화면을 늘렸다 줄였다 해보면 구조가 변하는 모습을 확인할 수 있습니다.

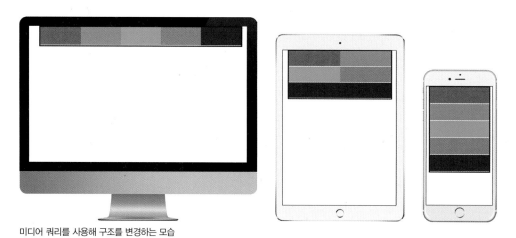

미디어 쿼리를 사용해 구조를 변경하는 모습

03-2
화면의 보이는 영역을 다루는 기술, 뷰포트

뷰포트(viewport)는 아주 간단해 보이는 기술이지만 뷰포트가 없으면 반응형 웹도 없다는 말이 있을 정도로 중요한 기술 중 하나입니다. 01장에서 간단히 설명했듯이 뷰포트는 화면에서 실제 내용이 표시되는 영역으로, 데스크톱은 사용자가 설정한 해상도가 뷰포트 영역이 되고, 스마트 기기는 기본으로 설정되어 있는 값이 뷰포트 영역이 됩니다. 그런데 스마트 기기는 기본으로 설정되어 있는 뷰포트 영역으로 인해 미디어 쿼리가 정상적으로 작동하지 않는 문제가 발생할 수 있습니다. 이러한 문제를 방지하기 위해 뷰포트 메타 태그를 이용해서 화면의 크기나 배율을 조절해야 합니다.

다음 예제를 통해 살펴보겠습니다.

기본으로 설정된 뷰포트 영역 때문에
웹사이트의 모습이 작게 보입니다.

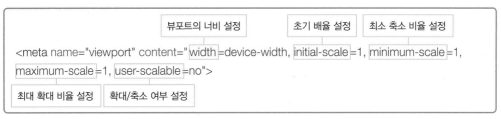

반응형 웹을 제작할 때 사용하는 뷰포트의 기본 메타 태그

뷰포트 기술을 제대로 사용하려면 뷰포트 문법을 정확하게 이해하고 있어야 하며, 그중에서도 특히 뷰포트 속성은 반드시 알아야 합니다.

뷰포트 속성

속성명	속성값	속성 설명
width	device–width, 양수	뷰포트의 너비를 지정합니다.
height	device–height, 양수	뷰포트의 높이를 지정합니다.

initial-scale	양수	뷰포트의 초기 배율을 지정합니다. 기본값은 1입니다. 1보다 작은 값을 사용하면 축소된 페이지를 표시하고, 1보다 큰 값을 사용하면 확대된 페이지를 표시합니다.
user-scalable	yes, no	뷰포트의 확대/축소 여부를 지정합니다. 기본값은 yes입니다. 반대로 no로 설정하면 사용자가 페이지를 확대할 수 없습니다.
minimum-scale	양수	뷰포트의 최소 축소 비율을 지정합니다. 기본값은 0.25입니다.
maximum-scale	양수	뷰포트의 최대 확대 비율을 지정합니다. 기본값은 5.0입니다.

● minimum-scale과 maximum-scale 속성은 각각 값을 1.0으로 지정할 경우 user-scalable을 'yes'로 지정하더라도 사용자가 화면을 확대하거나 축소할 수 없습니다.

뷰포트 영역 확인하기

반응형 웹사이트를 제작하다 보면 뷰포트 영역을 확인해야 하는 경우가 종종 발생합니다. 브라우저 창의 화면 크기를 기준으로 작동하는 미디어 쿼리가 정상적으로 작동하는지 확인하려면 뷰포트 영역을 확인해야 합니다.

데스크톱과 스마트 기기의 뷰포트 영역을 확인하는 방법을 알아보겠습니다.

데스크톱의 뷰포트 영역 확인하기

데스크톱의 뷰포트 영역을 확인하려면 역시 크롬 웹 브라우저가 필요합니다. 크롬 브라우저에는 웹 문서를 검사할 수 있는 '검사' 도구가 기본적으로 탑재되어 있습니다. 크롬을 실행한 다음 화면에서 오른쪽 마우스 버튼을 누르고 [검사]를 선택합니다. ● 검사 기능의 단축키는 F12 입니다.

화면 하단에 창이 하나 나타납니다. 그리고 브라우저 창의 크기를 조절해 보면 오른쪽 상단에 뷰포트 영역이 나오는 것을 확인할 수 있습니다.

스마트 기기의 뷰포트 영역 확인하기

웹 브라우저에는 웹 문서를 검사할 수 있는 요소 검사 도구가 기본적으로 탑재되어 있지만 스마트 기기는 뷰포트 영역을 확인할 수 있는 기능이 없습니다. 그렇기 때문에 뷰포트 영역을 확인할 목적으로 개발된 웹사이트에 접속해서 뷰포트 영역을 확인해야 합니다.

▶ 스마트 기기에 설정된 값은 브라우저마다 다르지만 웹 키트(web-kit) 기반의 브라우저는 뷰포트 영역을 980px로 설정하고 트라이던트(trident) 엔진, 즉 익스플로러 브라우저는 뷰포트 영역을 980px 또는 1024px로 설정합니다. 현재 파이어폭스와 익스플로러를 제외한 대부분의 브라우저는 웹 키트 엔진 기반의 웹 브라우저로 변경되었습니다(2021년 2월 기준).

http://dnsdk300.dothome.co.kr/viewport

이 사이트는 필자가 뷰포트 확인을 위해 개발한 사이트입니다.

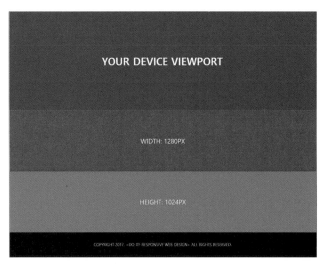

YOUR DEVICE VIEWPORT

WIDTH: 1280PX

HEIGHT: 1024PX

COPYRIGHT 2017. «DO IT! RESPONSIVE WEB DESIGN». ALL RIGHTS RESERVED.

뷰포트 영역 확인 사이트

알아 두면 좋아요! **뷰포트 메타 태그의 현재와 미래**

뷰포트 메타 태그는 웹 브라우저인 사파리(Safari)에서 먼저 개발하여 독자적으로 사용하는 기술 중 하나였습니다. 하지만 현재는 사파리의 브라우저 엔진인 웹 키트 기반의 브라우저뿐만 아니라 기타 엔진을 탑재한 웹 브라우저에서도 뷰포트 메타 태그 방식을 채택하여 지원하고 있습니다.

그뿐만 아니라 웹 표준을 제정하는 W3C에서도 뷰포트 표준 기술을 내놓았는데, 적용 방식은 CSS 내에 선언하는 방식의 표준 기술입니다. 하지만 현재는 뷰포트 표준 기술보다 메타 태그 방식의 뷰포트 기술을 선호하는 추세이므로 표준 방식의 뷰포트 기술이 지속될지, 사라질지는 파악하기 힘든 상황입니다.

표준 방식으로 뷰포트를 사용하는 방법은 다음과 같습니다.

```
<head>
<style>
@viewport {
width:device-width; /* width 속성과 동일함 */
zoom:1; /* initial-scale 속성과 동일함 */
min-zoom:1; /* minimum-scale 속성과 동일함 */
max-zoom:1; /* maximum-scale 속성과 동일함 */
user-zoom:zoom; /* user-scalable 속성과 동일함 */
}
</style>
</head>
```

표준 방식의 뷰포트 기술에 대한 자세한 내용은 www.w3.org/TR/css-device-adapt에서 확인하세요.

마무리 문제!

03장에서 꼭 기억해야 할 내용

1. 미디어 쿼리 기본 문법은 다음과 같습니다.

[only 또는 not] @ [m   ] [미디어 유형] [and 또는 ,콤마] (조건문){실행문}

2. 미디어 쿼리를 적용하려면 CSS 파일 내에 미디어 쿼리를 작성하여 〈 [l   ] 〉 태그로 CSS 파일을 연결해서 적용해야 합니다.

3. 접두사인 min/max를 사용할 때는 작성 순서에 주의해야 합니다. min을 사용할 때는 반드시 크기를 [작   ] 순서대로 작성해야 하고, max를 사용할 때는 반드시 크기를 [큰   ] 순서대로 작성해야 합니다.

4. 미디어 쿼리를 이용해서 브라우저 크기를 감지할 때는 [H   ] 문서의 화면 크기를 기준으로 합니다.

5. 뷰포트 메타 태그의 기본 문법은 다음과 같습니다.

〈meta name="[v   ]" content="width=device-width, initial-scale=1, minimum-scale=1, maximum-scale=1, user-scalable=no"〉

6. 데스크톱의 뷰포트 영역을 확인하려면 크롬 브라우저의 [요   ] 도구를 사용해야 합니다.

7. 웹 표준을 제정하는 W3C에서도 뷰포트 표준 기술을 내놓았는데, 적용 방식은 [C   ] 내에 선언하는 방식의 표준 기술입니다.

• 정답 1. media 2. link 3. 작은, 큰 4. HTML 5. viewport 6. 요소 검사 7. CSS

새로운 웹 기술, 플렉서블 박스

이번 장에서는 반응형 웹 제작을 좀 더 손쉽게 할 수 있도록 도와주는 플렉서블 박스에 대해 알아보겠습니다.

플렉서블 박스라는 기술을 처음 접하는 분들은 아마도 '그냥 가변적인 박스를 만드는 기술이겠지'라는 정도로만 생각할 겁니다. 하지만 플렉서블 박스는 가변적인 박스를 만드는 기술인 동시에 지금까지 웹 개발에 있어 불가능했던 것들을 실현시켜주는 기술입니다.

특히 박스를 손쉽게 배치할 수 있다는 것이 최대 장점이며, 반응형 웹과 더불어 웹 개발 기술 중 가장 주목을 받고 있는 기술이기도 합니다.

이 책의 둘째마당에는 반응형 웹사이트를 처음부터 끝까지 완성시키는 과정이 소개되어 있습니다. 둘째마당의 실습 내용도 플렉서블 박스를 사용하므로 이번 장에서 반드시 이해하고 넘어가기 바랍니다.

04-1 플렉서블 박스 기본 개념 이해하기

04-2 플렉서블 박스 기술 익히기

04-1
플렉서블 박스 기본 개념 이해하기

플렉서블 박스(Flexible Box)를 이용하면 가변적인 박스를 아주 손쉽게 만들 수 있어 반응형 웹과 플렉서블 박스는 환상의 콤비라고도 할 수 있습니다. 이미 해외의 유명 웹 기술 잡지인 'W.E.B'에서 최고 신기술상을 수상하기도 했으며 웹 기술 중 가장 주목을 받고 있는 기술입니다.

기존의 속성들로는 박스의 배치 순서를 변경하거나 자유롭게 바꾸는 것이 불가능했습니다. 하지만 플렉서블 박스가 등장하면서 박스 요소들을 다양하고 자유롭게 조작할 수 있게 되었습니다. 예로 플렉서블 박스의 특정 속성값을 중앙으로만 설정하면 박스들을 중앙으로 배치할 수 있으며, 여러 개의 박스가 나란히 있을 때는 가장 높은 크기의 박스에 맞춰 모든 박스의 높이를 확장하는 등 유연하게 작동하는 박스를 간단히 만들 수 있습니다. 요즘처럼 복잡한 구조의 반응형 웹사이트를 제작하기 위한 유용한 기술 중 하나입니다.

 알아 두면 좋아요! **플렉서블 박스가 등장한 이유**

CSS 속성 중에는 박스를 배치하는 기술이 많이 있습니다. 하지만 그 기술들 중에는 배치라는 단어와는 무관한 기술들도 많이 있죠. 예를 들어 플로트(float)라는 속성은 '띄우다'라는 의미로, 배치와는 전혀 상관없습니다.

이처럼 의미 없는 기술들을 사용하던 중에 '배치'라는 의미와 정확하게 부합하는 기술이 등장했습니다. 바로 플렉서블 박스라는 기술입니다. 플렉서블 박스는 CSS3에서 처음 소개된 속성으로, 반응형 웹 제작에 반드시 필요한 가변적인 박스를 만드는 기술이 들어 있기 때문에 플렉서블 박스(가변적인 박스)라는 이름으로 불리게 되었습니다.

이 외에도 중요한 배치 기술들이 들어 있어 새로운 웹 개발 방법을 제시하는 데 한몫을 하고 있습니다.

▶ 2009년 7월 CSS3와 함께 등장한 플렉서블 박스가 그 당시 주목을 받지 못한 이유는 플렉서블 박스 기술을 지원하는 웹브라우저도 없었을 뿐더러 가변적인 웹사이트를 만드는 경우도 거의 없었기 때문입니다.

예를 들어 다음 그림처럼 화면의 왼쪽에는 박스가 하나 있고, 오른쪽에는 두 개의 박스가 세로로 정렬되어 있을 때 세

▶ 플렉서블 박스의 크기 증감 속성은 120쪽에서 자세히 다룹니다.

로로 놓여진 두 개의 박스를 왼쪽 박스의 높이에 맞춰 동일한 비율로 확장하려고 합니다. 이는 기존의 CSS 속성만으로는 불가능했지만 플렉서블 박스의 크기 증감 속성을 사용하면 두 개의 박스를 동일한 비율로 확장할 수 있습니다.

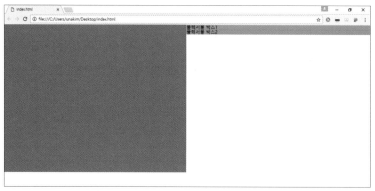

플렉서블 박스의 크기 증감 속성을 적용하기 전

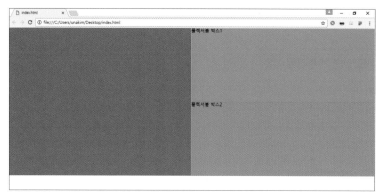

플렉서블 박스의 크기 증감 속성을 적용한 후

플렉서블 박스의 기본 개념

무엇이든 처음이 중요하다는 말이 있듯이 기술을 익히는 데도 처음에 어떻게 시작하느냐가 중요합니다. 여기서는 플렉서블 박스를 배우기 전에 반드시 알아야 할 몇 가지 기본 개념들에 대해 알아보겠습니다.

개념 1. 플렉서블 박스 = 부모 박스

플렉서블 박스에서 부모 박스는 가변적인 박스로 작동하기 위한 기본 개념입니다. 마치 wrap처럼 모든 요소를 감싸고 있는 존재이기도 하죠. 이 부모 박스에 플렉서블 박스에서 새로 생긴 특정 속성값을 적용해야 가변적인 박스로 작동하게 됩니다.

▶ 물론 웹사이트의 모든 요소들을 가변적인 박스로 작동하게 하려면 부모 박스뿐만 아니라 자식 박스들까지도 속성을 적용해야 합니다.

이렇게 특정 속성값을 적용한 부모 박스를 '플렉서블 박스' 또는 '플렉서블 박스로 작동한다'라고 합니다.

속성값만 정해 주면 환경에 따라 자유자재로 변하게 됩니다.

개념 2. 플렉서블 박스의 자식 박스 = 플렉스 아이템

앞에서 설명한 부모 박스가 플렉서블 박스로 작동한 순간부터 그 안의 자식 박스들은 '플렉스 아이템'이라는 이름을 달고 작동하게 됩니다.

부모 박스가 속성값이 적용되어 가변적인 박스로 작동하는 순간부터 플렉서블 박스로 불리듯이 자식 박스 역시 속성값에 의해 작동하는 순간부터 플렉스 아이템이라고 불리게 됩니다.

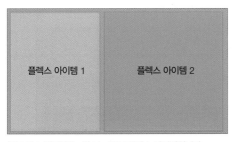

부모 박스 안에 있는 박스는 모두 플렉스 아이템입니다.

개념 3. 플렉서블 박스의 축 — 주축과 교차축

건축물에는 건물을 지탱하기 위한 기둥이 있듯이 플렉서블 박스에도 플렉스 아이템(자식 박스)을 지탱하기 위한 기둥과 같은 존재인 축이 두 개 있습니다. 바로 주축과 교차축입니다.

▶ 주축과 교차축에 대한 개념은 04-2절에서 예제와 함께 자세히 다룹니다.

주축은 중심이 되는 축으로, 이 주축을 따라 플렉스 아이템이 배치됩니다. 주축이 가로일 경우 박스들이 왼쪽에서 오른쪽으로 배치되고 반대로 주축이 세로일 경우 박스들이 위에서 아래로 배치됩니다.

교차축은 주축에 교차하는 축으로, 주축이 가로일 경우 교차축은 세로가 됩니다. 반대로 주축이 세로일 경우 교차축은 가로가 됩니다.

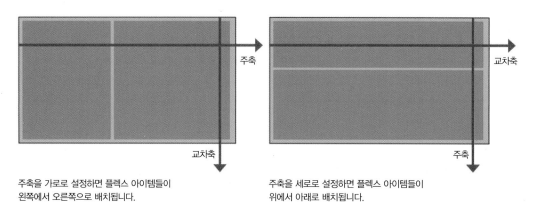

주축을 가로로 설정하면 플렉스 아이템들이 왼쪽에서 오른쪽으로 배치됩니다.

주축을 세로로 설정하면 플렉스 아이템들이 위에서 아래로 배치됩니다.

축의 방향

축에서 가장 중요한 부분은 바로 '축의 방향'입니다. 축의 방향은 플렉스 아이템의 배치 방향을 설정하기 위해 사용하는 속성값에 따라 결정됩니다.

예를 들어 플렉스 아이템의 배치 방향을 가로로 설정하면 주축 방향은 가로, 교차축 방향은 세로가 됩니다. 그러면 플렉스 아이템은 왼쪽에서 오른쪽으로 배치됩니다. 반대로 플렉스 아이템의 배치 방향을 세로로 설정하면 주축 방향은 세로가 되고, 교차축 방향은 가로가 되겠죠? 그리고 플렉스 아이템은 위에서 아래로 배치됩니다.

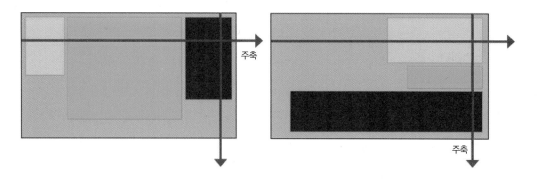

축의 시작과 끝

건물의 기둥에도 시작되는 부분과 끝 부분이 있듯이 축에도 시작과 끝이 있습니다. 축에 시작과 끝이 존재하는 이유는 플렉스 아이템이 처음 배치되는 위치(시작점)와 플렉스 아이템이 마지막에 배치될 위치(끝점)가 필요하기 때문입니다. 만약 시작과 끝이 없다면 플렉스 아이템은 어디서부터 배치되어야 하고 어디까지 배치되어야 할지 몰라 박스가 제멋대로 배치될 수도 있겠죠?

플렉서블 박스의 크기와 축의 방향이 결정될 때 축의 시작과 끝도 함께 결정됩니다.

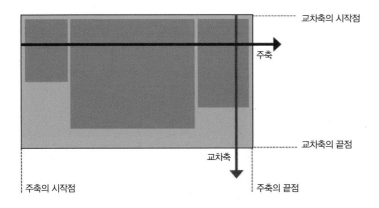

지금 당장은 축에 대한 개념을 이해하기가 어려울 수도 있습니다. 하지만 앞으로 배우게 될 속성들을 실습하다 보면 자연스럽게 축에 대해 이해하게 될 것입니다.

알아 두면 좋아요! **플렉서블 박스 기술 개발은 현재 진행 중!**

플렉서블 박스 기술은 계속 수정을 거듭하고 있기 때문에 웹 브라우저마다 속성명이나 속성이 작동하는 방식이 다소 다를 수도 있고 최신 명세 기술을 지원하지 못하는 웹 브라우저도 있습니다.

이 책에서는 수정 전의 기술은 설명하지 않고, 현재 집필 시기를 기준으로 플렉서블 박스의 최신 명세를 따릅니다. 최신 명세의 주소와 최신 명세를 기준으로 한 웹 브라우저 지원율은 다음 링크와 오른쪽 표를 참고하세요.

플렉서블 박스 최신 명세 주소:
http://www.w3.org/TR/css3-flexbox

브라우저의 종류	브라우저의 버전
마이크로소프트 엣지	12.0 ~
크롬	29.0 ~
사파리	6.1 ~ webkit-브라우저 접두사 필요
파이어폭스	28.0 ~
오페라	12.1 ~
오페라 미니	모두 지원
안드로이드 브라우저	4.4 ~
안드로이드 크롬	88 ~
안드로이드 파이어폭스	85 ~
iOS 사파리	7.0 ~ webkit-브라우저 접두사 필요
블랙 베리	10.0 ~ webkit-브라우저 접두사 필요
삼성 브라우저	4 ~
익스플로러	11.0 ~
익스플로러 모바일	지원 안 함

04-2
플렉서블 박스 기술 익히기

앞에서 플렉서블 박스에 대한 전반적인 기본 사항과 개념에 대해 설명했으므로 플렉서블 박스가 무엇인지는 대충 감을 잡았을 것입니다. 여기서는 플렉서블 박스의 실제 기술들을 익히고 실습하는 시간을 가져보겠습니다.

플렉서블 박스로 작동시키기 위한 기본 설정

이번에는 본격적으로 플렉서블 박스에는 어떤 속성들이 있고, 어떤 역할을 하는지 알아보겠습니다. 플렉서블 박스로 작동하게 하려면 태그를 어떻게 보일지 설정하는 display 속성의 값을 플렉서블 박스에서 새롭게 생긴 속성값으로 변경해 줘야 합니다.

속성명	속성값	적용 요소
display	flex, inline-flex	모든 요소

속성값명	속성값 설명
flex	박스를 블록 수준의 플렉서블 박스로 작동하게 합니다.
inline-flex	박스를 인라인 수준의 플렉서블 박스로 작동하게 합니다.

예제로 구경하기　　　　　　　　　　　　　　　　• 예제 파일 첫째마당/04장/예제/ex_01.html

```
03:  <head>
 ...     ...
07:  <style>
 ...     ...
10:  #wrap{
11:  display:-webkit-flex; /* 웹 키트 계열 전용 접두사 */
12:  display:flex;
13:  width:90%;
14:  height:500px;
15:  margin:0 auto;
16:  background:#eb4a24;
```

> 기존의 박스를 플렉서블 박스로 작동하게 하려면 display 속성의 값을 flex로 설정해야 합니다.

```
17:    border:4px solid #000;
18:    }
19:    </style>
20:    </head>
21:    <body>
22:      <div id="wrap"></div>
23:    </body>
```

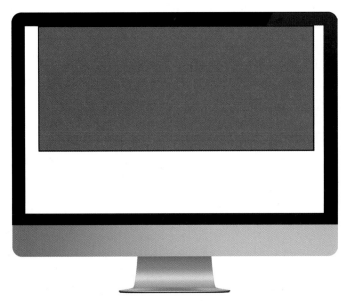

플렉서블 박스로 설정한 모습

🎵 알아 두면 좋아요! **플렉서블 박스는 브라우저 접두사를 사용해야 한다!**

플렉서블 박스 기술은 아직 W3C의 기술 명세 확정 단계가 아니므로 반드시 브라우저 접두사를 붙여야 합니다.
브라우저 접두사란 각 브라우저마다 최신 기술을 확정 단계 전에 안정적으로 지원하기 위해 제공됩니다.

〈브라우저 접두사 사용 규칙〉
접두사를 붙인 속성 또는 속성값은 맨 앞쪽에 작성해야 하는데, 이는 확정 단계가 아닌 기술을 안정적으로 지원하기 위해서입니다. 그리고 브라우저 접두사를 붙이지 않은 속성 또는 속성값은 맨 뒤쪽에 작성합니다.
나중에 기술 명세가 확정 단계로 진입하면 브라우저 접두사가 필요 없겠죠? 그때는 접두사를 붙인 속성 또는 속성값은 무시하고, CSS의 규칙인 위에서 아래 순으로 적용하는 규칙에 따라 맨 뒤쪽에 확정 단계의 속성 또는 속성값을 적용하게 됩니다.
이 책의 실습과 예제에서는 브라우저 접두사를 생략했습니다. 하지만 실전에서는 반드시 브라우저 접두사를 사용하세요.

플렉스 아이템의 배치 방향 설정하기

만약 플렉스 아이템(자식 박스)의 배치 방향을 설정하고자 한다면 다음의 속성과 속성값을 사용하면 됩니다.

속성명	속성값	적용 요소
flex-direction	row(기본값), row-reverse, column, column-reverse	플렉서블 박스

속성값명	속성값 설명
row	박스를 왼쪽에서 오른쪽으로 배치합니다. 해당 속성값으로 설정 시 주축은 가로가 되고, 교차축은 세로가 됩니다.
row-reverse	박스를 가로로 배치하되 역방향으로 배치합니다. 즉, 오른쪽에서 왼쪽으로 배치합니다. 해당 속성값으로 설정 시 주축은 가로가 되고, 교차축은 세로가 됩니다.
column	박스를 위에서 아래로 배치합니다. 해당 속성값으로 설정 시 주축은 세로가 되고, 교차축은 가로가 됩니다.
column-reverse	박스를 세로로 배치하되 역방향으로 배치합니다. 즉, 아래에서 위로 배치합니다. 해당 속성값으로 설정 시 주축은 세로가 되고, 교차축은 가로가 됩니다.

예제로 구경하기 ・ 예제 파일 첫째마당/04장/예제/ex_02.html

```
03:  <head>
 ...     ...
07:  <style>
 ...     ...
10:  #wrap{
11:  display:flex;
12:  flex-direction:row;       플렉스 아이템(자식 박스)을 왼쪽에서 오른쪽으로 배치하는 row로 설정합니다.
13:  width:90%;
14:  height:500px;
15:  margin:0 auto;
16:  border:4px solid #000;
17:  }
18:
19:  #wrap div{
20:  width:33.33%;
21:  }
22:
23:  #wrap div:first-child{
```

```
24:    background:#eb4a24;
25:    }
26:
27:    #wrap div:nth-child(2){
28:    background:#1488c8;
29:    }
30:
31:    #wrap div:nth-child(3){
32:    background:#f7e041;
33:    }
34:    </style>
35:    </head>
36:    <body>
37:      <div id="wrap">
38:        <div></div><div></div><div></div>
39:      </div>
40:    </body>
```

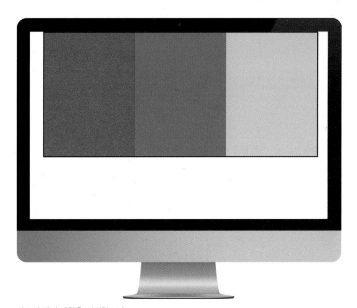

박스의 배치 방향을 설정한 모습

플렉스 아이템을 여러 줄로 배치하기

플렉서블 박스 안에 플렉스 아이템(자식 박스)이 배치될 때는 기본적으로 한 줄로만 배치됩니다. 만약 박스를 여러 줄로 배치하고 싶다면 다음의 속성과 속성값들을 사용하면 됩니다.

속성명	속성값	적용 요소
flex-wrap	nowrap(기본값), wrap, wrap-reverse	플렉서블 박스

속성값명	속성값 설명
nowrap	박스를 한 줄로 배치하며, 기본값입니다.
wrap	박스를 여러 줄로 배치합니다.
wrap-reverse	박스를 여러 줄로 배치하되 역방향으로 배치합니다. 즉, 주축이 가로일 때는 아래에서 위로, 주축이 세로일 때는 오른쪽에서 왼쪽으로 배치합니다.

예제로 구경하기   • 예제 파일 첫째마당/04장/예제/ex_03.html

```
03:    <head>
...       ...
07:    <style>
...       ...
10:    #wrap{
11:    display:flex;
12:    flex-direction:row;
13:    flex-wrap:wrap;          플렉스 아이템(자식 박스)을 여러 줄로 배치하는 속성값인 wrap으로 설정합니다.
14:    width:90%;
15:    height:500px;
16:    margin:0 auto;
17:    border:4px solid #000;
18:    }
19:
20:    #wrap div{
21:    width:100%;
22:    }
23:
24:    #wrap div:first-child{
25:    background:#eb4a24;
26:    }
27:
28:    #wrap div:nth-child(2){
```

```
29:    background:#1488c8;
30:    }
31:
32:    #wrap div:nth-child(3){
33:    background:#f7e041;
34:    }
35:    </style>
36:    </head>
37:    <body>
38:      <div id="wrap">
39:        <div></div><div></div><div></div>
40:      </div>
41:    </body>
```

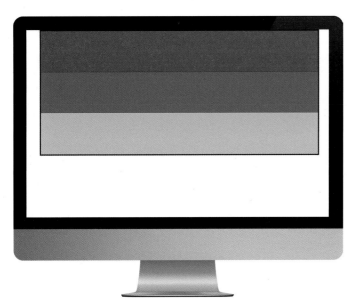

박스를 여러 줄로 배치한 모습

플렉스 아이템의 배치 방향과 여러 줄 배치를 한 번에 설정하기

플렉서블 박스를 이용해서 웹사이트를 제작하다 보면 앞에서 살펴본 박스의 배치 방향을 설정하는 속성과 박스를 여러 줄로 배치하는 속성을 사용하는 경우가 많은데, 이때마다 각각의 속성을 사용해야 하므로 번거롭습니다. 이렇게 번거롭게 여러 개의 속성을 작성하는 것을 한 번에 작성할 수 있게 도와주는 속성은 다음과 같습니다.

속성명	속성값	적용 요소
flex-flow	[flex-direction] [flex-wrap], row nowrap(기본값)	플렉서블 박스

속성값명	속성값 설명
꼭 띄어쓰세요! **[flex-direction] [flex-wrap]**	첫 번째 속성값은 박스의 배치 방향을 설정하는 속성의 값을 작성하고, 두 번째 속성값은 박스를 여러 줄로 배치하는 속성의 값을 작성합니다. 첫 번째 속성값과 두 번째 속성값의 사이는 반드시 한 칸을 띄어야 합니다.

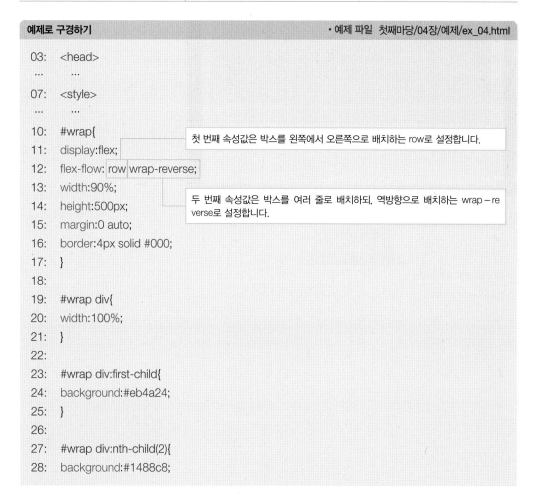

예제로 구경하기 · 예제 파일 첫째마당/04장/예제/ex_04.html

```
03:   <head>
...        ...
07:   <style>
...        ...
10:   #wrap{
11:   display:flex;
12:   flex-flow: row wrap-reverse;
13:   width:90%;
14:   height:500px;
15:   margin:0 auto;
16:   border:4px solid #000;
17:   }
18:
19:   #wrap div{
20:   width:100%;
21:   }
22:
23:   #wrap div:first-child{
24:   background:#eb4a24;
25:   }
26:
27:   #wrap div:nth-child(2){
28:   background:#1488c8;
```

첫 번째 속성값은 박스를 왼쪽에서 오른쪽으로 배치하는 row로 설정합니다.

두 번째 속성값은 박스를 여러 줄로 배치하되, 역방향으로 배치하는 wrap-reverse로 설정합니다.

```
29:    }
30:
31:    #wrap div:nth-child(3){
32:    background:#f7e041;
33:    }
34:    </style>
35:    </head>
36:    <body>
37:      <div id="wrap">
38:        <div></div><div></div><div></div>
39:      </div>
40:    </body>
```

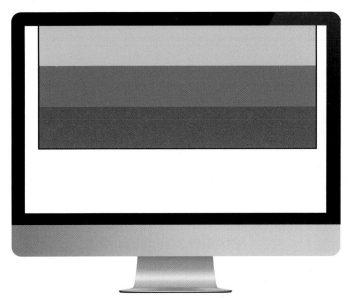

박스의 배치 방향과 여러 줄 배치를 설정한 모습

주축 방향으로 다양하게 플렉스 아이템 배치하기

플렉스 아이템은 플렉서블 박스 주축의 시작점부터 배치됩니다. 만약 주축 방향으로 박스를 다양하게 배치하고 싶다면 다음의 속성과 속성값을 사용하세요.

속성명	속성값	적용 요소
justify-content	flex-start(기본값), flex-end, center, space-between, space-around	플렉서블 박스

속성값명	속성값 설명
flex-start	자식 박스를 부모 박스 주축의 시작점으로 배치하며, 기본값입니다.
flex-end	자식 박스를 부모 박스 주축의 끝점으로 배치합니다.
center	자식 박스를 부모 박스의 중앙으로 배치합니다.
space-between	플렉서블 박스에 빈 공간이 있을 때 사용합니다. 첫 번째 박스와 마지막 박스는 양쪽 끝으로 붙이고, 나머지 박스는 동일한 간격으로 정렬됩니다.
space-around	플렉서블 박스에 빈 공간이 있을 때 사용합니다. 단, 양쪽 끝에 있는 박스의 양 옆에도 공간을 둔 채 자동 정렬됩니다.

예제로 구경하기　　　　　　　　　　　　• 예제 파일　첫째마당/04장/예제/ex_05.html

```
03:   <head>
...      ...
07:   <style>
...      ...
10:   #wrap{
11:   display:flex;
12:   justify-content:space-around;
13:   width:90%;
14:   height:500px;
15:   margin:0 auto;
16:   border:4px solid #000;
```

> 양쪽 끝에 있는 박스의 양 옆에도 공간을 둔 채 자동 정렬하는 값인 space -around로 설정합니다.

```
17:  }
18:
19:  #wrap div{
20:  width:20%;
21:  }
22:
23:  #wrap div:first-child{
24:  background:#eb4a24;
25:  }
26:
27:  #wrap div:nth-child(2){
28:  background:#1488c8;
29:  }
30:
31:  #wrap div:nth-child(3){
32:  background:#f7e041;
33:  }
34:  </style>
35:  </head>
36:  <body>
37:    <div id="wrap">
38:      <div></div><div></div><div></div>
39:    </div>
40:  </body>
```

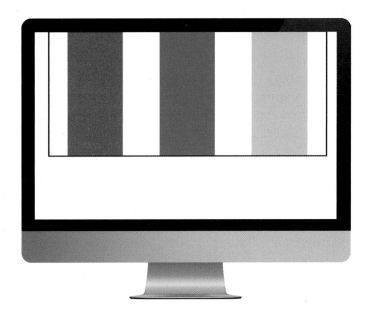

교차축 방향으로 다양하게 플렉스 아이템 배치하기

주축뿐만 아니라 교차축 방향으로도 박스를 다양하게 배치할 수 있습니다. 교차축 방향으로 박스를 다양하게 배치하고 싶다면 다음의 속성과 속성값을 사용하세요.

속성명	속성값	적용 요소
align-items	stretch(기본값), flex-start, flex-end, center, baseline	플렉서블 박스

속성값명	속성값 설명
stretch	박스를 확장해서 배치하며, 기본값입니다.
flex-start	박스를 교차축의 시작점에 배치합니다.
flex-end	박스를 교차축의 끝점에 배치합니다.
center	박스를 교차축의 중앙에 배치합니다.
baseline	자식 박스들을 교차축의 시작점에 배치되는 자식 박스의 글자 베이스라인에 맞춰 배치합니다. 시작점에 배치되는 자식 박스는 교차축의 시작점과 글자 베이스라인의 거리가 가장 먼 박스가 교차축의 시작점에 배치됩니다.

```
03:    <head>
 ...      ...
07:    <style>
 ...      ...
10:    #wrap{
11:    display:flex;
12:    width:90%;
13:    align-items:center;
14:    height:500px;
15:    margin:0 auto;
16:    border:4px solid #000;
17:    }
18:
19:    #wrap div{
20:    width:33.33%;
21:    height:200px;
22:    }
23:
24:    #wrap div:first-child{
25:    background:#eb4a24;
26:    }
27:
28:    #wrap div:nth-child(2){
29:    background:#1488c8;
30:    }
31:
32:    #wrap div:nth-child(3){
33:    background:#f7e041;
34:    }
35:    </style>
36:    </head>
37:    <body>
38:      <div id="wrap">
39:        <div></div><div></div><div></div>
40:      </div>
41:    </body>
```

플렉스 아이템을 교차축 방향의 중앙으로 배치하는 속성값인 center로 설정합니다.

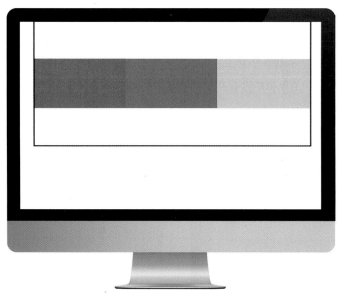

교차축 방향으로 박스를 다양하게 배치하는 속성을 적용한 모습(주축이 가로일 때)

교차축 방향으로 플렉스 아이템을 개별적으로 배치하기

앞에서는 교차축 방향으로 박스를 다양하게 배치하는 방법에 대해 알아보았습니다. 그런데 필요에 따라서는 교차축 방향으로 박스를 개별적으로 배치해야 하는 경우가 생길 수 있습니다. 다음의 속성과 속성값을 사용하면 교차축 방향으로 박스를 개별적으로 배치할 수 있습니다.

> ▶ 속성값 설명은 align-items 속성값 설명과 동일하므로 추가된 auto 속성값을 제외한 자세한 설명은 생략합니다.

속성명	속성값	적용 요소
align-self	auto, stretch, flex-start, flex-end, center, baseline	플렉스 아이템

속성값명	속성값 설명
auto	플렉서블 박스(플렉스 아이템의 부모 박스)의 align-items 속성값을 상속받습니다. 부모 박스에 적용된 속성값이 없는 경우에는 stretch 속성값이 적용됩니다.

```
03:    <head>
 ...        ...
07:    <style>
 ...        ...
10:    #wrap{
11:      display:flex;
12:      width:90%;
13:      height:500px;
14:      margin:0 auto;
15:      border:4px solid #000;
16:    }
17:
18:    #wrap div{
19:      width:33.33%;
20:      height:200px;
21:    }
22:
23:    #wrap div:first-child{
24:      align-self:flex-end;
25:      background:# eb4a24;
26:    }
27:
28:    #wrap div:nth-child(2){
29:      background:#1488c8;
30:    }
31:
32:    #wrap div:nth-child(3){
33:      background:#f7e041;
34:    }
35:    </style>
36:    </head>
37:    <body>
38:      <div id="wrap">
39:        <div></div><div></div><div></div>
40:      </div>
41:    </body>
```

> 플렉스 아이템 중 첫 번째를 선택하여 교차축 방향의 끝점에 배치하는 속성값인 flex-end로 설정합니다.

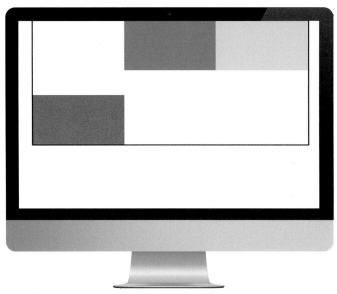

교차축 방향으로 박스를 개별적으로 배치한 모습

여러 줄인 플렉스 아이템을 교차축 방향으로 다양하게 배치하기

앞에서 교차축 방향으로 박스를 배치하는 방법들을 살펴봤는데, 이외에도 한 가지 방법이 더 있습니다. 이 속성은 지금까지 살펴본 교차축 방향으로 박스를 배치하기 위한 속성의 확장판이라고 볼 수 있습니다. 단 박스가 여러 줄일 때만 적용되는 속성입니다.

속성명	속성값	적용 요소
align-content	stretch(기본값), flex-start, flex-end, center, space-between, space-around	플렉서블 박스

▶ align-content 속성값 설명은 justify-content 속성값과 같으므로 생략합니다.

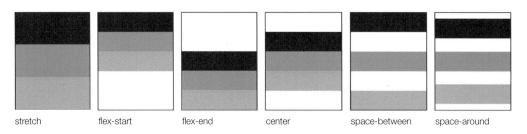

stretch flex-start flex-end center space-between space-around

```
03:   <head>
...       ...
07:   <style>
...       ...
10:   #wrap{
11:   display:flex;
12:   flex-wrap:wrap;
13:   align-content:space-between;
14:   width:90%;
15:   height:500px;
16:   margin:0 auto;
17:   border:4px solid #000;
18:   }
19:
20:   #wrap div{
21:   width:100%;
22:   height:100px;
23:   }
24:
25:   #wrap div:first-child{
26:   background:#eb4a24;
27:   }
28:
29:   #wrap div:nth-child(2){
30:   background:#1488c8;
31:   }
32:
33:   #wrap div:nth-child(3){
34:   background:#f7e041;
35:   }
36:   </style>
37:   </head>
38:   <body>
39:     <div id="wrap">
40:       <div></div><div></div><div></div>
41:     </div>
42:   </body>
```

> space-between은 플렉서블 박스에 빈 공간이 있을 때 사용합니다. 첫 번째 박스와 마지막 박스는 양쪽 끝으로 붙이고 나머지 박스는 동일한 간격으로 자동 정렬됩니다.

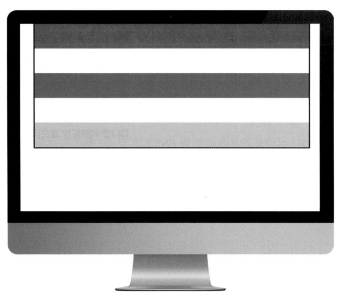

교차축 방향으로 여러 줄인 박스를 다양하게 배치하는 속성을 적용한 모습

플렉스 아이템의 배치 순서 바꾸기

기본적으로 HTML 태그들은 작성한 순서대로 배치되는데, 지금 설명하는 플렉서블 박스의 속성을
적용하면 박스의 배치 순서를 자유롭게 바꿀 수 있습니다.

속성명	속성값	적용 요소
order	0(기본값), 정숫값	플렉스 아이템

속성값명	속성값 설명
정숫값	입력된 정숫값에 따라 박스가 배치됩니다. 정숫값으로는 양숫값과 음숫값을 사용할 수 있습니다. 양숫값을 입력하면 입력된 양숫값에 따라 배치됩니다. 만약 동일한 양숫값을 입력하면 HTML 태그 순서상 뒤에 작성된 태그가 적용됩니다. 음숫값을 입력하면 기본값인 0이 됩니다.

```
03:    <head>
...        ...
07:    <style>
...        ...
10:    #wrap{
11:    display:flex;
12:    width:90%;
13:    height:500px;
14:    margin:0 auto;
15:    border:4px solid #000;
16:    }
17:
18:    #wrap div{
19:    width:33.33%;
20:    }
21:
22:    #wrap div:first-child{
23:    order:3;
24:    background:#eb4a24;
25:    }
26:
27:    #wrap div:nth-child(2){
28:    order:1;
29:    background:#1488c8;
30:    }
31:
32:    #wrap div:nth-child(3){
33:    order:2;
34:    background:#f7e041;
35:    }
36:    </style>
37:    </head>
38:    <body>
39:      <div id="wrap">
40:        <div></div><div></div><div></div>
41:      </div>
42:    </body>
```

> 플렉스 아이템 중 첫 번째 박스의 순서는 세 번째로, 두 번째 박스의 순서는 첫 번째로, 그리고 마지막 박스인 세 번째 박스의 순서는 두 번째로 변경합니다.

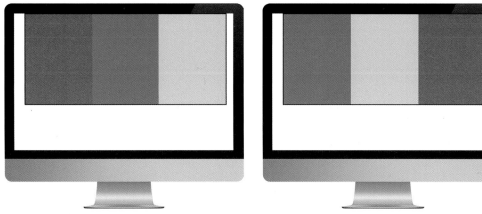

박스의 배치 순서를 변경하기 전   박스의 배치 순서를 변경한 후

플렉스 아이템의 크기 늘이고 줄이기

플렉스 아이템이 플렉서블 박스보다 작거나 클 경우 여백이 생기거나 넘치는 문제가 생길 수 있습니다. 이때 다음의 속성을 사용하면 자식 박스들의 크기를 늘이거나 줄일 수 있고 가변적인 박스로 작동하게 할 수도 있습니다.

속성명	속성값	적용 요소
flex	[flex-grow] [flex-shrink] [flex-basis], 0 1 auto(기본값), 0 auto(0 1 auto와 같음), initial(0 1 auto와 같음), auto(1 1 auto와 같음), none(0 0 auto와 같음)	플렉스 아이템

속성값명	속성값 설명
flex-grow	플렉서블 박스에 여백이 있을 때 플렉스 아이템의 크기를 늘일 수 있는 속성입니다. 속성값은 비율로 설정합니다. 단, 음숫값은 사용할 수 없으며 width, flex-basis 속성값에 따라 늘어나는 크기가 변할 수 있습니다. 예 : 플렉서블 박스 안에 자식 박스가 세 개 있는 상황. 각각 flex-grow 속성값을 1, 1, 2로 설정하면 남는 공간을 4등분하여 각각 1/4, 1/4, 2/4 크기만큼을 기본 크기에 더합니다.
flex-shrink	플렉서블 박스 안의 플렉스 아이템의 크기가 넘칠 경우 크기를 줄일 수 있는 속성입니다. 속성값은 비율로 설정합니다. 단, 음숫값은 사용할 수 없으며 width, flex-basis 속성값에 따라 줄어드는 크기가 변할 수 있습니다. 예 : 플렉서블 박스 안에 자식 박스가 세개 있는 상황. 각각 flex-shrink 속성값을 1, 1, 2로 설정하면 넘치는 공간을 4등분하여 각각 1/4, 1/4, 2/4 크기만큼을 기본 크기에서 뺍니다.
flex-basis	플렉스 아이템의 기본 크기를 설정하기 위한 속성입니다. width 속성에서 사용할 수 있는 모든 값을 사용할 수 있습니다. 단, 음숫값은 사용할 수 없습니다. 예 : 속성값을 0으로 설정할 경우 플렉스 아이템에 flex-grow, flex-shrink 속성값에서 설정한 비율이 그대로 적용됩니다. 속성값을 auto로 설정할 경우 플렉스 아이템이 기본적으로 가지고 있는 크기를 기준으로 flex-grow, flex-shrink 속성값에서 설정한 비율이 적용됩니다.

```
03:  <head>
...      ...
07:  <style>
...      ...
10:  #wrap{
11:  display:flex;
12:  width:90%;
13:  height:500px;
14:  margin:0 auto;
15:  border:4px solid #000;
16:  }
17:
18:  #wrap div:first-child{
19:  flex:1 1 0;
20:  background:#eb4a24;
21:  }
22:
23:  #wrap div:nth-child(2){
24:  flex:1 1 0;
25:  background:#1488c8;
26:  }
27:
28:  #wrap div:nth-child(3){
29:  flex:2 2 0;
30:  background:#f7e041;
31:  }
32:  </style>
33:  </head>
34:  <body>
35:      <div id="wrap">
36:          <div></div><div></div><div></div>
37:      </div>
38:  </body>
```

플렉스 아이템 중 첫 번째 박스와 두 번째 박스에는 크기를 늘이는 속성인 flex-grow 속성의 값을 1로, 그리고 크기를 줄이는 flex-shrink 속성의 값을 1로 설정합니다. 플렉스 아이템의 기본 크기를 설정하기 위한 flex-basis 속성의 값은 0으로 설정합니다.

마지막 박스인 세 번째 박스에는 크기를 늘이는 flex-grow 속성의 값을 2로, 크기를 줄이는 flex-shrink 속성의 값을 2로 설정합니다. 기본 크기를 설정하기 위한 flex-basis 속성의 값은 0으로 설정합니다.

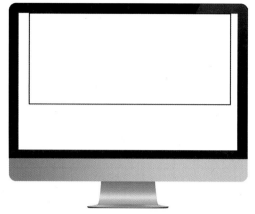

박스 크기를 늘이는 속성을 적용하기 전

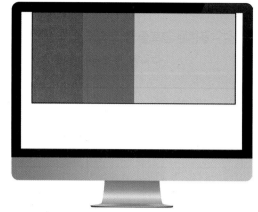

박스 크기를 늘이는 속성을 적용한 후

알아 두면 좋아요! **박스 크기를 늘이고 줄이는 속성들을 개별적으로 사용할 수는 없나요?**

박스의 크기 증감을 설정하는 속성들을 개별적으로 사용할 수도 있긴 하지만 W3C 플렉서블 박스 기술 명세에 따르면 '박스의 크기 증감 속성을 개별적으로 사용하는 것'을 추천하지 않고 있습니다. 필자 또한 권하고 싶지 않은 방법이므로 꼭 사용해야 될 상황이 아니라면 사용하지 않는 것이 좋습니다.

속성명	속성값	적용 요소
flex-grow	0 (기본값), 비율값	플렉스 아이템
flex-shrink	1 (기본값), 비율값	플렉스 아이템
flex-basis	auto (기본값), width 속성에서 사용할 수 있는 모든 값	플렉스 아이템

▶ 속성과 속성값의 자세한 설명은 flex 속성에서 설명한 내용을 참조하세요.

Do it! 실습 **플렉서블 박스 이용해 목업 웹사이트 만들기**

· **실습 파일** 첫째마당/04장/실습/04_1.html · **완성 파일** 첫째마당/04장/완성/04_1.html

먼저 우리가 만들어볼 웹사이트의 구조와 각각의 영역이 어떠한 역할을 하는지 살펴볼까요?

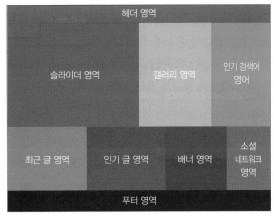

← 로고와 메뉴를 담고 있는 헤더 영역

← 이미지를 효과적으로 보여주기 위한 슬라이더 영역과 사진을 보여줄 갤러리 영역 그리고 인기 검색어를 순위대로 보여주는 인기 검색어 영역

← 최근에 작성한 글들과 사람들이 많이 본 글을 보여주는 최근 글 영역과 인기 글 영역, 광고 또는 웹사이트에서 전달할 사항을 담고 있는 배너 영역. 그리고 사람들과의 소통을 위한 소셜 네트워크 영역

← 웹사이트의 저작권 정보 등을 담고 있는 푸터 영역

웹사이트 구조가 완성된 모습

▶ 이 그림에는 보이지 않지만 헤더 영역 위에는 홈, 로그인, 회원가입, 검색 버튼 등이 들어 있는 인포메이션 영역도 있습니다. 하지만 너무 간단한 작업이라 여기서는 다루지 않습니다. 인포메이션 영역에 대해서는 06장에서 살펴봅니다.

기본 구조 잡기

1. 편집기를 실행시켜 실습 파일인 04_1.html을 불러옵니다. 그리고 〈body〉, 〈/body〉 태그 사이에 wrap이라는 아이디로 〈div〉 태그를 작성합니다.

```
HTML
105:  <body>
106:     <div id="wrap">
 ...      ...
122:     </div>
123:  </body>
```

2. 헤더 영역, 슬라이더 영역, 갤러리 영역, 인기 검색어 영역을 만들기 위해 태그를 작성합니다. 가장 먼저 〈header〉, 〈/header〉 태그를 작성하고 헤더 태그에 header라는 클래스명을 입력합니다.

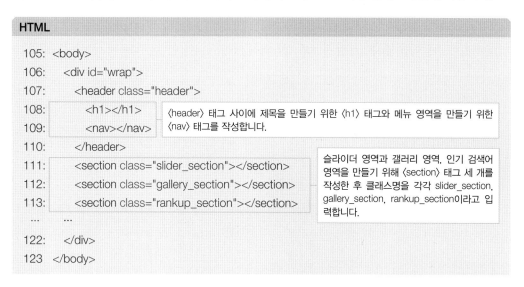

```
105: <body>
106:   <div id="wrap">
107:     <header class="header">
108:       <h1></h1>          ← 〈header〉 태그 사이에 제목을 만들기 위한 〈h1〉 태그와 메뉴 영역을 만들기 위한
109:       <nav></nav>            〈nav〉 태그를 작성합니다.
110:     </header>
111:     <section class="slider_section"></section>    ← 슬라이더 영역과 갤러리 영역, 인기 검색어
112:     <section class="gallery_section"></section>      영역을 만들기 위해 〈section〉 태그 세 개를
113:     <section class="rankup_section"></section>       작성한 후 클래스명을 각각 slider_section,
...    ...                                                gallery_section, rankup_section이라고 입
122:   </div>                                            력합니다.
123: </body>
```

3. 최근 글 영역과 인기 글 영역 그리고 배너 영역과 소셜 네트워크 영역을 만들기 위해 태그를 작성합니다.

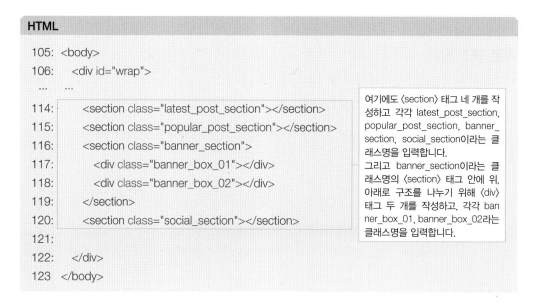

```
105: <body>
106:   <div id="wrap">
...    ...
114:     <section class="latest_post_section"></section>    ← 여기에도 〈section〉 태그 네 개를 작
115:     <section class="popular_post_section"></section>      성하고 각각 latest_post_section,
116:     <section class="banner_section">                       popular_post_section, banner_
117:       <div class="banner_box_01"></div>                    section, social_section이라는 클
118:       <div class="banner_box_02"></div>                    래스명을 입력합니다.
119:     </section>                                             그리고 banner_section이라는 클
120:     <section class="social_section"></section>            래스명의 〈section〉 태그 안에 위,
121:                                                            아래로 구조를 나누기 위해 〈div〉
122:   </div>                                                  태그 두 개를 작성하고, 각각 ban
123: </body>                                                   ner_box_01, banner_box_02라는
                                                              클래스명을 입력합니다.
```

4. 푸터 영역의 구조를 만들기 위한 태그 작성하기

이제 맨 하단인 푸터 영역을 만들기 위해 ⟨footer⟩, ⟨/footer⟩ 태그를 작성하고, footer라는 클래스
명을 입력하는 것으로 구조 작업을 마무리합니다.

```
HTML
105: <body>
106:    <div id="wrap">
 ...     ...
121:        <footer class="footer"></footer>
122:    </div>
123  </body>
```

```
<body>
    <div id="wrap">
        <header class="header">
            <h1></h1>
            <nav></nav>
        </header>
        <section class="slider_section"></section>
        <section class="gallery_section"></section>
        <section class="rankup_section"></section>
        <section class="latest_post_section"></section>
        <section class="popular_post_section"></section>
        <section class="banner_section">
            <div class="banner_box_01"></div>
            <div class="banner_box_02"></div>
        </section>
        <section class="social_section"></section>
        <footer class="footer"></footer>
    </div>
</body>
</html>
```

기본 스타일 작업하기

1. 먼저 〈head〉, 〈/head〉 태그 사이에 〈style〉, 〈/style〉 태그를 작성합니다. 실습 파일에서 07행과 103행에 입력합니다.

HTML / CSS

```
07:   <style>
 ...      ...
103: </style>
```

2. 〈style〉, 〈/style〉 태그 사이에 마진값과 패딩값을 0으로 설정합니다. 그리고 wrap이라는 아이디의 〈div〉 태그를 플렉서블 박스로 작동하도록 display 속성과 flex-flow 속성, 그리고 가로 너빗값과 마진값을 설정합니다.

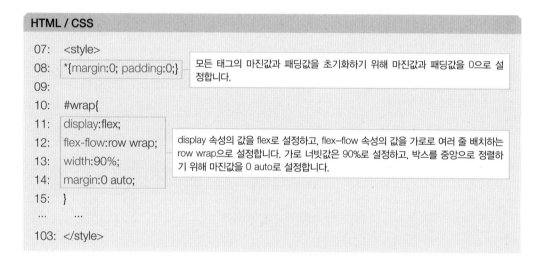

HTML / CSS

```
07:   <style>
08:   *{margin:0; padding:0;}      모든 태그의 마진값과 패딩값을 초기화하기 위해 마진값과 패딩값을 0으로 설
09:                                정합니다.
10:   #wrap{
11:   display:flex;
12:   flex-flow:row wrap;          display 속성의 값을 flex로 설정하고, flex-flow 속성의 값을 가로로 여러 줄 배치하는
13:   width:90%;                   row wrap으로 설정합니다. 가로 너빗값은 90%로 설정하고, 박스를 중앙으로 정렬하
14:   margin:0 auto;               기 위해 마진값을 0 auto로 설정합니다.
15:   }
 ...     ...
103: </style>
```

3. 헤더 영역의 스타일 작업하기

헤더 영역 역시 플렉서블 박스로 작동할 수 있게 일일이 속성을 설정해야 합니다.

HTML / CSS

```
07:    <style>
...       ...
17:    .header{
18:      display:flex;
19:      order:1;
20:      position:relative;
21:      width:100%;
22:    }
23:
24:    .header h1{
25:      position:absolute;
26:      top:0;
27:      left:0;
28:      width:12.5%;
29:      height:142px;
30:      background:#ff6b57;
31:    }
32:
33:    .header nav{
34:      width:87.5%;
35:      min-height:80px;
36:      background:#ff6b57;
37:    }
38:
...       ...
103:   </style>
```

헤더 영역에 플렉서블 박스 속성들을 적용하기 위해 display 속성의 값을 플렉서블 박스로 작동하게 하는 flex로, order 속성의 값을 1로 설정합니다. 그리고 position 속성은 상대적인 위치로 만들어주는 relative로 설정하고 너빗값은 100%로 설정합니다.

제목을 만들기 위한 〈h1〉 태그에 position 속성의 값을 절대적인 위치로 만들어주는 absolute로 설정하고, 위칫값은 위쪽과 왼쪽 모두 0으로 설정합니다. 그리고 너빗값과 높잇값을 각각 12.5%, 142px로 설정하고 배경색을 설정합니다.

메뉴 영역인 〈nav〉 태그에 너빗값을 87.5%로 설정하고, 최소 높잇값을 80px로 설정합니다. 그리고 배경색을 설정합니다.

지금까지 작성한 HTML 파일을 저장한 다음 크롬으로 실행해 보겠습니다. 제목 영역인 〈h1〉 태그는 정상이지만 메뉴 영역인 〈nav〉 태그는 제목 영역에 가려 보이지 않네요.

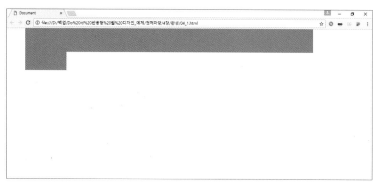

로고 영역이 메뉴 영역을 가리고 있는 모습

왜 이런 문제가 발생한 것일까요? 그 이유는 제목 영역인 〈h1〉 태그에 요소의 위치를 설정하는 position 속성이 'absolute'로 설정되었기 때문에 제목 영역은 기존의 위치에서 벗어나게 되고, 메뉴 영역은 왼쪽으로 배치되면서 제목 영역이 메뉴 영역 위로 올라갔기 때문입니다.

4. 이 문제를 해결하려면 플렉서블 박스의 속성 중 justify-content 속성을 사용해야 합니다. 주축 방향으로 박스를 다양하게 배치해 주는 속성입니다.

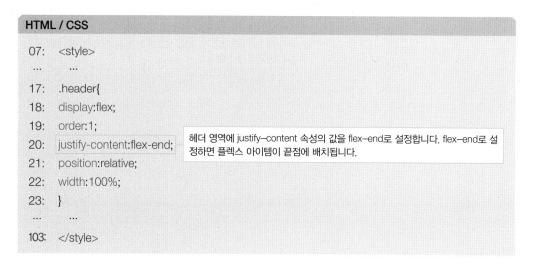

HTML / CSS

```
07:   <style>
...      ...
17:   .header{
18:   display:flex;
19:   order:1;
20:   justify-content:flex-end;        헤더 영역에 justify-content 속성의 값을 flex-end로 설정합니다. flex-end로 설
21:   position:relative;               정하면 플렉스 아이템이 끝점에 배치됩니다.
22:   width:100%;
23:   }
...      ...
103:  </style>
```

다시 웹 브라우저에서 확인해 보면 정상적으로 박스들이 배치되는 모습을 확인할 수 있습니다.

justify-content 속성을 적용하기 전

justify-content 속성을 적용한 후

5. 슬라이더 영역, 갤러리 영역, 인기 검색어 영역의 스타일 작업하기

먼저 슬라이더 영역과 갤러리 영역 그리고 인기 검색어 영역에 플렉스 아이템의 배치 순서를 변경하는 order 속성의 값을 각각 2, 3, 4로 설정합니다.

그리고 각 영역마다 가로 너빗값과 높잇값, 배경색을 설정합니다. 배경색은 박스별로 구분해 줘야 하므로 서로 다른 색으로 설정합니다.

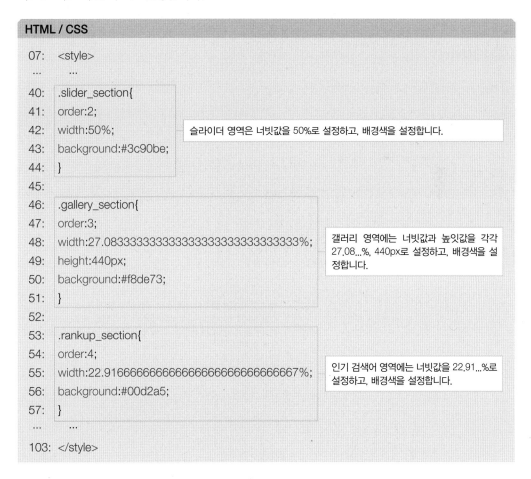

HTML / CSS

```
07:  <style>
...      ...
40:  .slider_section{
41:  order:2;
42:  width:50%;                ← 슬라이더 영역은 너빗값을 50%로 설정하고, 배경색을 설정합니다.
43:  background:#3c90be;
44:  }
45:
46:  .gallery_section{
47:  order:3;
48:  width:27.08333333333333333333333333333333%;    ← 갤러리 영역에는 너빗값과 높잇값을 각각
49:  height:440px;                                      27.08...%, 440px로 설정하고, 배경색을 설
50:  background:#f8de73;                                정합니다.
51:  }
52:
53:  .rankup_section{
54:  order:4;
55:  width:22.9166666666666666666666666666666667%;   ← 인기 검색어 영역에는 너빗값을 22.91...%로
56:  background:#00d2a5;                                 설정하고, 배경색을 설정합니다.
57:  }
...      ...
103: </style>
```

지금까지 작업한 파일을 웹 브라우저에서 확인해 보세요. 정상적으로 박스들이 배치되어 있는 모습을 확인할 수 있을 겁니다.

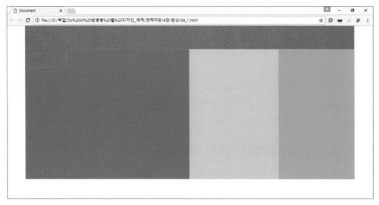

중간 과정

6. 최근 글, 인기 글 영역, 배너 영역, 소셜 네트워크 영역의 스타일 작업하기

최근 글, 인기 글 영역과 배너 영역 그리고 소셜 네트워크 영역에도 order 속성의 값을 각각 5, 6, 7, 8로 설정합니다.

HTML / CSS

```
07:    <style>
...        ...
59:    .latest_post_section{
60:    order:5;
61:    width:30%;
62:    background:#9cabe4;
63:    }
64:
65:    .popular_post_section{
66:    order:6;
67:    width:30%;
68:    background:#d76817;
69:    }
70:
71:    .banner_section{
72:    display:flex;
73:    order:7;
74:    flex-flow:column nowrap;
75:    width:22.916666666666666666666666666667%;
76:    }
```

> 최근 글, 인기 글 영역은 너빗값을 30%로 설정하고, 각각의 배경색을 설정합니다.

> 배너 영역에는 플렉서블 박스로 작동할 수 있게 display 속성의 값을 flex로 설정합니다. 그리고 플렉스 아이템을 세로로 배치하고, 한 줄로 배치되도록 flex-flow 속성의 값을 column nowrap으로 설정합니다. 그리고 너빗값을 22.91...%로 설정합니다.

```
77:
78:  banner_section div{
79:  flex:1 1 0;
80:  }
81:
82:  .banner_section div.banner_box_01{
83:  background:#0175bb;
84:  }
85:
86:  .banner_section div.banner_box_02{
87:  background:#1261c9;
88:  }
89:
90:  .social_section{
91:  order:8;
92:  width:17.08333333333333333333333333333333%;
93:  height:270px;
94:  background:#fe6eda;
95:  }
...      ...
103: </style>
```

배너 영역의 자식 박스들인 〈div〉 태그들에는 같은 줄에 있는 박스들의 높이를 반반씩 차지할 수 있도록 박스의 크기를 늘이는 flex 속성의 값을 1 1 0으로 설정합니다. 그리고 배경색을 각각 다른 색으로 설정합니다.

소셜 네트워크 영역에 가로 너빗값과 높잇값을 각각 17.08...%, 270px로 설정하고, 배경색을 설정합니다.

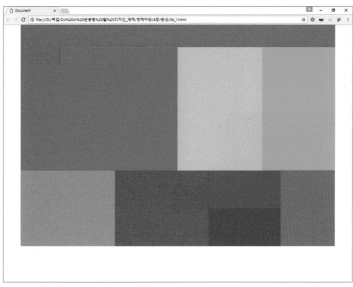

중간 과정

7. 푸터 영역의 스타일 작업하기

푸터 영역에도 순서를 지정해 주는 order 속성의 값을 9로 설정합니다. 그리고 가로 너빗값과 높잇
값을 100%, 94px로 설정하고, 배경색을 설정해 마무리합니다.

```
HTML / CSS
 07:    <style>
  ...       ...
 97:    .footer{
 98:    order:9;
 99:    width:100%;
100:    height:94px;
101:    background:#474747;
102:    }
103:    </style>
```

이제 웹사이트의 구조가 완성되었습니다. 파일을 저장한 다음 크롬으로 실행해서 화면의 크기를 늘
였다 줄였다 하면서 확인해 보세요.

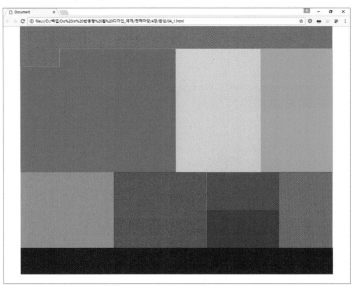

웹사이트 구조가 완성된 모습

04장에서 꼭 기억해야 할 내용

1. [플   ]에서 부모 박스는 가변적인 박스로 작동하기 위한 기본 개념입니다. 마치 wrap 처럼 모든 요소를 감싸고 있는 존재이기도 하죠. 이 부모 박스에 특정 속성값을 적용해야 가변적인 박스로 작동하게 됩니다.

2. 부모 박스가 플렉서블 박스로 작동한 순간부터 그 안의 자식 박스들은 '[플   ]'이라는 이름을 달고 작동하게 됩니다. 부모 박스가 속성값이 적용되어 가변적인 박스로 작동하는 순간부터 플렉서블 박스로 불리듯이 자식 박스 역시 속성값에 의해 작동하는 순간부터 '[아   ]'이라고 불리게 됩니다.

3. 건축물에는 건물을 지탱하기 위한 기둥이 있듯이 플렉서블 박스에도 플렉스 아이템(자식 박스)을 지탱하기 위한 기둥 같은 존재인 축이 두 개 있습니다. 바로 [주   ]과 [교   ]입니다.

4. 플렉서블 박스로 작동시키기 위한 속성값 중 하나는 [f   ]입니다.

5. 플렉스 아이템의 배치 방향을 설정하는 속성은 flex-[d   ]입니다.

6. 플렉스 아이템을 여러 줄로 배치하는 속성은 flex-[w   ]입니다.

7. 주축 방향으로 다양하게 플렉스 아이템을 배치하는 속성은 justify-[c   ]입니다.

8. 교차축 방향으로 다양하게 플렉스 아이템을 배치하는 속성은 align-[i   ]입니다.

9. 플렉스 아이템의 크기를 늘이고 줄이는 속성은 [f   ]입니다.

• 정답 1. 플렉서블 박스 2. 플렉스, 아이템 3. 주축, 교차축 4. flex 5. direction 6. wrap 7. content 8. items 9. flex

실전! 반응형 웹사이트 만들기

- 플렉서블 박스

둘째마당에서는 지금까지 배운 기술들을 활용해서 어떤 기기에서든 로봇처럼 변신하는 반응형 웹사이트를 만들어 보겠습니다. 하나의 웹사이트를 준비 작업부터 마무리까지 직접 해보는 것이죠.

이 과정을 마치고 나면 회사 또는 개인 홈페이지 등 어떤 형태의 반응형 웹사이트라도 자신있게 만들 수 있을 것입니다.

신기술이 아닌, 기존의 속성으로 반응형 웹을 만드는 과정에 대해서는 셋째마당에서 알려 드리겠습니다.

반응형 웹사이트 준비 작업하기

반응형 웹사이트를 제작하기 위해서는 세 가지 준비 단계를 거쳐야 합니다. 웹사이트 구조 파악하기와 파일 및 폴더 정리, 그리고 웹사이트 기본 틀 잡기는 너무나도 기본적인 내용이지만 절대 무시할 수 없는 중요한 내용입니다.

05-1 웹사이트 구조 다지기

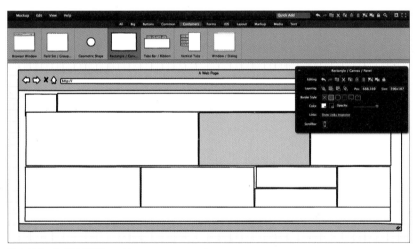

화면 설계 도구 발사믹목업(http://www.balsamiq.com)

05-1
웹사이트 구조 다지기

1단계: 웹사이트 구조 살펴보기

웹사이트를 제작하기 전에 가장 먼저 할 일은 웹사이트의 구조를 확인하는 것입니다. 직접 디자인한 웹사이트의 포토샵 원본 파일 혹은 디자이너로부터 받은 시안 파일을 꼼꼼이 검토해야 합니다. 웹사이트의 구조를 확인하는 게 1순위인 이유는 반응형 웹의 경우 환경이나 크기에 따라 웹사이트의 구조가 크게 바뀌기 때문에 여러 가지 사항들을 미리 고려해야 하기 때문이죠.

우선 이 책에서 제작할 반응형 웹사이트의 구조를 살펴볼까요? 최근 웹 디자인 트렌드로 떠오른 플랫 디자인 스타일로 디자인된 웹사이트로, 메인 페이지의 구조는 10개의 영역으로 나누어져 있습니다. PC나 태블릿 환경에서는 영역들이 가로로 여러 줄 배치되게 구성되어 있지만 가장 작은 화면인 모바일 환경에서는 영역들이 세로로 한 줄씩 배치됩니다.

▶ 이 책에서 제작해 볼 반응형 웹사이트의 포토샵 원본 파일은 둘째마당/psd 폴더에 있습니다.

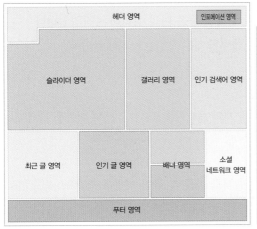

PC 화면의 구조

태블릿 화면의 구조

모바일 화면의 구조

서브 페이지는 소개 페이지, 갤러리 페이지, 게시판 페이지로 총 세 개의 페이지로 구성되어 있으며
모든 환경에서 영역이 세로로 한 줄씩 배치됩니다.

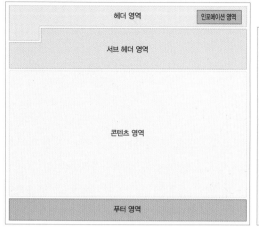

PC 화면의 구조

태블릿 화면의 구조

모바일 화면의 구조

2단계: 폴더와 기본 파일 구성하기

웹사이트의 구조를 확인했다면 이번에는 기본 폴더와 기본 파일 구성 작업을 진행해 보겠습니다.
기본 폴더와 기본 파일 구성 작업이란 웹사이트를 제작할 때 편의성을 높이기 위해 기본적인
HTML 파일, 그림 파일, 자바스크립트 파일, 웹폰트 파일 등을 미리 정리하는 작업입니다.
그럼 둘째마당에서 제작할 반응형 웹사이트의 기본 폴더와 기본 파일을 구성해 볼까요?

1. 기본 폴더 만들기

적당한 위치에 폴더를 하나 만들고 그 폴더 안에 네 개의 폴더를 만듭니다. 폴더 이름을 각각 css,
images, js, webfont라고 입력해 저장합니다.

2. images 폴더 안에 세 개의 폴더가 필요합니다. 폴더를 만든 후 폴더 이름을 각각 s_images, p_
images, favicon이라고 입력해 저장합니다.

3. 기본 파일 구성하기

편집기를 실행한 후 HTML 파일 네 개를 만듭니다. 파일 이름을 각각 index.html, introduce.html,
gallery.html, board.html이라고 입력해 저장합니다.

🔘 webfont, js, images 폴더에는 별도의 소스 파일이 있어 직접 구성하기가 힘드니 내려받은 예제 파일에서 복사해
와야 합니다. 예제 파일은 둘째마당/5장/반응형 웹 기본구성 폴더에 있습니다.

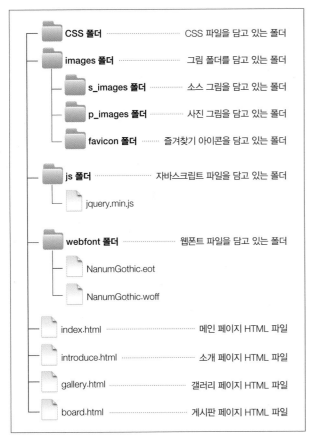

CSS 폴더 ·············	CSS 파일을 담고 있는 폴더
images 폴더 ·············	그림 폴더를 담고 있는 폴더
s_images 폴더 ·············	소스 그림을 담고 있는 폴더
p_images 폴더 ·············	사진 그림을 담고 있는 폴더
favicon 폴더 ·············	즐겨찾기 아이콘을 담고 있는 폴더
js 폴더 ·············	자바스크립트 파일을 담고 있는 폴더
jquery.min.js	
webfont 폴더 ·············	웹폰트 파일을 담고 있는 폴더
NanumGothic.eot	
NanumGothic.woff	
index.html ·············	메인 페이지 HTML 파일
introduce.html ·············	소개 페이지 HTML 파일
gallery.html ·············	갤러리 페이지 HTML 파일
board.html ·············	게시판 페이지 HTML 파일

반응형 웹 기본 구성 폴더

만약 폴더 구성을 미리 하지 않고 무작정 시작했다가 나중에 파일이나 폴더를 추가하려고 하면 그 때는 소스가 너무 많고 복잡해져서 작업이 혼란스럽고 뒤죽박죽이 될 수 있습니다. 그러므로 웹사이트 제작은 반드시 폴더 구성 작업을 마친 후에 시작하세요.

> **알아 두면 좋아요! 웹폰트가 뭔가요?**
>
> 웹폰트란 운영체제에 별도로 설치된 폰트를 웹에서도 사용할 수 있게 도와주는 CSS3 속성 중 하나입니다. 그런 데 '이미 운영체제에 설치된 폰트를 CSS 속성 중 폰트 속성을 이용해 웹에서 사용할 수 있지 않나요?'라고 묻는 분도 있을 것입니다. 하지만 내 운영체제에만 설치되어 있는 폰트를 웹 문서의 기본 폰트로 설정해도 다른 사람들 은 같은 폰트를 제공받을 수 없습니다. 결국 웹사이트를 방문하는 사용자들이 웹사이트에 설정되어 있는 폰트가 없 을 경우에는 대체 폰트로 설정되어버립니다.
>
> 모든 사용자에게 같은 폰트를 제공하고 싶다면 운영체제에 설치된 폰트 파일을 별도로 웹 전용 폰트로 변경하여 사용자에게 제공해야 합니다. 바로 이러한 기술이 웹폰트라는 기술입니다.
>
> 사실 웹폰트는 익스플로러 브라우저 계열에서만 지원하던 기술이었는데, CSS3에서 정식 속성으로 채택되면서 모든 브라우저에서도 사용할 수 있게 되었습니다.

3단계: 기본 구조와 기본 스타일 작업하기

마지막으로 기본 구조와 기본 스타일 작업을 진행해 보겠습니다. 여기서 말하는 기본 구조란 기본 HTML 문서를 만드는 작업입니다.

기본 스타일 작업은 브라우저에 기본적으로 설정되어 있는 CSS 속성값들을 초기화하는 작업, 그리고 미디어 쿼리를 작성하는 작업과 반응형 웹사이트 제작을 위한 기본 스타일 작업을 말합니다.

1. 기본 구조 작업하기

먼저 HTML 문서의 기본 틀을 만드는 기본 구조 작업을 합니다. 앞에서 준비해 둔 메인 페이지와 서브 페이지의 HTML 파일을 여세요.

• **완성 파일** 둘째마당/05장/완성/responsive_web/index.html, introduce.html, gallery.html, board.html

편집기에서 메인 페이지와 서브 페이지 각각의 HTML 파일을 열어 다음처럼 작성합니다.

HTML	메인 페이지 (index.html)

```html
<!DOCTYPE HTML>
<html lang="ko">
<head>
<meta charset="UTF-8">
<meta name="viewport" content="width=device-width, initial-scale=1, minimum-scale=1, maximum-scale=1, user-scalable=no">
<title>FLAT DESIGN</title>
<link rel="stylesheet" type="text/css" href="">
<link rel="stylesheet" type="text/css" href="">
<link rel="shortcut icon" href="images/favicon/favicon.ico">
<link rel="apple-touch-icon-precomposed" href="images/favicon/flat-design-touch.png">
<script src="js/jquery.min.js"></script>
<style>

</style>
</head>
<body>
  <div id="wrap">

  </div>
</body>
</html>
```

```
<!DOCTYPE HTML>
<html lang="ko">
<head>
<meta charset="UTF-8">
<meta name="viewport" content="width=device-width, initial-scale=1, minimum-scale=1, maxi
mum-scale=1, user-scalable=no">
<title></title>
<link rel="stylesheet" type="text/css" href="">
<link rel="stylesheet" type="text/css" href="">
<link rel="shortcut icon" href="images/favicon/favicon.ico">
<link rel="apple-touch-icon-precomposed" href="images/favicon/flat-design-touch.png">
<script src="js/jquery.min.js"></script>
<style>


</style>
</head>
<body>
<div id="wrap">


</div>
</body>
</html>
```

> FLAT DESIGN – 플랫 디자인이란?(introduce.html 파일의 경우).
> FLAT DESIGN – 갤러리(gallery.html 파일의 경우),
> FLAT DESIGN – 문의 사항(board.html 파일의 경우)

2. CSS 초기화 작업하기

• 완성 파일 둘째마당/05장/완성/responsive_web/css/reset.css

다음은 브라우저마다 설정되어 있는 CSS 속성값들을 초기화하는 작업입니다. 브라우저마다 CSS 속성값이 설정되어 있어 우리가 설정한 스타일이 정상적으로 적용되지 않을 수도 있으므로 웹사이트를 제작하기 전에 반드시 CSS 초기화 작업을 해줘야 합니다.

먼저 편집기를 실행시켜 새로운 문서를 생성한 후 다음처럼 CSS 초기화 코드를 작성합니다.

CSS

```
01:    @charset UTF-8;
02:
03:    /* CSS 초기화 */
04:    html, body, div, span, object, iframe, h1, h2, h3, h4, h5, h6, p, blockquote, pre, abbr, ad
       dress, cite, code, del, dfn, em, img, ins, kbd, q, samp, small, strong, sub, sup, var, b, i,
       dl, dt, dd, ol, ul, li, fieldset, form, label, legend, table, caption, tbody, tfoot, thead, tr, th, td,
       article, aside, canvas, details, figcaption, figure,
05:    footer, header, hgroup, menu, nav, section, summary, time, mark, audio, video{
06:    margin:0;
07:    padding:0;
08:    border:0;
09:    font-size:100%;
10:    vertical-align:baseline;
11:    background:transparent;
12:    }
13:
14:    body{
15:    font-family:NanumGothic,나눔고딕,'Nanum Gothic','맑은 고딕',HelveticaNeue,DroidSans,
       Sans-serif,Helvetica;
16:    background:url(images/s_images/body_bg.png);
17:    line-height:1;
18:    }
19:
20:    article,aside,details,figcaption,figure,footer,header,hgroup,menu,nav,section{
21:    display:block;
22:    }
23:
24:    nav ul, li{
25:    list-style:none;
26:    }
27:
28:    a{
29:    margin:0;
30:    padding:0;
31:    font-size:100%;
32:    text-decoration:none;
33:    vertical-align:baseline;
34:    color:#fff;
35:    background:transparent;
36:    }
```

> 모든 태그를 기본값으로 초기화합니다.

> 〈body〉 태그에 폰트 속성과 배경 속성 그리고 글자 행간 속성을 설정합니다.

> HTML5 태그들이 정상적으로 작동하도록 display 속성의 값을 block으로 설정합니다.

> 〈ul〉 태그와 〈li〉 태그의 목록 스타일을 초기화합니다.

> 〈a〉 태그를 기본값으로 초기화합니다.

```
37:
38:   img{
39:     vertical-align:top;
40:   }
41:
42:   table{
43:     border-collapse:collapse;
44:     border-spacing:0;
45:   }
46:
47:   input{
48:     margin:0;
49:     padding:0;
50:     box-sizing:content-box;
51:     vertical-align:top;
52:     appearance:none;
53:     border:1px solid #e65d5d;
54:     color:#e65d5d;
55:     border-radius:0;
56:     font-family:NanumGothic,나눔고딕,'Nanum Gothic','맑은 고딕',HelveticaNeue,DroidSans,
               Sans-serif,Helvetica;
57:   }
58:
59:   input::-moz-input-placeholder{
60:     color:#e65d5d;
61:   }
62:
63:   input::-webkit-input-placeholder{
64:     color:#e65d5d;
65:   }
66:
```

〈img〉 태그의 간격을 없애기 위해 vertical-align 속성값을 top으로 설정합니다.

〈table〉 태그의 간격을 없애기 위해 간격값을 기본값으로 설정합니다.

〈input〉 태그를 기본값으로 초기화합니다.

그런 다음 웹폰트를 사용하기 위해 아래에 웹폰트 속성도 같이 추가합니다.

CSS

```
67:   /* 웹폰트 CSS */
68:   @font-face{font-family:'Nanum Gothic'; src:url(../webfont/NanumGothic.eot)}
69:   @font-face{font-family:'Nanum Gothic'; src:url(../webfont/NanumGothic.woff)}
```

작성한 문서는 미리 만들어 둔 css 폴더에 reset.css라는 이름으로 저장합니다. 그리고 메인 페이지와 서브 페이지 각각의 HTML 파일을 열어 미리 작성해 둔 스타일 연결 태그에 reset.css 파일을 연결합니다.

```HTML
<head>
<link rel="stylesheet" type="text/css" href="css/reset.css">
</head>      ·
```

3. 미디어 쿼리 작성하기

• 완성 파일 둘째마당/05장/완성/responsive_web/index.html, introduce.html, gallery.html, board.html

이번에는 해상도별로 웹사이트 구조를 변경하기 위해 미디어 쿼리를 작성합니다.

단, 모바일용 미디어 쿼리는 별도로 작성하지 않습니다. 만약 웹사이트에 모바일용 미디어 쿼리 조건문을 320px 이상이라고 작성하면 320px 이하의 해상도인 기기로 웹사이트를 접속할 경우 조건문 때문에 웹사이트의 구조가 전부 엉망이 되어버리기 때문입니다.

따라서 반응형 웹을 제작할 때는 모바일용 미디어 쿼리는 별도로 작성하지 않은 상태로 모바일용에 적용될 구조 CSS 코드와 모든 해상도에서 공통적으로 적용될 CSS 코드를 함께 작성합니다.

▶ 미디어 쿼리를 작성할 때는 기기별로 구분 주석문을 작성해 주는 것이 좋습니다.

먼저 메인 페이지와 서브 페이지의 HTML 파일을 열어 다음처럼 작성합니다.

CSS   메인 페이지 (index.html)

```
12:   <style>
13:   /* 모바일용 CSS */
...       ...
27:   /* 태블릿용 CSS */
28:   @media all and (min-width:768px){
...       ...
33:   }
...       ...
35:   /* PC용 CSS */
36:   @media all and (min-width:960px){
...       ...
42:   }
43:   </style>
```

```
12:   <style>
13:   /* 모바일용 CSS */
...      ...
27:   /* 태블릿용 CSS */
28:   @media all and (min-width:768px){
29:   }
30:
31:   /* PC용 CSS */
32:   @media all and (min-width:960px){
...      ...
38:   }
39:   </style>
```

다만 요즘에는 기기가 너무 다양하게 출시되기 때문에 사실상 모든 기기의 해상도에 맞춰 반응형 웹을 제작하기가 힘듭니다. 그래서 모바일용과 태블릿용 그리고 PC용 이렇게 세 가지의 해상도를 기준으로 반응형 웹을 제작합니다.

```
모바일용 – 320px
태블릿용 – 768px
PC용 – 960px 또는 1024px
```

🔔 알아 두면 좋아요!   반응형 웹은 '기기의 크기'에 맞춰 제작해야 하나요?

과연 기기의 크기에 맞춰 반응형 웹을 제작하는 게 맞을까요? 반응형 웹을 제작할 때는 단순히 기기의 크기에 맞춰 반응형 웹을 제작하기보다는 브라우저의 크기를 줄였을 때 '문제가 될 수 있는 해상도 크기'를 고려해야 합니다.
자신이 제작하는 반응형 웹사이트가 어떤 해상도에서 문제를 일으키는지 파악하여 웹사이트를 설계하세요. 그래야 가장 최선의 방법으로 좀 더 나은 반응형 웹을 만들 수 있습니다.

4. 기본 스타일 작성하기 – 메인 페이지   • 완성 파일 둘째마당/05장/완성/responsive_web/index.html

이제 메인 페이지와 서브 페이지에 공통적으로 존재하는 〈div〉 태그와 〈section〉 태그에 적용할 스타일을 작성합니다. wrap이라는 아이디의 〈div〉 태그는 모든 박스를 감싸줄 태그이고 〈section〉 태그는 영역을 구분해 줄 태그입니다.

먼저 메인 페이지의 HTML 파일을 열어 다음처럼 작성합니다.

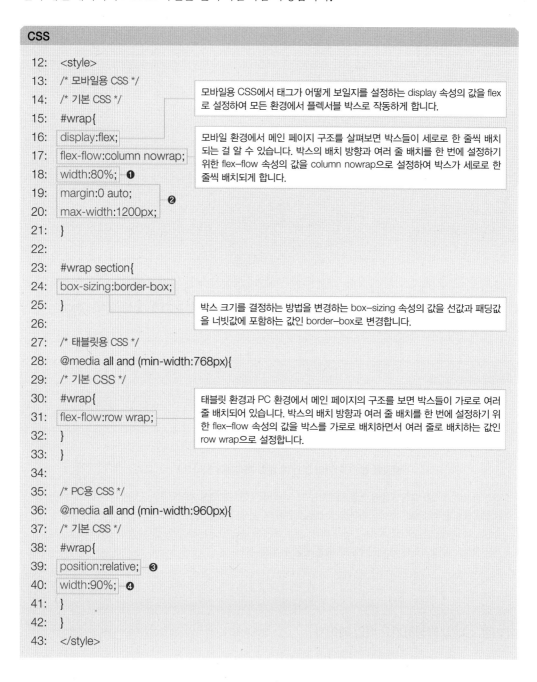

```
12:    <style>
13:    /* 모바일용 CSS */
14:    /* 기본 CSS */
15:    #wrap{
16:        display:flex;
17:        flex-flow:column nowrap;
18:        width:80%;    ❶
19:        margin:0 auto;    ❷
20:        max-width:1200px;
21:    }
22:
23:    #wrap section{
24:        box-sizing:border-box;
25:    }
26:
27:    /* 태블릿용 CSS */
28:    @media all and (min-width:768px){
29:    /* 기본 CSS */
30:    #wrap{
31:        flex-flow:row wrap;
32:    }
33:    }
34:
35:    /* PC용 CSS */
36:    @media all and (min-width:960px){
37:    /* 기본 CSS */
38:    #wrap{
39:        position:relative;    ❸
40:        width:90%;    ❹
41:    }
42:    }
43:    </style>
```

모바일용 CSS에서 태그가 어떻게 보일지를 설정하는 display 속성의 값을 flex로 설정하여 모든 환경에서 플렉서블 박스로 작동하게 합니다.

모바일 환경에서 메인 페이지 구조를 살펴보면 박스들이 세로로 한 줄씩 배치되는 걸 알 수 있습니다. 박스의 배치 방향과 여러 줄 배치를 한 번에 설정하기 위한 flex-flow 속성의 값을 column nowrap으로 설정하여 박스가 세로로 한 줄씩 배치되게 합니다.

박스 크기를 결정하는 방법을 변경하는 box-sizing 속성의 값을 선값과 패딩값을 너빗값에 포함하는 값인 border-box로 변경합니다.

태블릿 환경과 PC 환경에서 메인 페이지의 구조를 보면 박스들이 가로로 여러 줄 배치되어 있습니다. 박스의 배치 방향과 여러 줄 배치를 한 번에 설정하기 위한 flex-flow 속성의 값을 박스를 가로로 배치하면서 여러 줄로 배치하는 값인 row wrap으로 설정합니다.

❶ 모바일 환경과 태블릿 환경에서는 너빗값을 80%로 설정할 것이므로 너빗값을 80%로 설정합니다.

❷ 모든 환경에서 박스를 중앙으로 배치하기 위해 모바일용 CSS에서 마진값을 0 auto로, 최대 너빗값을 1200px로 설정합니다.

❸ PC 환경에서 메인 페이지의 구조를 보면 인포메이션 영역이 화면 상단의 오른쪽에 위치해 있습니다. 인포메이션 영역이 놓일 위치의 기준을 결정하기 위해 요소의 위치를 설정하기 위한 position 속성의 값을 상대적인 위치로 만들어주는 속성인 relative로 설정합니다.

❹ PC용에서는 너빗값을 90%로 설정할 것이므로 너빗값을 90%로 설정합니다.

알아 두면 좋아요! **반응형 웹을 만들 때는 최대 너빗값 속성의 사용을 고려해야 합니다!**

반응형 웹을 제작하다 보면 화면이 커질수록 가변적인 콘텐츠들이 비대하게 커져 보이는 문제가 생길 수 있습니다.

콘텐츠들이 비대하게 늘어나는 현상

이럴 때는 max-width 속성을 사용해 최대 너빗값을 제한하여 콘텐츠들이 비대하게 늘어나는 것을 방지할 수 있습니다. 하지만 max-width 속성은 말 그대로 최대 너빗값을 제한하기 때문에 완벽하게 가변적인 반응형 웹을 기대하기란 힘듭니다. 이러한 문제들을 해결하기 위해서는 max-width 속성을 사용하지 않고, 미디어 쿼리를 사용해 고해상도 또는 와이드 모니터 사용자를 위한 웹사이트를 다시 설계해야 합니다. 하지만 고해상도 또는 와이드 모니터 사용자를 지원하기 위해 시간, 인력, 비용을 들여 웹사이트를 다시 설계한다는 것은 현실적으로 쉽지 않은 일이죠.

물론 앞으로는 기기의 해상도가 고해상도로 향상되고 대형 모니터를 사용하는 경우도 많아질 것이므로 시간, 인력, 비용이 문제가 되지 않는다면 언제 어떤 환경에서 방문할지 모르는 사용자를 위해 반드시 고해상도 또는 와이드 모니터를 위한 작업을 해두는 것이 좋습니다.

---

5. 기본 스타일 작성하기 – 서브 페이지

서브 페이지는 한 군데만 빼고 메인 페이지의 스타일과 같습니다. 메인 페이지에서 작성해 놓은 기본 스타일을 그대로 복사한 후에 수정 작업을 하면 됩니다. 먼저 각 서브 페이지의 HTML 파일을 열어 다음처럼 작성합니다.

• **완성 파일** 둘째마당/05장/완성/responsive_web/introduce.html, gallery.html, board.html

```
12:   <style>
13:   /* 모바일용 CSS */
14:   /* 기본 CSS */
15:   #wrap{
16:   display:flex;
17:   flex-flow:column nowrap;
18:   width:80%;
19:   margin:0 auto;
20:   max-width:1200px;
21:   }
22:
23:   #wrap section{
24:   box-sizing:border-box;
25:   }
26:
27:   /* 태블릿용 CSS */
28:   @media all and (min-width:768px){
29:   }
30:
31:   /* PC용 CSS */
32:   @media all and (min-width:960px){
33:   /* 기본 CSS */
34:   #wrap{
35:   position:relative;
36:   width:90%;
37:   }
38:   }
39:   </style>
```

이렇게 해서 반응형 웹사이트를 제작하기 위한 준비 작업을 마쳤습니다. 06장부터는 본격적으로 메인 페이지에서부터 서브 페이지까지 순서대로 반응형 웹사이트의 구조 작업과 스타일 작업을 진행할 것입니다.

메인 페이지 작업하기

이번 장부터는 본격적으로 메인 페이지의 반응형 웹 작업을 진행합니다. 메인 페이지는 05
장에서 구조를 간단히 살펴봤듯이 영역이 많이 나누어져 있어 헷갈릴 수 있으므로 작업하
고 있는 영역과 코드를 수시로 살펴봐야 합니다.

06-1 메인 페이지 구조 작업하기

06-2 메인 페이지 반응형 웹 작업하기

완성된 메인 페이지

06-1
메인 페이지 구조 작업하기

메인 페이지는 웹사이트를 방문하는 사용자들이 가장 처음으로 만나게 되는 웹사이트의 얼굴(화면)입니다. 즉, 첫 화면을 통해 사용자들에게 전하고자 하는 내용을 확실하게 전달하기 위해 구성, 디자인, 배치 등을 신경 써서 제작해야 하는 중요한 페이지입니다.

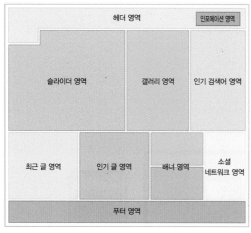

PC 화면의 구조

1. 인포메이션 영역의 구조 작업하기 · 완성 파일 둘째마당/06장/완성/responsive_web/index.html

인포메이션 영역은 홈 링크, 로그인 링크, 회원가입 링크, 검색 버튼 등 웹사이트의 기본적인 링크 또는 버튼 등이 들어 있는 영역입니다.

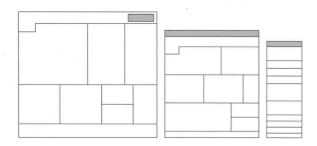

먼저 앞에서 정리해 놓은 메인 페이지 파일인 index.html 파일을 편집기에서 실행합니다.

```
HTML
700:  <body>
701:      <div id="wrap">
702:          <section class="info_section">
703:              <ul class="info_list">
704:                  <li><a href="index.html"><img src="images/s_images/info_icon_01.png" alt="">
      </a></li>
705:                  <li><a href=""><img src="images/s_images/info_icon_02.png" alt=""></a></li>
706:                  <li><a href=""><img src="images/s_images/info_icon_03.png" alt=""></a></li>
707:                  <li><a href=""><img src="images/s_images/info_icon_04.png" alt=""></a></li>
708:              </ul>
709:          </section>
...       ...
804:      </div>
805:  </body>
```

> wrap이라는 아이디를 가진 〈div〉 태그 사이에 영역을 구분하기 위한 〈section〉 태그를 작성하고, 클래스명을 info_section이라고 입력합니다.

> 링크 목록을 만들기 위해 〈ul〉 태그와 〈li〉 태그 그리고 링크 태그인 〈a〉 태그, 이미지 태그인 〈img〉 태그를 이용해서 목록을 구성합니다.

703행 마지막으로 〈ul〉 태그에 클래스명을 info_list라고 입력합니다.

2. 헤더 영역의 구조 작업하기

헤더 영역은 로고나 메뉴 영역인 내비게이션이 들어 있는 영역입니다. 헤더 영역의 구조 작업은 인포메이션 영역 바로 뒤에 이어서 합니다.

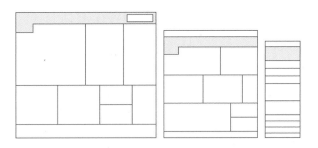

```
HTML
700:  <body>
701:      <div id="wrap">
...       ...
710:      <header class="header">
711:          <h1 class="logo">
712:              <a href="index.html">flat<br>design</a>  ❶
713:          </h1>
```

> 먼저 머리를 의미하는 〈header〉 태그를 작성하고, 클래스명을 header라고 입력합니다.

```
714:         <nav class="nav">
715:           <ul class="gnb">
716:             <li><a href="index.html">홈</a><span class="sub_menu_toggle_btn">하위 메
        뉴 토글 버튼</span></li>
717:             <li><a href="introudce.html">플랫   디자인이란?</a><span class="sub_menu_
        toggle_btn">하위 메뉴 토글 버튼</span></li>
718:             <li><a href="gallery.html">갤러리</a><span class="sub_menu_toggle_btn">하
        위 메뉴 토글 버튼</span></li>
719:             <li><a href="board.html">문의 사항</a><span class="sub_menu_toggle_btn">
        하위 메뉴 토글 버튼</span></li>
720:           </ul>
721:         </nav>
722:         <span class="menu_toggle_btn">전체 메뉴 토글 버튼</span>  ❸              ❷
723:       </header>
  ...       ...
804:     </div>
805:   </body>
```

❶ 링크 영역이 포함된 로고 영역을 만들기 위해 제목 태그인 〈h1〉 태그와 〈a〉 태그를 이용해서 작성하고, 〈h1〉 태그에 클래스명을 logo라고 입력합니다.

❷ 메뉴 영역을 만들기 위해 내비게이션을 뜻하는 〈nav〉 태그를 작성하고, 클래스명을 nav로 입력한 후 〈nav〉 태그 사이에 메뉴 목록을 구성하기 위해 〈ul〉 태그, 〈li〉 태그 그리고 〈a〉 태그와 sub_menu_toggle_btn이라는 클래스명을 가진 〈span〉 태그를 이용해서 목록을 구성합니다.

❸ menu_toggle_btn이라는 클래스명을 가진 〈span〉 태그를 작성합니다.

715행 목록 영역인 〈ul〉 태그에 클래스명을 gnb라고 입력합니다.

그런데 sub_menu_toggle_btn, menu_toggle_btn이라는 클래스명을 가진 〈span〉 태그들은 무엇일까요?

이 태그들은 토글 버튼으로, 켜짐/꺼짐처럼 두 상태 중 하나를 선택하는 데 사용합니다. 모바일 환경이나 태블릿 환경에서는 화면의 크기가 작아 메뉴 영역들을 펼쳐놓을 수 없기 때문에 메뉴를 숨겨놓고 켜짐/꺼짐처럼 토글 버튼을 눌렀을 때만 메뉴 영역들을 보여주기 위해 사용합니다.

반응형 웹과 같이 모든 환경을 지원해야 하는 웹 사이트에서는 토글 버튼을 사용하는 것이 전 세계에서 일반화되어 표준처럼 사용합니다.

토글 버튼을 누르기 전   토글 버튼을 누른 후

3. 슬라이더 영역의 구조 작업하기

슬라이더 영역은 이미지를 효과적으로
보여주기 위한 공간입니다. 슬라이더
영역의 구조 작업은 헤더 영역 바로 뒤
에 이어서 합니다.

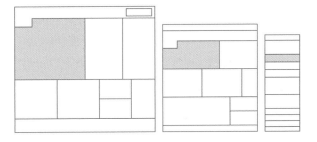

HTML

```
700: <body>
701:     <div id="wrap">
 ...     ...
724:         <section class="slider_section">  ❶
725:             <span class="prev_btn">이전 버튼</span><span class="next_btn">다음 버튼</span>
726:         </section>                                                        ❷
 ...     ...
804:     </div>
805: </body>
```

❶ 영역을 구분하기 위한 〈section〉 태그를 작성하고, 클래스명을 slider_section이라고 입력합니다.
❷ 슬라이더 영역의 이전 버튼과 다음 버튼의 구조 작업을 위해 〈span〉 태그를 두 개 작성한 후 클래

스명을 각각 prev_btn, next_btn이라고 입력합니다.

4. 최근 글 영역, 인기 글 영역의 구조 작업하기

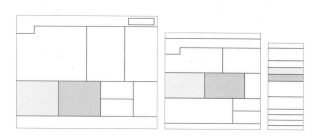

최근 글 영역과 인기 글 영역은 최근에 올라온 글들과 사람들이 많이 본 글들을 보여주는 공간으로, 구조가 같기 때문에 동시에 작업합니다.

최근 글 영역과 인기 글 영역의 구조 작업은 슬라이더 영역 바로 뒤에 이어서 합니다.

 알아 두면 좋아요! **구조 작업 순서가 바뀐 거 같은데요?**

지금까지 작업한 포토샵 시안 파일을 보면 슬라이더 영역 다음은 갤러리 영역이 오는데, 최근 글 영역과 인기 글 영역의 구조 작업부터 하는 걸 보며 구조 작업 순서가 바뀐 게 아닌가라고 생각하는 분들도 있을 겁니다.

이렇게 작업한 이유는 바로 하위 브라우저를 지원하기 위해서입니다. 모바일용 메인 페이지 구조를 살펴보면 슬라이더 영역 다음에 최근 글 영역과 인기 글 영역이 배치됩니다. 최신 브라우저에서는 플렉서블 박스를 이용해 박스의 배치 순서를 자유롭게 바꿀 수 있어 상관이 없지만 하위 브라우저에서는 플렉서블 박스를 사용할 수 없기 때문에 하위 브라우저에서의 배치 순서를 고려해 최근 글 영역과 인기 글 영역의 구조 작업부터 한 것입니다.

이처럼 최신 기술을 이용해서 제작하는 웹사이트에서 하위 브라우저를 지원하고자 할 때는 배치 순서나 여러 가지 사항들을 항상 고려해야 합니다.

HTML

```
700: <body>
701     <div id="wrap">
...     ...
727:        <section class="latest_post_section">
728:            <h2 class="title">최근 글</h2>
729:            <ul class="latest_post_list">
730:                <li><a href="">안녕하세요 홈페이지가 오픈...</a></li>
731:                <li><a href="">홈페이지 리뉴얼...</a></li>
732:                <li><a href="">flat design은...</a></li>
733:                <li><a href="">blog에서 다양한 정보를...</a></li>
734:                <li><a href="">저는 누굴까요?...</a></li>
735:            </ul>
736:        </section>
737:        <section class="popular_post_section">
```

영역을 구분하기 위한 〈section〉 태그 두 개를 작성한 후 클래스명을 각각 latest_post_section과 popular_post_section이라고 입력합니다.

```
738:        <h2 class="title">인기 글</h2>
739:        <ul class="popular_post_list">
740:          <li><a href="">안녕하세요 홈페이지가 오픈...</a></li>
741:          <li><a href="">홈페이지 리뉴얼...</a></li>
742:          <li><a href="">flat design은...</a></li>
743:          <li><a href="">blog에서 다양한 정보를...</a></li>
744:          <li><a href="">저는 누굴까요?...</a></li>
745:        </ul>
746:      </section>
  ...      ...
804:    </div>
805: </body>
```

728행, 738행 각 영역의 제목을 구성하기 위해 〈h2〉 태그를 작성하고, 클래스명을 title이라고 입력합니다.

729~735행, 739~745행 최근 글 영역과 인기 글 영역에 글 목록을 구성하기 위해 각각의 영역에 〈ul〉 태그와 〈li〉 태그 그리고 〈a〉 태그를 이용해서 목록을 구성합니다.

5. 갤러리 영역의 구조 작업하기

갤러리 영역은 사진을 보여주는 공간입니다. 갤러리 영역의 구조 작업은 인기 글 영역 바로 뒤에 이어서 합니다.

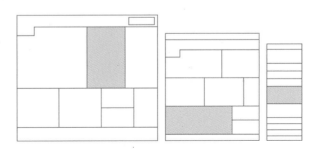

HTML

```
700: <body>
701:   <div id="wrap">
  ...   ...
747:      <section class="gallery_section">  ❶
```

```
748:        <ul class="gallery_list">
749:          <li>
750:            <a href="#">
751:              <figure>
752:                <img src="images/p_images/gallery_01.jpg" alt="">
753:                <figcaption>디자인 트렌트 플랫</figcaption>
754:              </figure>
755:            </a>
756:          </li>
757:          <li>
758:            <a href="#">
759:              <figure>
760:                <img src="images/p_images/gallery_02.jpg" alt="">
761:                <figcaption>원색이 포인트 플랫</figcaption>
762:              </figure>
763:            </a>
764:          </li>
765:        </ul>
766:      </section>
...      ...
804:    </div>
805:  </body>
```

❷

❶ 먼저 영역을 구분하기 위한 〈section〉 태그를 작성한 후 클래스명을 gallery_section이라고 입력합니다.

❷ 갤러리 목록을 만들기 위해 〈ul〉 태그와 〈li〉 태그, 〈a〉 태그 그리고 이미지의 설명글이 있을 경우이미지 설명 영역을 구성하기 위한 태그인 〈figure〉 태그와 〈img〉 태그 그리고 설명에 해당되는〈figcaption〉 태그를 작성합니다.

6. 인기 검색어 영역의 구조 작업하기

인기 검색어 영역은 사람들이 많이 검색한 단어 순서대로 검색어를 보여주는 영역입니다.

인기 검색어 영역의 구조 작업은 갤러리 영역 바로 뒤에 이어서 합니다.

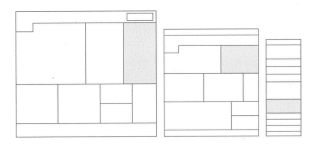

```html
700:  <body>
701:    <div id="wrap">
...     ...
767:        <section class="rankup_section">    ❶
768:          <h2 class="title">인기 검색어</h2>    ❷
769:          <ul class="rankup_list">
770:            <li><a href="">반응형 웹</a></li>
771:            <li><a href="">미디어 쿼리</a></li>
772:            <li><a href="">뷰포트</a></li>
773:            <li><a href="">CSS 트릭스</a></li>
774:            <li><a href="">W3C</a></li>                    ❸
775:            <li><a href="">루크 W</a></li>
776:            <li><a href="">CSS 젠 가든</a></li>
777:            <li><a href="">클리어 보스</a></li>
778:            <li><a href="">XE</a></li>
779:            <li><a href="">워드프레스</a></li>
780:          </ul>
781:        </section>
...     ...
804:    </div>
805:  </body>
```

❶ 먼저 영역을 구분하기 위한 〈section〉 태그를 작성한 후 클래스명을 rankup_section이라고 입력합니다.

❷ 영역의 제목을 구성하기 위해 〈h2〉 태그를 작성하고, 클래스명을 title이라고 입력합니다.

❸ 검색어 순위 목록을 구성하기 위해 〈ul〉 태그와 〈li〉 태그 그리고 〈a〉 태그를 이용해서 목록을 구성합니다.

769행 검색어 순위 목록 영역인 〈ul〉 태그에 클래스명을 rankup_list라고 입력합니다.

7. 배너 영역의 구조 작업하기

배너 영역은 광고 또는 웹사이트에서 전달하고자 하는 내용을 담고 있는 영역입니다.

배너 영역의 구조 작업은 인기 검색어 영역 바로 뒤에 이어서 합니다.

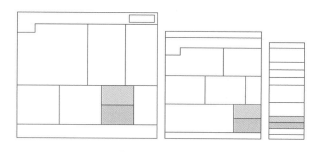

```
HTML
700:  <body>
701:     <div id="wrap">
  ...      ...
782:        <section class="banner_section">  ❶
783:           <div class="banner_box_01">
784:              <a href=""><img src="images/s_images/w3c_logo.png" alt=""></a>  ❷
785:           </div>
786:           <div class="banner_box_02">
787:              <ul class="banner_list">
788:                 <li><a href=""><img src="images/s_images/js_logo.png" alt=""></a></li>
789:                 <li><a href=""><img src="images/s_images/html_logo.png" alt=""></a></li>  ❸
790:                 <li><a href=""><img src="images/s_images/css_logo.png" alt=""></a></li>
791:              </ul>
792:           </div>
793:        </section>
  ...      ...
804:     </div>
805:  </body>
```

❶ 영역을 구분하기 위한 〈section〉 태그를 작성하고, 클래스명을 banner_section이라고 입력합니다.

❷ 링크 영역이 포함되어 있는 이미지 로고를 넣기 위해 〈a〉 태그와 〈img〉 태그를 작성합니다.

❸ 링크 영역이 포함되어 있는 이미지 목록을 구성하기 위해 〈ul〉 태그와 〈li〉 태그 그리고 링크 태그인 〈a〉 태그와 〈img〉 태그를 이용해서 목록을 구성합니다.

783행, 786행 배너 영역 안의 구조를 위/아래 두 개로 나누기 위해 〈div〉 태그 두 개를 작성하고, 각각 banner_box_01, banner_box_02라는 클래스명을 입력합니다.

787행 이미지 목록 영역인 〈ul〉 태그에 banner_list라는 클래스명을 입력합니다.

8. 소셜 네트워크 영역의 구조 작업하기

소셜 네트워크 영역은 사람들과의 소통을 위한 소셜 네트워크 링크 아이콘이 들어 있는 공간입니다. 소셜 네트워크 영역의 구조 작업은 배너 영역 바로 뒤에 이어서 합니다.

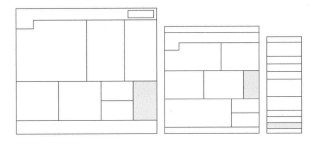

```
HTML
700:  <body>
701:    <div id="wrap">
 ...       ...
794:        <section class="social_section">  ❶
795:          <ul class="social_list">
796:            <li><a href=""><img src="images/s_images/social_icon_01.png" alt=""></a></li>
797:            <li><a href=""><img src="images/s_images/social_icon_02.png" alt=""></a></li>
798:            <li><a href=""><img src="images/s_images/social_icon_03.png" alt=""></a></li>
799:          </ul>
800:        </section>                          ❷
 ...       ...
804:    </div>
805:  </body>
```

❶ 영역을 구분하기 위한 〈section〉 태그를 작성하고, 클래스명을 social_section이라고 입력합니다.

❷ 소셜 네트워크 링크 아이콘 목록을 만들기 위해 〈ul〉 태그와 〈li〉 태그 그리고 링크 태그인 〈a〉 태그와 이미지 태그인 〈img〉 태그를 이용해서 목록을 구성합니다.

795행 소셜 네트워크 링크 아이콘 목록인 〈ul〉 태그에 social_list라는 클래스명을 입력합니다.

9. 푸터 영역의 구조 작업하기

푸터 영역은 웹사이트의 저작권 정보
등이 들어 있는 영역입니다. 푸터 영역
의 구조 작업은 소셜 네트워크 영역 바
로 뒤에 이어서 합니다.

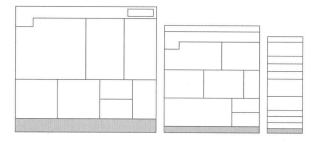

HTML

```
700:  <body>
701:      <div id="wrap">
 ...        ...
801:          <footer class="footer">  ❶
802:              <p>copyright&copy; 2014.flat design blog all rights reserved.</p>  ❷
803:          </footer>
804:      </div>
805:  </body>
```

❶ 다리를 의미하는 〈footer〉 태그를 작성한 후 footer라는 클래스명을 입력합니다.

❷ 저작권 정보를 입력하기 위해 문단 구성을 위한 〈p〉 태그를 작성하고, 저작권 정보를 입력
합니다.

06-2
메인 페이지 반응형 웹 작업하기

앞에서는 메인 페이지의 구조 작업을 수행해 보았습니다. 여기서는 메인 페이지를 반응형 웹으로 만들기 위해 모바일, 태블릿, PC 환경 이렇게 세 가지 환경에 적용할 스타일 코드를 미리 준비해 둔 미디어 쿼리에 작성하여 반응형 웹을 만들어보겠습니다.

지금부터 할 작업이 웹 브라우저에서 다소 이상하게 보일 수 있는데 그렇더라도 걱정하지 마세요. 작업을 하나씩 진행하다 보면 차츰 모양새가 갖춰질 것입니다.

1. 인포메이션 영역의 반응형 웹 작업하기 · 완성 파일 둘째마당/06장/완성/responsive_web/index.html

이번에는 인포메이션 영역의 반응형 웹 작업을 진행해 보겠습니다. 먼저 모바일용 CSS부터 작업합니다.

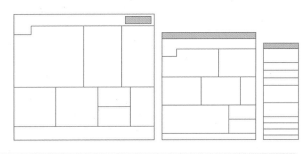

```
CSS
12:  <style>
13:  /* 모바일용 CSS */
...      ...
27:  /* 인포메이션 영역 CSS */
28:  .info_section{
29:  order:1;
30:  width:100%;
31:  background:#2ecc71;
32:  border-bottom:1px solid #39d67c;
33:  }
34:
35:  .info_list{
```

❶

> 모바일 환경의 구조를 보면 인포메이션 영역이 가장 위에 배치되므로 박스의 배치 순서를 변경하는 order 속성의 값을 1로 설정합니다.

```
36:    display:flex;
37:    }
38:
39:    .info_list li{
40:    width:25%;
41:    text-align:center;          ❷
42:    }
43:
44:    .info_list li a{
45:    display:block;
46:    padding:15px 0;             ❸
47:    padding:0.938rem 0;
48:    }
...       ...
698: </style>
```

인포메이션 영역의 목록인 info_list라는 클래스명에는 display 속성의 값을 flex로 설정하여 플렉서블 박스로 작동하게 합니다.

❶ 너빗값을 100%로 설정하고 초록색 계열의 배경색과 아래쪽에 1px 두께의 초록색 직선을 설정합니다.

❷ 목록을 구성하는 〈li〉 태그에는 너빗값을 25%로 설정하고 글자를 중앙으로 정렬합니다.

❸ 목록의 링크 태그인 〈a〉 태그에는 display 속성의 값을 block으로 설정하고 위/아래 패딩값을 15px/0.938rem으로 설정합니다.

◐ 태블릿 환경은 모바일 환경과 동일하기 때문에 생략합니다.

> **알아 두면 좋아요! 왜 속성값을 px 단위와 rem 단위 두 개로 나눠서 사용하나요? – 폴백 기법**
>
> 모든 화면에서 동일한 글자 크기로 표시되는 em 단위를 쓰자니 상속 문제가 걸리고, rem 단위를 쓰자니 하위 브라우저에서는 작동하지 않는 문제가 있습니다.
>
> 이런 문제를 해결하기 위해 먼저 px 단위를 사용해 값을 입력하고, 바로 이어서 rem 단위를 사용해 값을 입력합니다. 그러면 CSS 언어의 특징인 위에서 아래로 읽는 순서에 따라 하위 브라우저에서는 rem 단위를 지원하지 않으므로 px 단위를 적용하게 됩니다. 그리고 최신 브라우저에서는 먼저 px 단위를 적용하고 이어서 rem 단위가 나오므로 최종적으로 rem 단위를 적용하게 됩니다. 결국 최신 브라우저에서는 최신 기술을 사용하고 하위 브라우저에서는 최신 기술은 사용할 수 없지만 정상적으로 작동은 합니다.
>
> 이런 기법을 대비책이라는 의미의 폴백(fallback) 기법이라고 합니다. 이 기법은 최신 기술을 사용하고자 하는 경우에 많이 사용하는 방법입니다.

이어서 PC용 CSS를 작성합니다.

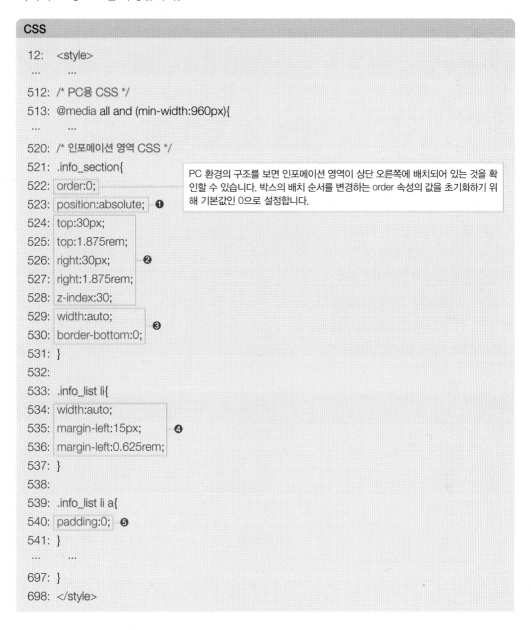

CSS

```
12:    <style>
...        ...
512:   /* PC용 CSS */
513:   @media all and (min-width:960px){
...        ...
520:   /* 인포메이션 영역 CSS */
521:   .info_section{
522:     order:0;
523:     position:absolute;      ❶
524:     top:30px;
525:     top:1.875rem;
526:     right:30px;             ❷
527:     right:1.875rem;
528:     z-index:30;
529:     width:auto;             ❸
530:     border-bottom:0;
531:   }
532:
533:   .info_list li{
534:     width:auto;
535:     margin-left:15px;       ❹
536:     margin-left:0.625rem;
537:   }
538:
539:   .info_list li a{
540:     padding:0;              ❺
541:   }
...        ...
697:   }
698:   </style>
```

> PC 환경의 구조를 보면 인포메이션 영역이 상단 오른쪽에 배치되어 있는 것을 확인할 수 있습니다. 박스의 배치 순서를 변경하는 order 속성의 값을 초기화하기 위해 기본값인 0으로 설정합니다.

❶ 인포메이션 영역을 상단 오른쪽에 배치하기 위해 요소의 위치를 설정해 주는 속성인 position을 설정합니다. 속성값은 절대적인 위치로 만들어주는 absolute로 설정합니다.

❷ 요소의 위치를 설정합니다. 위쪽은 30px/1.875rem, 오른쪽은 30px/1.875rem으로 설정합니다. 그리고 다른 요소들에 가려지지 않게 요소의 겹치는 순서를 설정하는 z-index 속성의 값을 30으로 설정합니다.

❸ PC 환경에서는 인포메이션 영역의 너빗값이 필요 없으므로 모바일용 CSS에서 설정한 너빗값을 없애기 위해 너빗값을 auto로 설정합니다. 아래쪽의 선도 필요 없으니 아래쪽 선값을 0으로 설정합니다.

❹ 인포메이션 영역의 목록 태그인 〈li〉 태그에는 모바일용 CSS에서 설정해 놓은 너빗값이 더 이상 필요 없으므로 너빗값을 auto로 설정합니다. 그리고 왼쪽 간격을 확보하기 위해 왼쪽 마진값을 15px/0.625rem으로 설정합니다.

❺ 인포메이션 영역 목록의 링크 태그인 〈a〉 태그에는 모바일용 CSS에서 설정해 놓은 패딩값이 더 이상 필요 없으므로 패딩값을 0으로 설정합니다.

2. 헤더 영역의 반응형 웹 작업하기

이번에는 헤더 영역의 반응형 웹 작업을 진행해 보겠습니다. 먼저 모바일용 CSS부터 작성합니다. 코드는 인포메이션 영역 뒤에 바로 이어서 작성합니다.

▶ 헤더 영역은 코드의 양이 많으므로 나누어 작업합니다.

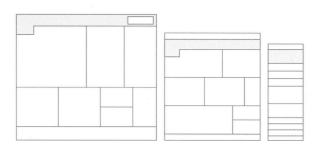

CSS

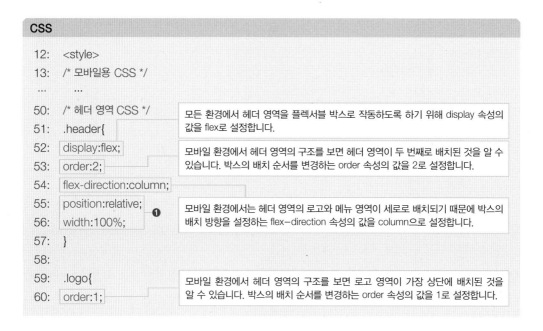

```
12:  <style>
13:  /* 모바일용 CSS */
 ...     ...
50:  /* 헤더 영역 CSS */
51:  .header{
52:  display:flex;
53:  order:2;
54:  flex-direction:column;
55:  position:relative;
56:  width:100%;
57:  }
58:
59:  .logo{
60:  order:1;
```

모든 환경에서 헤더 영역을 플렉서블 박스로 작동하도록 하기 위해 display 속성의 값을 flex로 설정합니다.

모바일 환경에서 헤더 영역의 구조를 보면 헤더 영역이 두 번째로 배치된 것을 알 수 있습니다. 박스의 배치 순서를 변경하는 order 속성의 값을 2로 설정합니다.

❶ 모바일 환경에서는 헤더 영역의 로고와 메뉴 영역이 세로로 배치되기 때문에 박스의 배치 방향을 설정하는 flex-direction 속성의 값을 column으로 설정합니다.

모바일 환경에서 헤더 영역의 구조를 보면 로고 영역이 가장 상단에 배치된 것을 알 수 있습니다. 박스의 배치 순서를 변경하는 order 속성의 값을 1로 설정합니다.

```
61:    width:100%;
62:    padding:30px 0;
63:    padding:1.875rem 0;
64:    font-size:1.188em;          ❷
65:    font-size:1.188rem;
66:    line-height:21px;
67:    line-height:1.313rem;
68:    text-align:center;
69:    text-transform:uppercase;
70:    background:#2ecc71;          ❸
71:    text-shadow:0px 1px 1px #25ab5e;
72:  }
73:
74:  .nav{
75:    order:2;
76:    width:100%;   ❹
77:  }
...      ...
698: </style>
```

> 모바일 환경에서 헤더 영역의 구조를 다시 한번 확인해 보면 메뉴 영역이 두 번째로 배치된 것을 알 수 있으므로 박스의 배치 순서를 변경하는 order 속성의 값을 2로 설정합니다.

❶ 모바일 환경에서 헤더 영역의 구조를 보면 토글 버튼이 오른쪽 상단에 배치되어 있는 것을 볼 수 있습니다. 토글 버튼이 놓일 기준을 설정하기 위해 position 속성의 값을 relative로 설정하여 상대적인 위치로 만들어 주고 너빗값은 100%로 설정합니다.

❷ 너빗값을 100%로 설정하고 위/아래 패딩값을 30px/1.875rem으로 설정합니다.
로고 영역의 글자 크기와 글자 행간은 모든 환경에서 동일하므로 글자 크기를 1.188em/1.188rem으로 설정하고, 글자 행간은 21px/1.313rem으로 설정합니다.

❸ 글자를 중앙으로 정렬하기 위해 center로 설정하고, 글자를 대문자로 만들어주는 속성값인 uppercase와 배경색, 글자 그림자를 설정합니다.

❹ 너빗값을 100%로 설정합니다.

모바일용 CSS 코드에서 헤더 영역의 CSS 코드는 내용이 많으므로 뒤에 이어서 작성합니다.

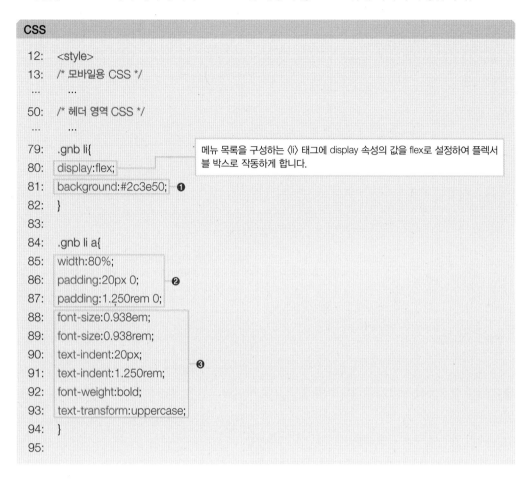

```
12:   <style>
13:   /* 모바일용 CSS */
...       ...
50:   /* 헤더 영역 CSS */
...       ...
79:   .gnb li{
80:   display:flex;
81:   background:#2c3e50;   ❶
82:   }
83:
84:   .gnb li a{
85:   width:80%;
86:   padding:20px 0;       ❷
87:   padding:1.250rem 0;
88:   font-size:0.938em;
89:   font-size:0.938rem;
90:   text-indent:20px;     ❸
91:   text-indent:1.250rem;
92:   font-weight:bold;
93:   text-transform:uppercase;
94:   }
95:
```

메뉴 목록을 구성하는 〈li〉 태그에 display 속성의 값을 flex로 설정하여 플렉서블 박스로 작동하게 합니다.

❶ 배경색을 설정합니다.

❷ 너빗값을 80%로 설정하고, 위/아래 패딩값을 20px/1.250rem으로 설정합니다.

❸ 모든 환경에서 동일하게 적용될 글자 크기인 0.938em/0.938rem으로 글자 크기를 설정하고, 글자를 들여쓰기 위한 text-indent 속성의 값을 20px/1.250rem으로 설정합니다.
글자 굵기는 진하게로 설정하고, 글자를 대문자로 변경하는 값인 uppercase로 설정합니다.

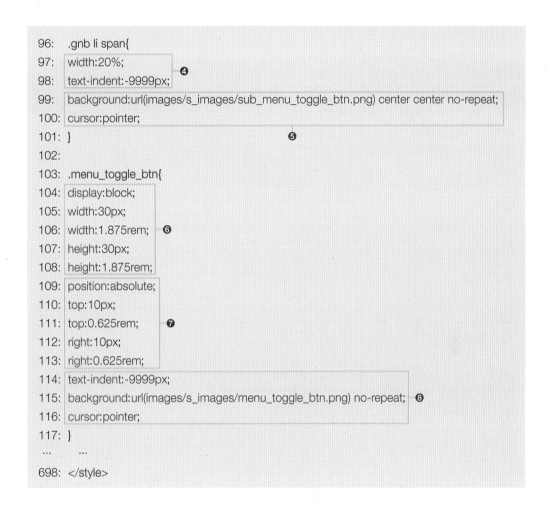

```
96:  .gnb li span{
97:    width:20%;
98:    text-indent:-9999px;                    ④
99:    background:url(images/s_images/sub_menu_toggle_btn.png) center center no-repeat;
100:   cursor:pointer;
101: }                                          ⑤
102:
103: .menu_toggle_btn{
104:   display:block;
105:   width:30px;
106:   width:1.875rem;                           ⑥
107:   height:30px;
108:   height:1.875rem;
109:   position:absolute;
110:   top:10px;
111:   top:0.625rem;                             ⑦
112:   right:10px;
113:   right:0.625rem;
114:   text-indent:-9999px;
115:   background:url(images/s_images/menu_toggle_btn.png) no-repeat;  ⑧
116:   cursor:pointer;
117: }
...      ...
698: </style>
```

❹ 하위 메뉴를 보이고 감추는 역할을 하는 토글 버튼인 〈span〉 태그에는 너빗값을 20%로 설정하고, 글자를 들여쓰기 위한 text-indent 속성의 값을 -9999px로 설정합니다.

❺ 토글 버튼을 배경 이미지로 처리하기 위해 배경 속성을 사용해서 배경 이미지를 설정하고, 마우스 커서의 상태를 설정하기 위한 cursor 속성의 값을 pointer로 설정합니다.

❻ display 속성의 값을 block으로 설정합니다. 그리고 모바일 환경에서 전체 메뉴를 보이고 감추는 역할을 하는 토글 버튼의 너빗값과 높잇값이 30px인 것을 알 수 있으므로 너빗값과 높잇값을 각각 30px/1.875rem으로 설정합니다.

❼ 모바일 환경에서 전체 메뉴를 보이고 감추는 역할을 하는 토글 버튼은 오른쪽 상단에 배치되어 있습니다. 요소의 위치를 설정하기 위한 position 속성의 값을 절대적인 위치로 만드는 absolute로 설정하고, 요소의 위치는 위쪽과 오른쪽을 각각 10px/0.625rem으로 설정합니다.

❽ 글자를 들여쓰기 위한 text-indent 속성의 값을 -9999px로 설정하고, 토글 버튼을 배경 이미지로 처리하기 위해 배경 속성을 사용해서 배경 이미지를 설정합니다. 그리고 마우스 커서의 상태를 설정하기 위한 cursor 속성의 값을 pointer로 설정합니다.

이어서 태블릿용 CSS를 작성합니다.

CSS

```
12:    <style>
...       ...
327:   /* 태블릿용 CSS */
328:   @media all and (min-width:768px){
...       ...
334:   /* 헤더 영역 CSS */
335:   .header{
336:   flex-direction:row;
337:   }
338:
339:   .logo{
340:   position:absolute;
341:   top:0;
342:   left:0;
343:   z-index:10;
344:   width:15.625%;
345:   /* 120px ÷ 768px */
346:   padding:0;
347:   }
348:
349:   .logo a{
350:   display:block;
351:   padding:50px 0;
352:   padding:3.125rem 0;
353:   }
354:
355:   .nav{
356:   position:relative;
357:   min-height:80px;
358:   min-height:5.000rem;
359:   background:#2ecc71;
360:   }
...       ...
510:   }
...       ...
698:   </style>
```

> 태블릿 환경에서 헤더 영역의 구조는 모바일 환경과는 달리 헤더 영역의 자식 박스들이 가로로 배치되어 있습니다. 박스의 배치 방향을 설정하는 flex-direction 속성의 값을 박스를 가로로 배치하는 row로 설정합니다.

❶
❷
> 태블릿 환경에서 로고 너빗값은 120px입니다. 가변 그리드 공식을 이용해서 얻은 값인 15.625%를 너빗값으로 설정합니다.
❸
❹
❺
❻

❶ 태블릿 환경에서는 로고 영역이 상단 왼쪽에 배치되어 있기 때문에 요소의 위치를 설정하기 위한 position 속성의 값을 절대적인 위치로 만들어 주는 absolute로 설정하고, 위쪽과 왼쪽의 위칫값을 0으로 설정합니다.

❷ 요소의 겹쳐지는 순서를 설정하는 z-index 속성의 값을 10으로 설정합니다.

❸ 모바일 환경에서 설정한 패딩값을 없애기 위해 패딩값을 0으로 재설정합니다.

❹ 로고의 링크 영역인 ⟨a⟩ 태그에는 display 속성의 값을 block으로 설정하고, 위/아래 패딩값을 50px/3.125rem으로 설정합니다.

❺ 태블릿 환경에서 메뉴 영역은 오른쪽 상단에 배치되어 있습니다. 메뉴 영역이 놓일 기준을 설정하기 위해 내비게이션을 뜻하는 ⟨nav⟩ 태그에 position 속성의 값을 relative로 설정하여 상대적인 위치로 만듭니다.

❻ 태블릿 구조를 보면 ⟨nav⟩ 태그의 높이가 80px이므로 최소 높잇값을 80px/5.000rem으로 설정하고, 배경색을 설정합니다.

태블릿용 CSS 코드에서 헤더 영역의 CSS 코드는 내용이 많으므로 뒤에 이어서 작성합니다.

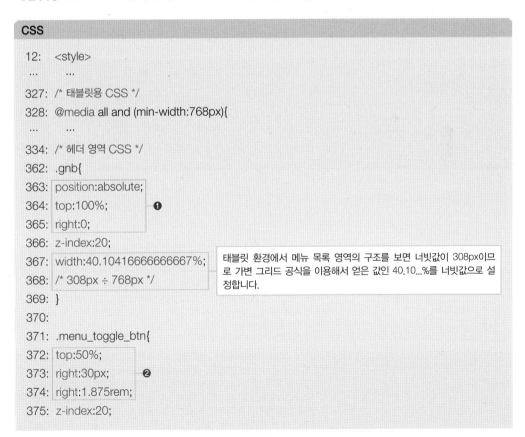

```
CSS
12:    <style>
...    ...
327:   /* 태블릿용 CSS */
328:   @media all and (min-width:768px){
...    ...
334:   /* 헤더 영역 CSS */
362:   .gnb{
363:   position:absolute;
364:   top:100%;                    ❶
365:   right:0;
366:   z-index:20;
367:   width:40.10416666666667%;
368:   /* 308px ÷ 768px */
369:   }
370:
371:   .menu_toggle_btn{
372:   top:50%;
373:   right:30px;                  ❷
374:   right:1.875rem;
375:   z-index:20;
```

태블릿 환경에서 메뉴 목록 영역의 구조를 보면 너빗값이 308px이므로 가변 그리드 공식을 이용해서 얻은 값인 40.10...%를 너빗값으로 설정합니다.

```
376:  margin-top:-15px;
                          ❸
377:  margin-top:-0.938rem;
378: }
 ...      ...
510: }
 ...      ...
698: </style>
```

❶ 태블릿 환경에서 메뉴 목록 영역의 구조를 보면 메뉴 목록 영역은 상단 오른쪽에 배치되어 있습니다. position 속성의 값을 absolute로 설정하여 절대적인 위치로 만들고, 요소의 위치를 위쪽은 100%로, 오른쪽은 0으로 설정합니다.

❷ 태블릿 환경에서 전체 메뉴를 보이고 감추는 역할을 하는 menu_toggle_btn이라는 클래스명을 가진 토글 버튼의 세로는 중앙으로 정렬되어 있고, 가로는 오른쪽에 배치되어 있습니다. 위쪽은 50%, 오른쪽은 30px/1.875rem으로 설정합니다.

❸ 메뉴 토글 버튼의 위칫값이 위쪽은 50%로 설정되어 있기 때문에 정확히 중앙으로 정렬하려면 자신의 세로 크기의 절반 값인 15px을 음수의 마진값으로 설정해 줘야 합니다. 따라서 위쪽 마진값을 -15px/-0.938rem으로 설정합니다.

366, 375행 요소의 겹쳐지는 순서를 설정하는 z-index 속성의 값을 20으로 설정하여 다른 요소들에 가려지지 않게 합니다.

이어서 PC용 CSS를 작성합니다.

CSS

```
12:  <style>
 ...      ...
512: /* PC용 CSS */
513: @media all and (min-width:960px){
 ...      ...
543: /* 헤더 영역 CSS */
544: .header{
545:  order:1;
546:  justify-content:flex-end;
547:  position:static;  ❶
548: }
549:
550: .logo{
```

PC 환경에서 헤더 영역의 구조를 보면 헤더 영역이 가장 상단에 배치되는 것을 알 수 있습니다. 박스의 배치 순서를 변경하는 order 속성의 값을 1로 설정합니다.

PC 환경에서는 로고 영역이 상단 왼쪽에 배치되어 있습니다. 메뉴 영역이 기존의 로고 영역의 위치에 배치되어 로고 영역에 가려질 수 있으니 주축 방향으로 박스를 다양하게 배치하는 justify-content 속성의 값을 박스를 주축 방향 끝점에 배치하는 속성값인 flex-end로 설정합니다.

```
551:   width:12.5%;
552:   /* 120px ÷ 960px */      ❷
553: }
554:
555: .nav{
556: display:flex;
557:   align-items:center;      메뉴 영역에 배치되어 있는 메뉴 목록 영역을 세로 중앙으로 정렬시켜야 하므로 교차
558:   position:static;   ❸      축 방향으로 박스를 다양하게 배치하는 align-items 속성의 값을 중앙으로 배치하는
559:   width:87.5%;             값인 center로 설정합니다.
560:   /* 840px ÷ 960px */      ❹
561: }
 ...       ...
697: }
698: </style>
```

❶ 헤더 영역은 더 이상 상대적인 위치로 작동할 필요가 없으므로 position 속성의 값을 기본값인 static으로 설정합니다.

❷ 로고 영역의 너빗값을 설정합니다. 그런데 총 너빗값이 960px로 변경되었기 때문에 로고 영역의 너빗값도 다시 가변 그리드 공식을 이용해서 얻은 값인 12.5%로 재설정합니다.

❸ 메뉴 영역은 더 이상 상대적인 위치로 작동할 필요가 없으므로 요소의 위치를 설정하는 position 속성의 값을 기본값인 static으로 재설정합니다.

❹ PC 환경에서 메뉴 영역의 구조를 보면 〈nav〉 태그 영역의 너빗값이 840px인 것을 알 수 있으므로 가변 그리드 공식을 이용해서 얻은 값인 87.5%를 너빗값으로 설정합니다.

PC용 CSS 코드에서 헤더 영역은 내용이 많으므로 뒤에 이어서 작성합니다.

CSS

```
12:   <style>
 ...      ...
512: /* PC용 CSS */
513: @media all and (min-width:960px){
 ...      ...
543: /* 헤더 영역 CSS */
 ...      ...
563: .gnb{
564: display:flex !important;
```

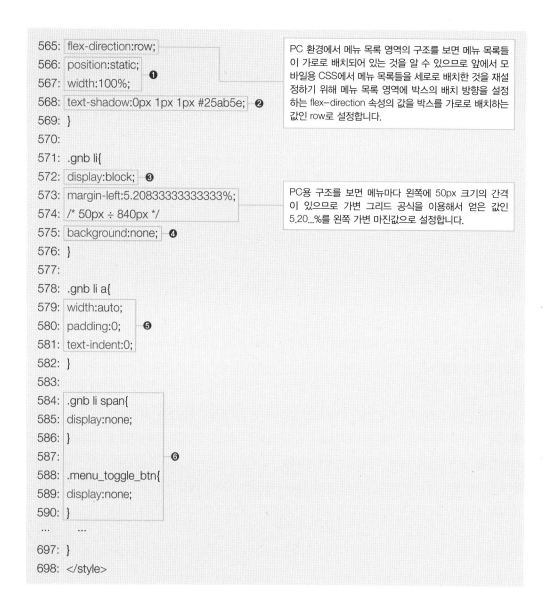

```
565:   flex-direction:row;
566:   position:static;          ❶
567:   width:100%;
568:   text-shadow:0px 1px 1px #25ab5e;   ❷
569:   }
570:
571:   .gnb li{
572:   display:block;   ❸
573:   margin-left:5.20833333333333%;
574:   /* 50px ÷ 840px */
575:   background:none;   ❹
576:   }
577:
578:   .gnb li a{
579:   width:auto;
580:   padding:0;          ❺
581:   text-indent:0;
582:   }
583:
584:   .gnb li span{
585:   display:none;
586:   }
587:                            ❻
588:   .menu_toggle_btn{
589:   display:none;
590:   }
 ...        ...
697:   }
698:   </style>
```

PC 환경에서 메뉴 목록 영역의 구조를 보면 메뉴 목록들이 가로로 배치되어 있는 것을 알 수 있으므로 앞에서 모바일용 CSS에서 메뉴 목록들을 세로로 배치한 것을 재설정하기 위해 메뉴 목록 영역에 박스의 배치 방향을 설정하는 flex-direction 속성의 값을 박스를 가로로 배치하는 값인 row로 설정합니다.

PC용 구조를 보면 메뉴마다 왼쪽에 50px 크기의 간격이 있으므로 가변 그리드 공식을 이용해서 얻은 값인 5.20...%를 왼쪽 가변 마진값으로 설정합니다.

❶ 메뉴 목록 영역은 더 이상 오른쪽 상단에 배치되어 있는 구조가 아니므로 요소의 위치를 설정하는 position 속성의 값을 기본값인 static으로 설정하고, 너빗값을 100%로 설정합니다.

❷ 메뉴 목록 영역의 목록 글자에 글자 그림자가 있으므로 글자 그림자를 설정합니다.

❸ 목록을 구성하는 태그인 〈li〉 태그에는 display 속성의 값을 block으로 설정합니다.

❹ 모바일용 CSS에서 설정했던 배경색을 제거합니다.

❺ 앞에서 모바일용 CSS에서 설정했던 너빗값을 초기화하기 위해 너빗값을 auto로 설정합니다. 그리고 패딩값과 글자 들여쓰기를 위한 text-indent 속성의 값을 0으로 설정합니다.

❻ 메뉴를 보이고 감추기 위한 역할을 하는 토글 버튼들은 PC 환경에서는 필요 없으므로 display 속성의 값을 none으로 설정합니다.

3. 슬라이더 영역의 반응형 웹 작업하기

이제 슬라이더 영역의 작업을 진행해
보겠습니다. 먼저 모바일용 CSS 코드
부터 작성해 볼까요? 코드는 헤더 영
역 뒤에 바로 이어서 작성합니다.

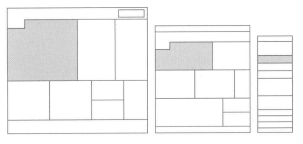

CSS

```
12:   <style>
13:   /* 모바일용 CSS */
...       ...
119:  /* 슬라이더 영역 CSS */
120:  .slider_section{
121:  display:flex;
122:  justify-content:space-between;
123:  align-items:center;
124:  order:3;
125:  width:100%;
126:  height:300px;                                             ❶
127:  height:18.750rem;
128:  background:url(images/p_images/slider_01.jpg) center center no-repeat;   ❷
129:  }
130:
131:  .slider_section span{
132:  width:34px;
133:  width:2.125rem;                                           ❸
134:  height:39px;
135:  height:2.438rem;
136:  text-indent:-9999px;
137:  background:url(images/s_images/slider_arrow.png) no-repeat;   ❹
138:  cursor:pointer;
139:  }
140:
141:  span.prev_btn{
```

> 모든 환경에서 슬라이더 영역의 구조를 보면 이전 버튼과 다음 버튼이 슬라이더
> 영역의 왼쪽과 오른쪽에 배치되어 있는 것을 확인할 수 있습니다. 주축 방향으로
> 박스를 다양하게 배치하는 justify-content 속성의 값을 space-between으로
> 설정하여 버튼들을 왼쪽과 오른쪽에 배치합니다.

> 버튼들을 세로 중앙으로 배치하기 위해 교차축 방향으로 박스를 다양하게 배치
> 하는 align-items 속성의 값을 center로 설정합니다.

> 모바일 환경과 태블릿 환경에서 슬라이더 영역의 구조를 보면 세 번째로 배치되
> 어 있습니다. order 속성의 값을 3으로 설정합니다.

```
142:   margin-left:-10px;
143:   margin-left:-0.625rem;
144:   background-position:0 0;
145: }
146:                              ❺
147:   span.next_btn{
148:   margin-right:-10px;
149:   margin-right:-0.625rem;
150:   background-position:-34px 0;
151: }
...       ...
698: </style>
```

❶ 너빗값을 100%로 설정하고, 모바일 환경에서 슬라이더 영역을 살펴보면 높잇값이 300px이므로 높잇값을 300px/18.750rem으로 설정합니다.

❷ 배경 속성을 사용하여 배경 이미지를 설정합니다.

❸ 슬라이더 영역의 버튼인 〈span〉 태그에는 너빗값을 34px/2.125rem, 높잇값을 39px/2.438rem 으로 설정하고, 글자 들여쓰기 값을 -9999px로 설정합니다.

❹ 글자를 들여쓰기 위한 text-indent 속성의 값을 -9999px로 설정하고, 버튼들을 배경 이미지로 처리하기 위해 배경 속성을 사용해서 배경 이미지를 설정합니다. 그리고 마우스 커서의 상태를 설정하는 cursor의 속성값을 pointer로 설정합니다.

❺ 모든 환경에서 슬라이더 영역의 구조를 다시 한번 확인해 보면 이전 버튼과 다음 버튼이 슬라이더 영역에서 살짝 벗어난 것을 확인할 수 있으므로 버튼의 위치를 이동시키기 위해 이전 버튼에는 왼쪽 마진값을 -10px/-0.625rem으로 설정하고, 다음 버튼에는 오른쪽 마진값을 -10px/-0.625rem 으로 설정합니다.

144행, 150행 이전 버튼에는 배경 이미지의 위치를 0 0으로 설정하고, 다음 버튼에는 배경 이미지의 위치를 -34px 0으로 설정합니다.

이어서 태블릿용 CSS를 작성합니다.

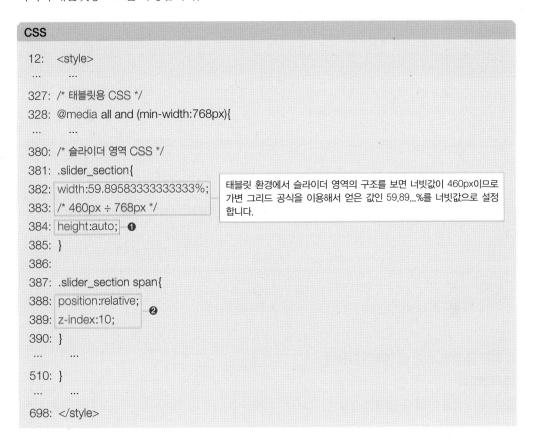

```
CSS
12:    <style>
...        ...
327:   /* 태블릿용 CSS */
328:   @media all and (min-width:768px){
...        ...
380:   /* 슬라이더 영역 CSS */
381:   .slider_section{
382:     width:59.89583333333333%;
383:     /* 460px ÷ 768px */
384:     height:auto; ❶
385:   }
386:
387:   .slider_section span{
388:     position:relative;
389:     z-index:10; ❷
390:   }
...        ...
510:   }
...        ...
698:   </style>
```

> 태블릿 환경에서 슬라이더 영역의 구조를 보면 너빗값이 460px이므로 가변 그리드 공식을 이용해서 얻은 값인 59.89...%를 너빗값으로 설정합니다.

❶ 슬라이더 영역에 높잇값은 더 이상 필요 없으므로 높잇값을 auto로 설정합니다.

❷ 슬라이더 영역의 이전 버튼과 다음 버튼인 〈span〉 태그에는 다른 요소들에 의해 버튼이 가려지지 않게 하기 위해 요소의 위치를 설정하는 position 속성의 값을 상대적인 위치로 만드는 값인 relative로 설정하고, 요소의 겹쳐지는 순서를 설정하는 z-index 속성의 값을 10으로 설정합니다.

이번에는 PC용 CSS를 작성합니다.

```
 12:   <style>
 ...    ...
512:   /* PC용 CSS */
513:   @media all and (min-width:960px){
 ...    ...
592:   /* 슬라이더 영역 CSS */
593:   .slider_section{
594:   order:2;
595:   width:50%;
596:   /* 480px ÷ 960px */
597:   }
 ...    ...
697:   }
698:   </style>
```

> PC 환경에서 슬라이더 영역의 구조를 보면 슬라이더 영역이 두 번째로 배치되어 있습니다. order 속성의 값을 2로 설정합니다.

> PC 환경에서 슬라이더 영역의 구조를 보면 너빗값이 480px이므로 가변 그리드 공식을 이용해서 얻은 값인 50%를 너빗값으로 설정합니다.

4. 최근 글 영역, 인기 글 영역의 반응형 웹 작업하기

최근 글 영역과 인기 글 영역은 구조가 같으므로 작업을 동시에 진행합니다. 먼저 모바일용 CSS 코드부터 작성합니다. 코드는 슬라이더 영역 뒤에 바로 이어서 작성하면 됩니다.

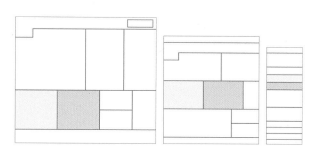

```
 12:   <style>
 13:     /* 모바일용 CSS */
 ...    ...
153:   /* 최근 글 영역, 인기 글 영역 CSS */
154:   .latest_post_section{
155:   order:4;
156:   background:#ffc40f;
157:   text-shadow:0px 1px 1px #b98e0b;
158:   }
159:
160:   .popular_post_section{
161:   order:5;
```

> 모바일 환경의 구조를 보면 최근 글 영역과 인기 글 영역이 네 번째와 다섯 번째에 나란히 배치되어 있습니다. 박스의 배치 순서를 변경하는 order 속성의 값을 각각 4와 5로 설정합니다.

```
162:    background:#a660c2;
163:    text-shadow:0px 1px 1px #714185;
164:    }
165:
166:    .latest_post_section, .popular_post_section{
167:    padding:40px 12.5%;
168:    padding:2.500rem 12.5%;
169:    /* 40px ÷ 320px */
170:    }
171:
172:    .title{
173:    margin-bottom:30px;
174:    margin-bottom:1.875rem;        ❶
175:    font-size:1.188em;
176:    font-size:1.188rem;
177:    text-align:center;
178:    text-transform:uppercase;      ❷
179:    color:#fff;
180:    }
181:
182:    .latest_post_list li, .popular_post_list li{
183:    margin-top:15px;
184:    margin-top:0.938rem;           ❸
185:    padding-left:14px;
186:    padding-left:0.875rem;
187:    font-weight:bold;
188:    text-transform:uppercase;      ❹
189:    background:url(images/s_images/post_circle_icon.png) left center no-repeat;   ❺
190:    }
191:
192:    .latest_post_list li:first-child, .popular_post_list li:first-child{
193:    margin-top:0;     ❻
194:    }
...        ...
698:    </style>
```

> 다시 최근 글 영역과 인기 글 영역의 구조를 보면 각각의 영역에 위/아래, 왼쪽/오른쪽에 패딩값이 40px씩 적용되어 있는 것을 확인할 수 있습니다. 각각 위/아래 패딩값을 40px/2.500rem으로 설정하고, 왼쪽/오른쪽은 가변 패딩값으로 설정하기 위해 가변 그리드 공식을 이용해서 얻은 값인 12.5%를 왼쪽/오른쪽 패딩값으로 설정합니다.

❶ title이라는 클래스명을 가진 제목 영역에는 모든 환경에서 아래쪽 마진값과 글자 크깃값이 동일하게 적용되므로 아래쪽 마진값을 30px/1.875rem, 글자 크기를 1.188em/ 1.188rem으로 설정합니다.

❷ 글자를 중앙으로 정렬하고 대문자로 변경합니다. 그리고 글자색을 흰색 계열로 설정합니다.

❸ 최근 글 영역과 인기 글 영역의 글 목록 영역을 구성하고 있는 〈li〉 태그에는 모든 환경에서 동일한 스타일이 적용되므로 위쪽 마진값을 15px/0.938rem으로 설정하고, 배경 이미지를 설정하기 위한 공간을 만들기 위해 왼쪽 패딩값을 14px/0.875rem으로 설정합니다.

❹ 글자 굵기는 진하게로 설정하고, 글자를 대문자로 변경합니다.

❺ 글 목록의 기호 아이콘을 배경 이미지로 처리하기 위해 배경 속성을 사용해 배경 이미지를 설정합니다.

❻ 각각의 영역에 글 목록 중 가장 첫 번째 목록은 위쪽 마진값이 필요 없으므로 마진값을 0으로 설정합니다.

156행~157행, 162행~163행 각각 배경색과 글자 그림자를 설정합니다.

이어서 태블릿용 CSS를 작성합니다.

```
CSS
 12:    <style>
 ...       ...
327:    /* 태블릿용 CSS */
328:    @media all and (min-width:768px){
 ...       ...
392:    /* 최근 글 영역, 인기 글 영역 CSS */
393:    .latest_post_section{
394:    order:5;
395:    }
396:
397:    .popular_post_section{
398:    order:6;
399:    }
400:
401:    .latest_post_section, .popular_post_section{
402:    width:41.6666666666666666666666666667%;
403:    /* 320px ÷ 768px */
404:    padding-left:5.20833333333333333333333333333%;
405:    padding-right:5.20833333333333333333333333333%;
406:    /* 40px ÷ 768px */
407:    }
 ...       ...
510:    }
 ...       ...
698:    </style>
```

> 태블릿 환경에서 최근 글, 인기 글 영역의 구조를 다시 보면 각 영역의 너빗값이 320px인 것을 확인할 수 있습니다. 가변 그리드 공식을 이용해서 얻은 값인 41.66...%를 너빗값으로 설정합니다.

> 태블릿 환경으로 변경되었으므로 앞에서 모바일용 CSS에서 설정한 왼쪽/오른쪽 패딩값을 가변 그리드 공식을 이용해서 얻은 값인 5.20...%로 재설정합니다.

394행, 398행 태블릿 환경에서 최근 글, 인기 글 영역의 구조를 보면 다섯 번째와 여섯 번째에 배치되는 것을 확인할 수 있습니다. 박스의 배치 순서를 변경하는 order 속성의 값을 각각 5와 6으로 설정합니다.

이번에는 PC용 CSS를 작성합니다.

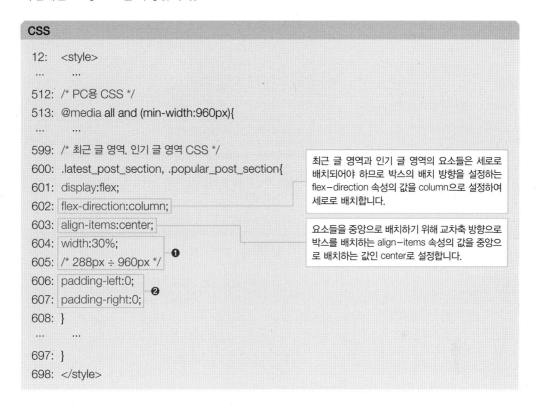

```
CSS
  12:   <style>
  ...      ...
 512:   /* PC용 CSS */
 513:   @media all and (min-width:960px){
  ...      ...
 599:   /* 최근 글 영역, 인기 글 영역 CSS */
 600:   .latest_post_section, .popular_post_section{
 601:   display:flex;
 602:   flex-direction:column;
 603:   align-items:center;
 604:   width:30%;
 605:   /* 288px ÷ 960px */      ❶
 606:   padding-left:0;          ❷
 607:   padding-right:0;
 608:   }
  ...      ...
 697:   }
 698:   </style>
```

최근 글 영역과 인기 글 영역의 요소들은 세로로 배치되어야 하므로 박스의 배치 방향을 설정하는 flex-direction 속성의 값을 column으로 설정하여 세로로 배치합니다.

요소들을 중앙으로 배치하기 위해 교차축 방향으로 박스를 배치하는 align-items 속성의 값을 중앙으로 배치하는 값인 center로 설정합니다.

❶ PC 환경에서는 최근 글 영역과 인기 글 영역의 너빗값이 288px이므로 가변 그리드 공식을 이용해서 얻은 값인 30%를 너빗값으로 재설정합니다.
❷ PC 환경에서는 최근 글 영역과 인기 글 영역의 왼쪽/오른쪽 패딩값이 더 이상 필요 없으므로 앞에서 태블릿용에서 적용한 왼쪽/오른쪽 패딩값을 초기화하기 위해 패딩값을 0으로 설정합니다.

5. 갤러리 영역의 반응형 웹 작업하기

갤러리 영역 역시 모바일용 CSS 코드부터 작성합니다. 갤러리 영역은 인기글 영역 뒤에 바로 이어서 작성합니다.

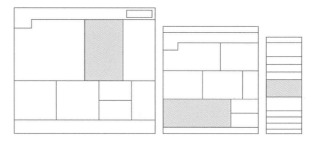

```
CSS

 12:   <style>
 13:   /* 모바일용 CSS */
 ...       ...
196:   /* 갤러리 영역 CSS */
197:   .gallery_section{
198:   order:6;
199:   padding:50px 12.5%;
200:   padding:3.125rem 12.5%;
201:   /* 40px ÷ 320px */
202:   text-align:center;
203:   background:#e65d5d;
204:   text-shadow:0px 1px 1px #c43434;
205:   }
206:
207:   .gallery_section img{
208:   width:100%;
209:   max-width:100%;
210:   border-radius:3px;
211:   box-shadow:0px 1px 1px #c43434;
212:   }
213:
214:   .gallery_list li:nth-child(2){
215:   margin-top:30px;
216:   margin-top:1.875rem;
217:   }
218:
219:   .gallery_list li figcaption{
```

> 모바일 환경에서 갤러리 영역을 보면 갤러리 영역이 여섯 번째로 배치되어 있으므로 order 속성의 값을 6으로 설정합니다.

> 다시 갤러리 영역의 구조를 보면 위/아래 패딩값은 50px, 왼쪽/오른쪽 패딩값은 40px입니다. 위/아래 패딩값은 50px/3.125rem으로 설정하고, 왼쪽/오른쪽 패딩값은 가변 패딩값을 적용하기 위해 가변 그리드 공식을 이용해서 얻은 값인 12.5%로 설정합니다.

❶

❷

❸

```
220:    margin-top:20px;
221:    margin-top:1.250rem;
222:    font-size:1.188em;
223:    font-size:1.188rem;           ❹
224:    text-transform:uppercase;
225:    font-weight:bold;
226:  }
   ...      ...
698:  </style>
```

❶ 글자를 중앙으로 정렬하고, 배경색과 글자 그림자를 설정합니다.

❷ 갤러리 이미지 목록의 이미지들을 가변적인 이미지로 작동하게 만들기 위해 너빗값과 최대 너빗값을 100%로 설정하고, 둥근 모서리와 박스 그림자를 설정합니다.

❸ 갤러리 영역의 갤러리 목록 구조를 보면 목록 사이에 간격이 있는 것을 알 수 있습니다. 갤러리 목록 중 두 번째를 선택하여 위쪽 마진값을 30px/1.875rem으로 설정합니다.

❹ 갤러리 목록의 이미지 설명 영역인 〈figcaption〉 태그에는 모든 환경에서 위쪽 마진값이 동일하게 적용되므로 위쪽 마진값을 20px/1.250rem으로 설정하고 글자 크기를 1.188em/1.188rem으로 설정합니다. 그리고 글자를 대문자로, 글자 굵기를 진하게로 설정합니다.

이어서 태블릿용 CSS를 작성합니다.

CSS

```
12:    <style>
   ...      ...
327:   /* 태블릿용 CSS */
328:   @media all and (min-width:768px){
   ...      ...
409:   /* 갤러리 영역 CSS */
410:   .gallery_section{
411:   order:8;
412:   width:71.354166666666666666666666666667%;
413:   /* 548px ÷ 768px */
```

> 태블릿 환경에서 갤러리 영역의 구조를 보면 갤러리 영역이 여덟 번째로 배치되어 있으므로 order 속성의 값을 8로 설정합니다.

> 다시 갤러리 영역의 구조를 보면 갤러리 영역의 너빗값이 548px이므로 가변 그리드 공식을 이용해서 얻은 값인 71.35...%로 설정합니다.

```
414:    padding-left:5.2083333333333333333333333333333%;
415:    padding-right:5.2083333333333333333333333333333%;
416:    /* 40px ÷ 768px */
417: }
418:
419: .gallery_list{
420:    display:flex;
421: }
422:
423: .gallery_list li{
424:    width:47.008547008547008547008547008547%;
425:    /* 220px ÷ 468px */
426: }
427:
428: .gallery_list li:nth-child(2){
429:    margin-left:5.9829059829059829059829059829906%;
430:    /* 28px ÷ 468px */
431:    margin-top:0;  ❶
432: }
 ...        ...
510: }
 ...        ...
698: </style>
```

태블릿 환경으로 변경되었으므로 앞에서 모바일용 CSS에서 설정한 왼쪽/오른쪽 패딩값을 가변 그리드 공식을 이용해서 얻은 값인 5.20...%로 재설정합니다.

갤러리 목록 영역을 보면 목록들이 가로로 배치되어 있으므로 갤러리 목록 영역의 display 속성의 값을 flex로 설정합니다.

갤러리 목록 영역의 목록인 〈li〉 태그는 너빗값이 220px이므로 가변 그리드 공식을 이용해서 얻은 값인 47.08...%를 너빗값으로 설정합니다.

태블릿 환경에서 갤러리 목록의 구조를 보면 목록 사이에 28px 크기의 간격이 있으므로 가변 그리드 공식을 이용해서 얻은 값인 5.98...%를 왼쪽 가변 마진값으로 설정합니다.

❶ 앞서 모바일용 CSS에서 설정했던 위쪽 마진값은 더 이상 필요 없으므로 위쪽 마진값을 0으로 설정합니다.

이번에는 PC용 CSS를 작성합니다.

CSS

```
12:    <style>
 ...        ...
512:    /* PC용 CSS */
513:    @media all and (min-width:960px){
 ...        ...
610:    /* 갤러리 영역 CSS */
611:    .gallery_section{
612:    order:3;
```

PC 환경에서 갤러리 영역을 보면 갤러리 영역이 세 번째로 배치되어 있으므로 order 속성의 값을 3으로 설정합니다.

```
613:    width:27.08333333333333%;
614:    /* 260px ÷ 960px */
615: }
616:
617: .gallery_list{
618:    display:block;  ❶
619: }
620:
621: .gallery_list li{
622:    width:auto;  ❷
623: }
624:
625: .gallery_list li:nth-child(2){
626:    margin-top:30px;
627:    margin-top:1.875rem;  ❸
628:    margin-left:0;
629: }
  ...      ...
697: }
698: </style>
```

> PC 환경에서는 갤러리 영역의 너빗값이 260px로 변경되었으므로 가변 그리드 공식을 이용해서 얻은 값인 27.08...%를 너빗값으로 재설정합니다.

❶ 갤러리 목록 영역은 더 이상 플렉서블 박스로 작동하지 않아도 되므로 display 속성의 값을 block으로 설정합니다.

❷ 갤러리 목록 영역의 목록인 ⟨li⟩ 태그에는 더 이상 너빗값이 필요 없으므로 너빗값을 auto로 설정합니다.

❸ PC 환경에서는 갤러리 목록 영역의 목록이 다시 세로로 배치되었으므로 목록 중 두 번째 목록을 선택하여 위쪽 마진값을 30px/1.875rem으로 설정합니다. 그리고 앞에서 태블릿용 CSS에서 설정한 왼쪽 마진값은 더 이상 필요 없으므로 왼쪽 마진값을 0으로 설정합니다.

6. 인기 검색어 영역의 반응형 웹 작업하기

인기 검색어 영역을 작업합니다. 먼저 모바일용 CSS 코드부터 작성합니다. 인기 검색어 영역은 갤러리 영역 뒤에 바로 이어서 작성합니다.

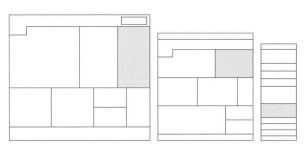

CSS

```
12:   <style>
13:   /* 모바일용 CSS */
...      ...
228:  /* 인기 검색어 영역 CSS */
229:  .rankup_section{
230:  order:7;
231:  padding:40px 12.5%;
232:  padding:2.500rem 12.5%;
233:  /* 40px ÷ 320px */
234:  background:#219af7;
235:  text-shadow: 0px 1px 1px #1974ba;        ❶
236:  }
237:
238:  .rankup_list{
239:  display:flex;
240:  flex-wrap:wrap;
241:  justify-content:space-between;
242:  }
243:
244:  .rankup_list li{
245:  width:47.91666666666666666666666666667%;
246:  /* 115px ÷ 240px */
247:  margin-top:15px;
248:  margin-top:0.938rem;          ❷
249:  text-align:center;
250:  text-transform:uppercase;     ❸
251:  font-weight:bold;
252:  }
253:
254:  .rankup_list li:first-child, .rankup_list li:nth-child(2){
255:  margin-top:0;       ❹
256:  }
```

모바일 환경에서 인기 검색어 영역을 보면 일곱 번째로 배치되어 있으므로 order 속성의 값을 7로 설정합니다.

인기 검색어 영역의 구조를 다시 살펴보면 위/아래, 왼쪽/오른쪽 패딩값이 40px이므로 위/아래 패딩값은 40px/ 2.500rem으로 설정하고, 왼쪽/오른쪽 패딩값은 가변 그리드 공식을 이용해서 얻은 값인 12.5%로 설정합니다.

인기 검색어 영역의 검색어 목록 구조를 보면 목록이 가로로 여러 줄 배치되어 있습니다. 이처럼 목록들을 가로로 배치하기 위해 display 속성의 값을 flex로 설정합니다.

박스를 여러 줄로 배치하기 위한 flex-wrap 속성의 값은 박스를 여러 줄로 배치해 주는 wrap으로 설정합니다.

인기 검색어 영역의 검색어 목록 구조를 다시 확인해 보면 목록 사이에 간격을 두고 배치되어 있으므로 justify-content 속성의 값을 space-between으로 설정합니다.

인기 검색어 목록 영역의 목록 구조를 보면 목록 영역의 너빗값이 115px인 것을 확인할 수 있으므로 가변 그리드 공식을 이용해서 얻은 값인 47.91...%를 너빗값으로 설정합니다.

```
257:
258:  .rankup_list li a{
259:  display:block;
260:  padding:10px 0;
261:  padding:0.625rem 0;   ❺
262:  border:1px solid #fff;
263:  border-radius:5px;
264:  }
 ...      ...
698:  </style>
```

❶ 배경색을 설정하고, 글자 그림자를 설정합니다.

❷ 인기 검색어 목록 영역의 목록 구조를 다시 살펴보면 위쪽에 15px 크기의 간격이 있으므로 위쪽 마진값을 15px/0.938rem으로 설정합니다.

❸ 글자를 중앙으로 정렬하고 대문자로 변경합니다. 그리고 글자 굵기를 진하게로 설정합니다.

❹ 인기 검색어 목록 영역의 목록 중 첫 번째 목록과 두 번째 목록은 위쪽 마진값이 필요 없으므로 첫 번째와 두 번째 목록의 위쪽 마진값을 0으로 설정합니다.

❺ 인기 검색어 목록 영역의 목록 구조를 살펴보면 목록마다 위/아래 패딩값이 10px이고 흰색 선이 있는 것을 확인할 수 있으므로 인기 검색어 목록 영역의 링크 영역인 〈a〉 태그에 display 속성의 값을 block으로 설정하고, 위/아래 패딩값을 10px/0.625rem으로 설정합니다. 그리고 선값을 1px solid #fff로 설정하고, 둥근 모서리를 설정합니다.

이어서 태블릿용 CSS를 작성합니다.

CSS
```
12:   <style>
 ...      ...
327:  /* 태블릿용 CSS */
328:  @media all and (min-width:768px){
 ...      ...
434:  /* 인기 검색어 영역 CSS */
435:  .rankup_section{
436:  order:4;
437:  width:40.10416666666667%;
438:  /* 308px ÷ 768px */
```

태블릿 환경에서 인기 검색어 영역을 보면 인기 검색어 영역이 네 번째로 배치되어 있으므로 order 속성의 값을 4로 설정합니다.

태블릿 환경에서는 인기 검색어 영역의 너빗값이 308px이므로 가변 그리드 공식을 이용해서 얻은 값인 40.10...%를 너빗값으로 설정합니다.

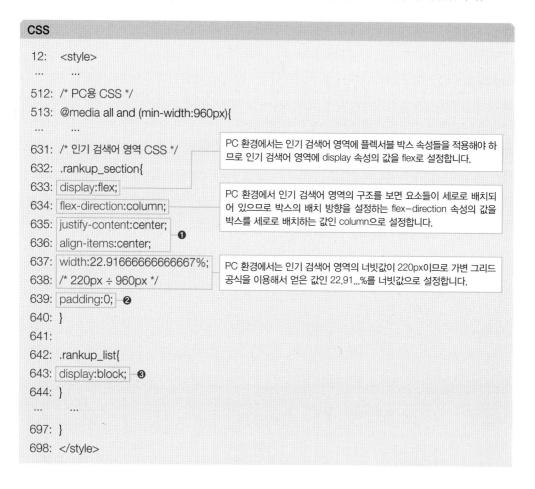

```
439:    padding-left:5.20833333333333%;
440:    padding-right:5.20833333333333%;
441:    /* 40px ÷ 768px */
442:  }
...     ...
510:  }
...     ...
698:  </style>
```

태블릿 환경으로 변경되었으므로 앞에서 모바일용 CSS에서 설정한 왼쪽/오른쪽 패딩값을 가변 그리드 공식을 이용해서 얻은 값인 5.20...%로 재설정합니다.

이번에는 PC용 CSS를 작성합니다. PC용 CSS는 코드의 내용이 많으므로 나누어 작업합니다.

CSS

```
12:   <style>
...     ...
512:  /* PC용 CSS */
513:  @media all and (min-width:960px){
...     ...
631:  /* 인기 검색어 영역 CSS */
632:  .rankup_section{
633:    display:flex;
634:    flex-direction:column;
635:    justify-content:center;
636:    align-items:center;            ❶
637:    width:22.9166666666667%;
638:    /* 220px ÷ 960px */
639:    padding:0;  ❷
640:  }
641:
642:  .rankup_list{
643:    display:block;  ❸
644:  }
...     ...
697:  }
698:  </style>
```

PC 환경에서는 인기 검색어 영역에 플렉서블 박스 속성들을 적용해야 하므로 인기 검색어 영역에 display 속성의 값을 flex로 설정합니다.

PC 환경에서 인기 검색어 영역의 구조를 보면 요소들이 세로로 배치되어 있으므로 박스의 배치 방향을 설정하는 flex−direction 속성의 값을 박스를 세로로 배치하는 값인 column으로 설정합니다.

PC 환경에서는 인기 검색어 영역의 너빗값이 220px이므로 가변 그리드 공식을 이용해서 얻은 값인 22.91...%를 너빗값으로 설정합니다.

❶ 인기 검색어 영역의 구조를 다시 살펴보면 요소들이 세로와 가로의 중앙에 배치되어 있습니다. 주축 방향으로 박스를 배치하는 jusitify-content 속성의 값을 박스를 중앙으로 배치하는 값인 center

로 설정하고, 교차축 방향으로 박스를 배치하는 align-items 속성의 값을 박스를 중앙으로 배치하는 값인 center로 설정하여 박스를 중앙으로 배치합니다.

❷ 앞에서 태블릿 환경에서 설정한 패딩값은 더 이상 필요 없으므로 0으로 설정합니다.

❸ 인기 검색어 목록 영역은 더 이상 플렉서블 박스로 작동하지 않아도 되므로 display 속성의 값을 block으로 설정합니다.

인기 검색어 영역의 PC용 CSS 코드를 이어서 작성합니다.

```css
12:    <style>
 ...       ...
646:    .rankup_list li{
647:    width:auto;          ❶
648:    text-align:left;     ❷
649:    counter-increment:rankup-counter;    ❸
650:    }
651:
652:    .rankup_list li:nth-child(2){
653:    margin-top:15px;
654:    margin-top:0.938rem;          ❹
655:    }
656:
```

❶ PC 환경에서 인기 검색어 목록 영역의 목록을 보면 너빗값이 더 이상 필요 없으므로 앞에서 태블릿용 CSS에서 설정한 너빗값을 초기화하기 위해 auto로 설정합니다.

❷ 글자를 왼쪽으로 정렬합니다.

❸ 카운터 증가 속성을 설정합니다. 카운터명은 rankup-counter로 설정합니다.

❹ PC 환경에서 인기 검색어 목록 영역의 목록 구조를 보면 첫 번째 목록을 제외한 모든 목록 위쪽에 15px 크기의 간격이 있습니다. 앞에서 모바일용 CSS에서 설정한 두 번째 목록의 마진값을 정상적으로 적용하기 위해 두 번째 목록을 선택하여 마진값을 15px/0.938rem으로 재설정합니다.

```
657:  .rankup_list li:before{
658:    padding-right:6px;
659:    padding-right:0.375rem;       ➎
660:    text-transform:uppercase;
661:    font-weight:bold;
662:    color:#fff;                    ➏
663:    text-shadow:0px 1px 1px #428e9e;
664:    content:counter(rankup-counter) '.';   ➐
665:  }
666:
667:  .rankup_list li a{
668:    display:inline;
669:    padding:0;                     ➑
670:    border:0;
671:  }
  ...       ...
697:  }
698:  </style>
```

➎ 인기 검색어 목록 영역의 목록인 〈li〉 태그에 카운터 함수를 사용해서 〈li〉 태그가 나오기 전에 카운터 숫자를 넣기 위해 가상 선택자인 before를 사용해서 목록을 선택합니다. 그리고 카운터 숫자가 들어갈 공간을 만들기 위해 오른쪽 패딩값을 6px/0.375rem으로 설정하고, 글자를 대문자로 변경합니다.

➏ 글자 굵기를 진하게로 설정하고, 글자색과 글자 그림자를 설정합니다.

➐ 카운터 숫자를 넣기 위해 카운터 함수를 사용합니다.

➑ 인기 검색어 목록 영역의 목록 링크 영역인 〈a〉 태그에는 display 속성의 값을 inline으로 설정하고, 링크 영역인 〈a〉 태그에는 더 이상 패딩값과 선값이 필요 없으므로 패딩값과 선값을 0으로 설정합니다.

카운터 속성이란 말 그대로 카운터 증가를 위한 속성입니다. 시계 카운터처럼 말이죠. 카운터 속성은 CSS3에서 정식 채택되었는데, 놀랍게도 하위 브라우저인 익스플로러 8 버전부터 지원합니다.

속성(함수)명	속성(함수)값	적용 요소
counter-reset	[카운터명] [정수]	모든 요소
counter-increment	[카운터명] [정수]	모든 요소
counter()	[카운터명] [카운터 스타일] [문자열]	모든 요소

속성(함수)명	설명
counter-reset	카운터를 초기화하기 위한 속성입니다. 속성값에는 카운터명과 정숫값이 들어올 수 있으며, 정숫값은 카운터의 초깃값으로 생략할 수 있습니다. 속성값은 한 칸 공백으로 구분합니다.
counter-increment	카운터를 증가시키기 위한 속성입니다. 속성값에는 카운터명과 정숫값이 들어올 수 있으며, 정숫값은 카운터의 증가 배율입니다. 예를 들어 정숫값이 2라면 카운터의 값이 2씩 증가합니다. 정숫값은 생략할 수 있으며 생략 시 1씩 증가합니다. 속성값은 한 칸 공백으로 구분합니다.
counter()	카운터를 사용하기 위한 함수입니다. 함숫값에는 카운터명과 카운터 스타일, 문자열이 들어올 수 있으며, 속성값은 쉼표로 구분합니다. 단 문자열은 괄호 안에 작성하지 않고 바깥쪽에 작성합니다. 카운터 스타일에는 〈li〉 태그의 list-style-type 속성값을 그대로 사용할 수 있으며, 카운터 스타일과 문자열은 생략할 수 있습니다.

7. 배너 영역의 반응형 웹 작업하기

배너 영역은 인기 검색어 영역 바로 뒤
에 이어서 작성합니다. 먼저 모바일용
CSS 코드부터 작성해 보겠습니다.

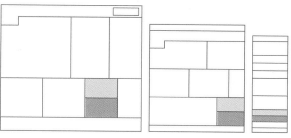

CSS

```
12:    <style>
13:    /* 모바일용 CSS */
...       ...
266:   /* 배너 영역 CSS */
267:   .banner_section{
268:   order:8;
269:   }
270:
271:   .banner_box_01{
272:   background:#e6567a;    ❶
273:   }
274:
275:   .banner_box_01 a{
276:   display:block;
277:   padding:30px 0;        ❷
278:   padding:1.875rem 0;
279:   text-align:center;     ❸
280:   }
281:
282:   .banner_box_02{
283:   background:#c44968;    ❹
284:   }
285:
286:   .banner_list{
287:   display:flex;
288:   justify-content:space-between;
289:   padding:30px 12.5%;
290:   padding:1.875rem 12.5%;
291:   /* 40px ÷ 320px */
292:   }
...       ...
698:   </style>
```

> 모바일 환경에서 배너 영역을 보면 배너 영역이 여덟 번째로 배치되어 있으므로 order 속성의 값을 8로 설정합니다.

> 모바일 환경에서 배너 영역의 두 번째 자식 박스의 배너 이미지 목록 영역을 보면 이미지 목록들이 간격을 두고 배치되어 있으므로 justify-content 속성의 값을 space-between으로 설정합니다.

> 배너 이미지 목록 영역을 보면 위/아래는 30px, 왼쪽/오른쪽은 40px의 간격이 있습니다. 위/아래 패딩값은 30px/1.875rem, 왼쪽/오른쪽 패딩값은 가변 패딩을 적용하기 위해 가변 그리드 공식을 이용해서 얻은 값인 12.5%를 설정합니다.

❶ banner_box_01이라는 클래스명을 가지고 있는 ⟨div⟩ 태그에 배경색을 설정합니다. 이 태그는 배너 영역의 자식들인 ⟨div⟩ 태그 중 첫 번째 자식 태그입니다.

❷ 배너 영역 구조에서 첫 번째 자식의 이미지 링크 영역인 ⟨a⟩ 태그에 display 속성의 값을 block으로 설정합니다. 그리고 배너 영역의 첫 번째 자식의 이미지 링크 영역인 ⟨a⟩ 태그는 위/아래 간격이 30px만큼 있으므로 위/아래 패딩값을 30px/1.875rem으로 설정합니다.

❸ 글자를 중앙으로 정렬합니다.

❹ 배너 영역의 두 번째 자식인 banner_box_02라는 클래스명을 가지고 있는 ⟨div⟩ 태그에 배경 색을 설정합니다.

이어서 태블릿용 CSS를 작성합니다. 태블릿용 CSS는 코드의 내용이 많으므로 나누어 작업합니다.

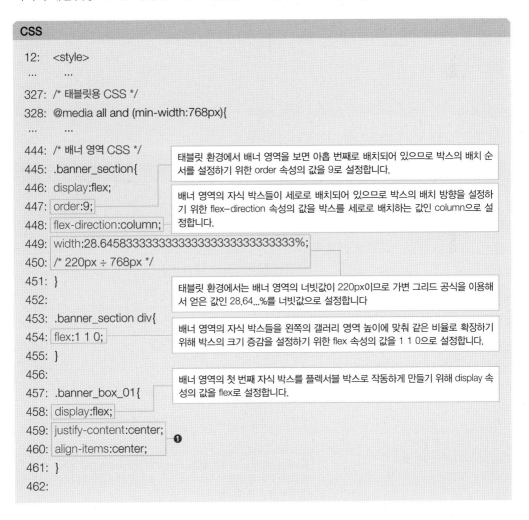

CSS

```
 12:  <style>
 ...      ...
327:  /* 태블릿용 CSS */
328:  @media all and (min-width:768px){
 ...      ...
444:  /* 배너 영역 CSS */
445:  .banner_section{
446:  display:flex;
447:  order:9;
448:  flex-direction:column;
449:  width:28.6458333333333333333333333333333%;
450:  /* 220px ÷ 768px */
451:  }
452:
453:  .banner_section div{
454:  flex:1 1 0;
455:  }
456:
457:  .banner_box_01{
458:  display:flex;
459:  justify-content:center;
460:  align-items:center;
461:  }
462:
```

> 태블릿 환경에서 배너 영역을 보면 아홉 번째로 배치되어 있으므로 박스의 배치 순서를 설정하기 위한 order 속성의 값을 9로 설정합니다.

> 배너 영역의 자식 박스들이 세로로 배치되어 있으므로 박스의 배치 방향을 설정하기 위한 flex-direction 속성의 값을 박스를 세로로 배치하는 값인 column으로 설정합니다.

> 태블릿 환경에서는 배너 영역의 너빗값이 220px이므로 가변 그리드 공식을 이용해서 얻은 값인 28.64...%를 너빗값으로 설정합니다

> 배너 영역의 자식 박스들을 왼쪽의 갤러리 영역 높이에 맞춰 같은 비율로 확장하기 위해 박스의 크기 증감을 설정하기 위한 flex 속성의 값을 1 1 0으로 설정합니다.

> 배너 영역의 첫 번째 자식 박스를 플렉서블 박스로 작동하게 만들기 위해 display 속성의 값을 flex로 설정합니다.

❶

```
463:    .banner_box_01 a{
464:    display:inline;          ❷
465:    padding:0;
466:    }
   ...      ...
510:    }
   ...      ...
698:    </style>
```

❶ 배너 영역을 보면 첫 번째 자식 박스의 이미지 링크 영역이 첫 번째 자식 박스의 한가운데에 배치되어 있습니다. 따라서 justify-content 속성과 align-items 속성의 값을 박스를 중앙으로 배치하는 값인 center로 설정합니다.

❷ 첫 번째 자식의 이미지 링크 영역인 〈a〉 태그는 더 이상 블록처럼 작동할 필요가 없으므로 display 속성의 값을 inline으로 설정합니다. 그리고 패딩값 또한 필요 없으므로 패딩값을 0으로 설정합니다.

배너 영역의 태블릿용 CSS 코드를 이어서 작성합니다.

CSS

```
12:     <style>
   ...     ...
327:    /* 태블릿용 CSS */
328:    @media all and (min-width:768px){
   ...     ...
444:    /* 배너 영역 CSS */
   ...
468:    .banner_box_02{
469:    display:flex;
470:    justify-content:center;
471:    align-items:center;          ❶
472:    }
473:
474:    .banner_list{
475:    padding:0;          ❷
476:    justify-content:flex-start;
477:    }
478:
```

> 배너 영역의 두 번째 자식 박스를 플렉서블 박스로 작동하게 만들기 위해 display 속성의 값을 flex로 설정합니다.

> 앞에서 모바일용 CSS에서 배너 이미지 목록 영역의 목록들을 간격을 두고 배치하기 위해 설정했던 justify-content 속성은 이제 필요 없으므로 초깃값인 flex-start로 설정합니다.

```
479:    .banner_list li:nth-child(2){
480:      margin:0 14px;
481:      margin:0 0.875rem;      ❸
482:    }
 ...      ...
510:    }
 ...      ...
698: </style>
```

❶ 배너 영역을 보면 두 번째 자식 박스의 배너 이미지 목록 영역이 두 번째 자식 박스의 한가운데에
배치되어 있습니다. 따라서 주축 방향으로 박스를 배치하는 justify-content 속성의 값은 박스를 중
앙으로 배치하는 값인 center로 설정하고, 교차축 방향으로 박스를 배치하는 align-items 속성의 값
은 박스를 중앙으로 배치하는 값인 center로 설정합니다.

❷ 배너 영역의 두 번째 자식의 배너 이미지 목록 영역에는 패딩값이 더 이상 필요 없으므로 패딩값
을 0으로 설정합니다.

❸ 다시 배너 이미지 목록 영역의 구조를 보면 목록 중 두 번째 목록에 왼쪽과 오른쪽 간격이 14px만
큼 있으므로 배너 이미지 목록 중 두 번째 목록만 선택하여 왼쪽/오른쪽 마진값을 14px/0.875rem
으로 설정합니다.

이번에는 PC용 CSS를 작성합니다.

CSS

```
12:    <style>
 ...      ...
512:    /* PC용 CSS */
513:    @media all and (min-width:960px){
 ...      ...
673:    /* 배너 영역 CSS */
674:    .banner_section{
675:      order:7;
676:      width:22.91666666666667%;
677:      /* 220px ÷ 960px */
678:    }
 ...      ...
697:    }
698: </style>
```

PC 환경에서 배너 영역을 보면 배너 영역이 일곱 번째로 배치되
어 있으므로 order 속성의 값을 7로 설정합니다.

PC 환경으로 변경되었으므로 가변 그리드 공식을 이용해서 얻은
값인 22.91…%를 배너 영역의 너빗값으로 설정합니다.

8. 소셜 네트워크 영역의 반응형 웹 작업하기

소셜 네트워크 영역의 반응형 웹 작업을 진행해 보겠습니다.

먼저 모바일용 CSS 코드부터 작성합니다. 소셜 네트워크 영역은 배너 영역 바로 뒤에 이어서 작성합니다.

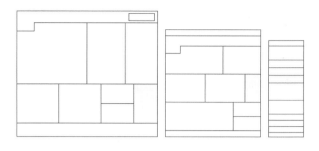

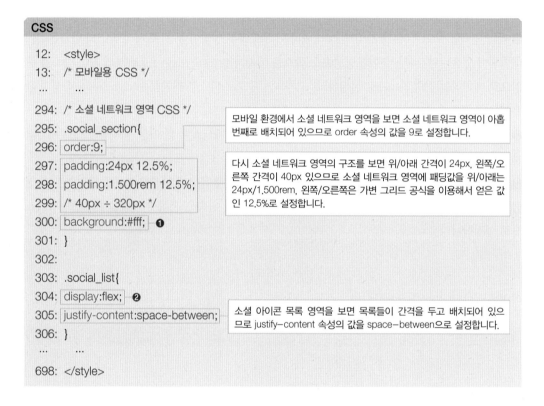

```
CSS

12:    <style>
13:    /* 모바일용 CSS */
...      ...
294:   /* 소셜 네트워크 영역 CSS */
295:   .social_section{
296:   order:9;
297:   padding:24px 12.5%;
298:   padding:1.500rem 12.5%;
299:   /* 40px ÷ 320px */
300:   background:#fff;    ❶
301:   }
302:
303:   .social_list{
304:   display:flex;    ❷
305:   justify-content:space-between;
306:   }
...      ...
698:   </style>
```

모바일 환경에서 소셜 네트워크 영역을 보면 소셜 네트워크 영역이 아홉 번째로 배치되어 있으므로 order 속성의 값을 9로 설정합니다.

다시 소셜 네트워크 영역의 구조를 보면 위/아래 간격이 24px, 왼쪽/오른쪽 간격이 40px 있으므로 소셜 네트워크 영역에 패딩값을 위/아래는 24px/1.500rem, 왼쪽/오른쪽은 가변 그리드 공식을 이용해서 얻은 값인 12.5%로 설정합니다.

소셜 아이콘 목록 영역을 보면 목록들이 간격을 두고 배치되어 있으므로 justify-content 속성의 값을 space-between으로 설정합니다.

❶ 배경색을 설정합니다.

❷ 소셜 아이콘 목록 영역을 플렉서블 박스로 작동하게 만들기 위해 display 속성의 값을 flex로 설정합니다.

이어서 태블릿용 CSS를 작성합니다.

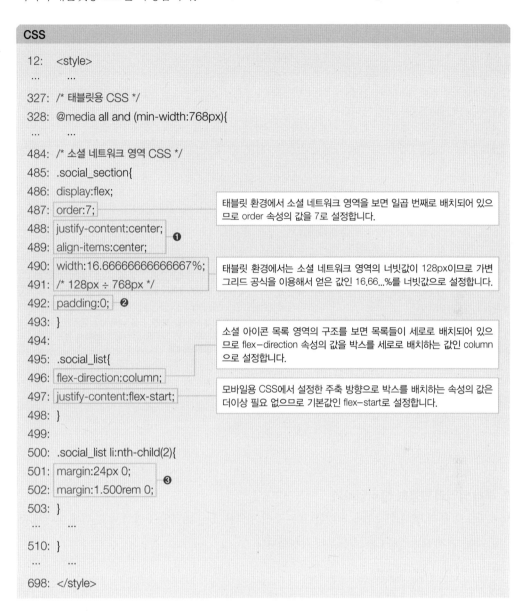

CSS

```
12:    <style>
 ...      ...
327:   /* 태블릿용 CSS */
328:   @media all and (min-width:768px){
 ...      ...
484:   /* 소셜 네트워크 영역 CSS */
485:   .social_section{
486:   display:flex;
487:   order:7;
488:   justify-content:center;
489:   align-items:center;                ❶
490:   width:16.66666666666667%;
491:   /* 128px ÷ 768px */
492:   padding:0;      ❷
493:   }
494:
495:   .social_list{
496:   flex-direction:column;
497:   justify-content:flex-start;
498:   }
499:
500:   .social_list li:nth-child(2){
501:   margin:24px 0;
502:   margin:1.500rem 0;      ❸
503:   }
 ...      ...
510:   }
 ...      ...
698:   </style>
```

태블릿 환경에서 소셜 네트워크 영역을 보면 일곱 번째로 배치되어 있으므로 order 속성의 값을 7로 설정합니다.

태블릿 환경에서는 소셜 네트워크 영역의 너빗값이 128px이므로 가변 그리드 공식을 이용해서 얻은 값인 16.66...%를 너빗값으로 설정합니다.

소셜 아이콘 목록 영역의 구조를 보면 목록들이 세로로 배치되어 있으므로 flex-direction 속성의 값을 박스를 세로로 배치하는 값인 column으로 설정합니다.

모바일용 CSS에서 설정한 주축 방향으로 박스를 배치하는 속성의 값은 더이상 필요 없으므로 기본값인 flex-start로 설정합니다.

❶ 소셜 네트워크 영역을 보면 소셜 아이콘 목록 영역이 소셜 네트워크 영역의 한가운데 배치되어 있습니다. 따라서 주축 방향으로 박스를 배치하는 justify-content 속성의 값을 박스를 중앙으로 배치하는 값인 center로 설정하고, 교차축 방향으로 박스를 배치하는 align-items 속성의 값을 박스를 중앙으로 배치하는 값인 center로 설정합니다.

❷ 태블릿 환경에서는 소셜 네트워크 영역에 패딩값이 더 이상 필요 없으므로 패딩값을 0으로 설정합니다.

❸ 소셜 아이콘 목록 영역의 구조를 다시 보면 목록 중 두 번째 목록에만 위/아래 간격이 24px만큼 있는 것을 확인할 수 있으므로 소셜 아이콘 목록 중 두 번째 목록만 선택하여 위/아래 마진값을 24px/1.500rem으로 설정합니다.

이번에는 PC용 CSS를 작성합니다.

CSS

```
12:   <style>
...      ...
512:  /* PC용 CSS */
513:  @media all and (min-width:960px){
...      ...
680:  /* 소셜 네트워크 영역 CSS */
681:  .social_section{
682:  order:8;
683:  width:17.08333333333333%;
684:  /* 164px ÷ 960px */
685:  }
...      ...
697:  }
698:  </style>
```

> PC 환경에서 소셜 네트워크 영역을 보면 소셜 네트워크 영역이 여덟 번째로 배치되어 있으므로 order 속성의 값을 8로 설정합니다.

> PC 환경의 소셜 네트워크 영역을 보면 소셜 네트워크 영역의 너빗값이 164px로 변경되었으므로 가변 그리드 공식을 이용해서 얻은 값인 17.08...%를 너빗값으로 설정합니다.

9. 푸터 영역의 반응형 웹 작업하기

마지막으로 푸터 영역의 작업을 진행합니다. 푸터 영역은 소셜 네트워크 영역 바로 뒤에 이어서 작성합니다. 먼저 모바일용 CSS 코드부터 작성합니다.

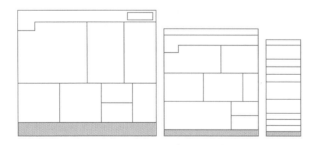

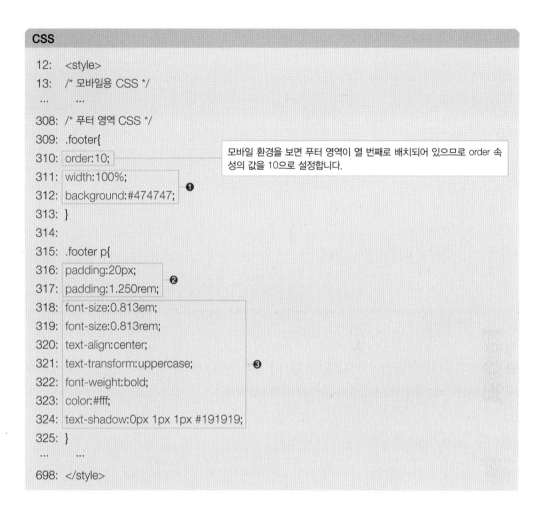

```
CSS

12:  <style>
13:    /* 모바일용 CSS */
...     ...
308:   /* 푸터 영역 CSS */
309:  .footer{
310:   order:10;
311:   width:100%;
312:   background:#474747;                ❶
313:  }
314:
315:  .footer p{
316:   padding:20px;
317:   padding:1.250rem;                  ❷
318:   font-size:0.813em;
319:   font-size:0.813rem;
320:   text-align:center;
321:   text-transform:uppercase;          ❸
322:   font-weight:bold;
323:   color:#fff;
324:   text-shadow:0px 1px 1px #191919;
325:  }
...     ...
698:  </style>
```

모바일 환경을 보면 푸터 영역이 열 번째로 배치되어 있으므로 order 속성의 값을 10으로 설정합니다.

❶ 너빗값을 100%로 설정하고, 배경색을 설정합니다.

❷ 푸터 영역의 구조를 보면 푸터 영역의 문단 영역에 간격이 20px 있습니다. 푸터 영역의 문단 영역인 〈p〉 태그에는 패딩값을 20px/1.250rem으로 설정합니다.

❸ 모든 환경에서 동일하게 적용할 푸터 영역 중 문단 영역의 스타일을 적용합니다. 글자 크기는 0.813em/0.813rem으로 설정하고, 글자를 중앙으로 정렬합니다. 그리고 글자를 대문자로 변경하고, 글자의 굵기를 진하게 설정합니다. 그리고 글자색과 글자의 그림자를 설정합니다.

이어서 태블릿용 CSS를 작성합니다.

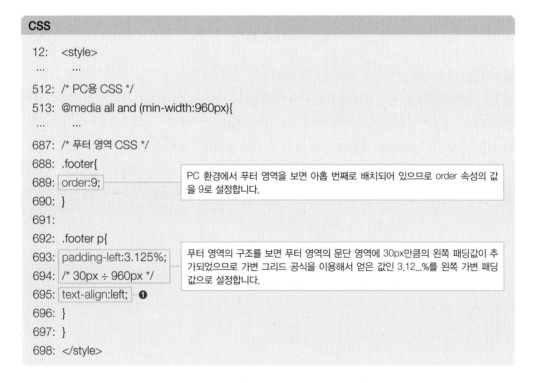

```
CSS

 12:    <style>
  …        …
327:    /* 태블릿용 CSS */
328:    @media all and (min-width:768px){
  …        …
505:    /* 푸터 영역 CSS */
506:    .footer p{
507:      padding:40px 0;        ❶
508:      padding:2.500rem 0;
509:    }
510:  }
  …        …
698:    </style>
```

❶ 태블릿 환경에서 푸터 영역의 구조를 보면 푸터 영역의 문단 영역에 위/아래 패딩값이 40px로 변경되었으므로 패딩값을 40px/2.500rem으로 재설정합니다.

이번에는 PC용 CSS를 작성합니다.

```
CSS

 12:    <style>
  …        …
512:    /* PC용 CSS */
513:    @media all and (min-width:960px){
  …        …
687:    /* 푸터 영역 CSS */
688:    .footer{
689:      order:9;              ┄┄ PC 환경에서 푸터 영역을 보면 아홉 번째로 배치되어 있으므로 order 속성의 값
690:    }                            을 9로 설정합니다.
691:
692:    .footer p{
693:      padding-left:3.125%;  ┄┄ 푸터 영역의 구조를 보면 푸터 영역의 문단 영역에 30px만큼의 왼쪽 패딩값이 추
694:      /* 30px ÷ 960px */         가되었으므로 가변 그리드 공식을 이용해서 얻은 값인 3.12…%를 왼쪽 가변 패딩
695:      text-align:left;  ❶       값으로 설정합니다.
696:    }
697:  }
698:    </style>
```

❶ 푸터 영역의 문단 영역을 보면 글자들이 왼쪽으로 정렬되어 있으므로 푸터 영역의 문단 영역인 〈p〉 태그의 글자를 왼쪽으로 정렬합니다.

푸터 영역을 마지막으로, 메인 페이지의 반응형 웹 작업이 끝났습니다. 지금까지 작업한 메인 페이지 파일인 index.html 파일을 브라우저에서 실행시켜 브라우저의 크기를 줄여보세요. 그럼 브라우저의 크기에 따라 반응하는 웹사이트를 확인할 수 있습니다.

완성된 메인 페이지 모습

다음 장부터는 서브 페이지인 소개 페이지와 갤러리 페이지 그리고 게시판 페이지의 구조 작업과 반응형 웹 작업을 진행해 보겠습니다.

07

서브 페이지 작업하기

웹사이트에서는 메인 페이지도 중요하지만 세부적인 내용을 전달해주는 서브 페이지 또한 중요합니다. 그렇기 때문에 메인 페이지 못지않게 꼼꼼하게 작업해야 합니다.

하지만 이번에 작업할 서브 페이지는 메인 페이지에서 사용한 코드를 가져와 사용할 수 있으므로 앞에서 메인 페이지의 반응형 웹 작업을 성공적으로 마무리했다면 서브 페이지 역시 수월하게 진행할 수 있을 것입니다.

07-1 서브 페이지 구조 작업하기

07-2 서브 페이지 반응형 웹 작업하기

07-1
서브 페이지 구조 작업하기

메인 페이지가 웹사이트의 내용들을 함축적으로 보여주는 페이지라면 서브 페이지는 홈페이지 소개나 갤러리 게시판, 문의사항 게시판 등 웹사이트의 자세한 내용을 담아 메인 페이지의 내용을 뒷받침해주는 페이지입니다.

1. 기본 구조 작업하기

서브 페이지에도 인포메이션 영역과 헤더 영역 그리고 푸터 영역이 있습니다. 앞에서 작업한 메인 페이지에서 세 영역을 그대로 복사해 오면 작업 시간을 훨씬 단축시킬 수 있습니다.

그런 다음 현재 위치와 경로를 보여주는 영역이 있는 서브 헤더 영역과 서브 페이지의 실제 내용이 담길 콘텐츠 영역을 추가할 것입니다.

▶ 아래 소스는 각각의 파일마다 행 번호가 다르기 때문에 행 번호를 생략합니다.

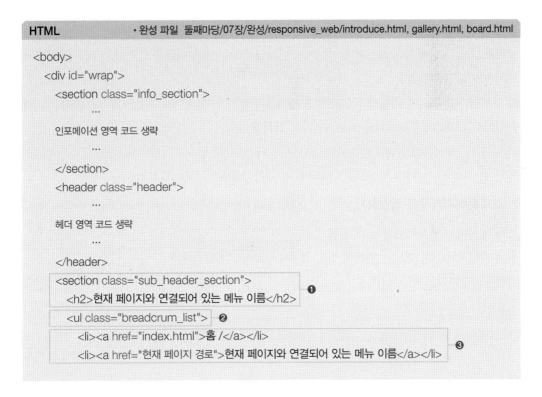

```
HTML                  · 완성 파일  둘째마당/07장/완성/responsive_web/introduce.html, gallery.html, board.html
<body>
   <div id="wrap">
      <section class="info_section">
         ...
      인포메이션 영역 코드 생략
         ...
      </section>
      <header class="header">
         ...
      헤더 영역 코드 생략
         ...
      </header>
      <section class="sub_header_section">                              ❶
         <h2>현재 페이지와 연결되어 있는 메뉴 이름</h2>
         <ul class="breadcrum_list">    ❷
            <li><a href="index.html">홈 /</a></li>                       ❸
            <li><a href="현재 페이지 경로">현재 페이지와 연결되어 있는 메뉴 이름</a></li>
```

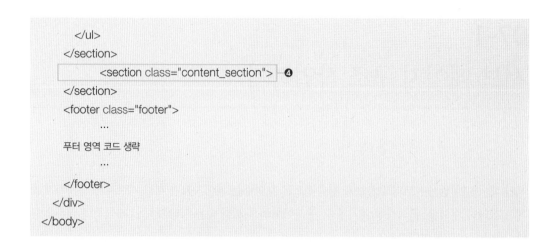

```
        </ul>
    </section>
        <section class="content_section">  ④
    </section>
    <footer class="footer">
        ...
    푸터 영역 코드 생략
        ...
    </footer>
  </div>
</body>
```

❶ 현재 위치와 경로 영역이 들어 있는 서브 헤더 영역을 만들기 위해 영역을 구분해 줄 〈section〉 태그를 작성하고, 클래스명을 sub_header_section이라고 입력합니다.

그리고 서브 헤더 영역에 현재 위치를 보여줄 제목 태그인 〈h2〉 태그를 작성하고, 〈h2〉, 〈/h2〉 태그 사이에 현재 페이지와 연결되어 있는 메뉴 이름을 입력합니다.

❷ 경로를 보여줄 영역을 만들기 위해 목록을 구성하기 위한 〈ul〉 태그를 작성하고, 목록 태그인 〈li〉 태그와 링크 태그인 〈a〉 태그를 이용해서 경로 목록 영역을 구성합니다.

경로 목록 영역에 클래스명을 breadcrum_list라고 입력합니다.

❸ 첫 번째 목록에는 홈/이라고 입력하고, 링크를 index.html 파일로 연결합니다.

그리고 나서 두 번째 목록에는 현재 페이지와 연결되어 있는 메뉴 이름을 입력하고, 링크를 현재 페이지 경로로 입력합니다.

❹ 서브 페이지의 실제 내용이 되는 콘텐츠 영역을 만들기 위해 영역을 구분하는 〈section〉 태그를 작성하고, 클래스명을 content_section이라고 입력합니다.

2. 소개 페이지의 구조 작업하기

• 완성 파일 둘째마당/07장/완성/responsive_web/introduce.html

소개 페이지는 웹사이트의 소개 글을 싣는 페이지입니다. 코드는 콘텐츠 영역에 작성합니다.

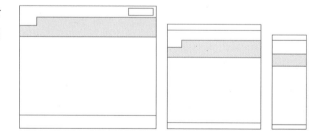

소개 페이지의 구조는 세 영역으로 나눠지므로 content_section이라는 클래스명의 〈section〉 태그 안에 세 개의 〈div〉 태그를 작성하고 각각 클래스명을 content_row_1, content_row_2, content_row_3이라고 입력합니다(482행, 487행, 504행).

```html
450: <body>
451:   <div id="wrap">
...    ...
481:     <section class="content_section">
482:       <div class="content_row_1">
483:             <img src="images/s_images/introduce_01.png" alt="">
484:             <h3>플랫 디자인</h3>                                      ❶
485:             <p>...텍스트 생략...</p>
486:       </div>
487:       <div class="content_row_2">
488:         <article>
489:             <img src="images/s_images/introduce_02.png" alt="">
490:             <h4>텍스트를 이용하는 방법</h4>
491:             <p>...텍스트 생략...</p>
492:         </article>
493:         <article>
494:             <img src="images/s_images/introduce_03.png" alt="">
495:             <h4>그림을 이용하는 방법</h4>                               ❷
496:             <p>...텍스트 생략...</p>
497:         </article>
498:         <article>
499:             <img src="images/s_images/introduce_04.png" alt="">
500:             <h4>아이콘을 이용하는 방법</h4>
501:             <p>...텍스트 생략...</p>
502:         </article>
503:       </div>
504:       <div class="content_row_3">
505:             <h4>플랫 디자인의 미래</h4>
506:             <div class="para">
507:                 <p>...텍스트 생략...</p>                              ❸
508:                 <p>...텍스트 생략...</p>
509:             </div>
510:       </div>
511:     </section>
...    ...
515:   </div>
516: </body>
```

❶ 이미지를 표현하기 위해 〈img〉 태그를 작성하고, 제목 태그인 〈h3〉 태그와 문단을 입력하기 위한 〈p〉 태그를 작성합니다.

❷ 문서의 조각을 의미하는 〈article〉 태그 세 개를 작성하고, 각각의 〈article〉 태그 안에 〈img〉 태그, 〈h4〉 태그, 〈a〉 태그를 작성합니다.

❸ 제목 영역을 만들 〈h4〉 태그와 문단 영역을 별도로 만들 〈div〉 태그를 작성합니다. 그리고 문단 영역에는 클래스명을 para라고 입력하고 문단 영역 안쪽에는 문단을 입력할 〈p〉 태그 두 개를 작성합니다.

3. 갤러리 페이지의 구조 작업하기   • 완성 파일 둘째마당/07장/완성/responsive_web/gallery.html

갤러리 페이지는 그림들을 보여주기 위한 페이지로, 코드는 콘텐츠 영역에 작성합니다. 갤러리 페이지의 구조 작업은 내용이 많으므로 나누어 작업합니다.

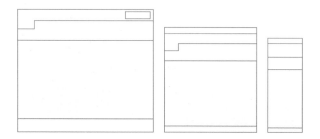

먼저 갤러리 페이지는 세 영역으로 나눠지므로 content_section이라는 클래스명의 〈section〉 태그 안에 세 개의 〈div〉 태그를 작성하고, 각각 클래스명을 content_row_1, content_row_2, content_row_3이라고 입력합니다.

```
HTML
517: <body>
518:   <div id="wrap">
 ...      ...
548:       <section class="content_section">
549:         <div class="content_row_1">                                      ❶
550:           <ul class="gallery_list">
551:             <li><a href=""><img src="images/p_images/sub_gallery_01.jpg" alt=""></a></li>
552:             <li><a href=""><img src="images/p_images/sub_gallery_02.jpg" alt=""></a></li>
553:             <li><a href=""><img src="images/p_images/sub_gallery_03.jpg" alt=""></a></li>
554:             <li><a href=""><img src="images/p_images/sub_gallery_04.jpg" alt=""></a></li>
555:             <li><a href=""><img src="images/p_images/sub_gallery_05.jpg" alt=""></a></li>
556:             <li><a href=""><img src="images/p_images/sub_gallery_06.jpg" alt=""></a></li>
557:             <li><a href=""><img src="images/p_images/sub_gallery_07.jpg" alt=""></a></li>
558:             <li><a href=""><img src="images/p_images/sub_gallery_08.jpg" alt=""></a></li>
559:             <li><a href=""><img src="images/p_images/sub_gallery_09.jpg" alt=""></a></li>
560:             <li><a href=""><img src="images/p_images/sub_gallery_10.jpg" alt=""></a></li>
561:             <li><a href=""><img src="images/p_images/sub_gallery_11.jpg" alt=""></a></li>
562:             <li><a href=""><img src="images/p_images/sub_gallery_12.jpg" alt=""></a></li>
563:           </ul>
564:         </div>
 ...      ...
599:   </div>
600: </body>
```

❶ 이미지 목록을 만들기 위해 목록을 구성하기 위한 〈ul〉 태그를 작성합니다. 그리고 목록 태그인 〈li〉 태그와 링크 태그인 〈a〉 태그 그리고 이미지를 표현하기 위한 〈img〉 태그를 이용해서 목록을 구성합니다.

갤러리 페이지 구조 작업의 코드는 설명할 내용이 많으므로 뒤에 이어서 작성합니다.

검색창, 글쓰기 버튼 영역을 만들기 위해 〈div〉 태그 두 개를 작성하고, 각각 클래스명을 search_box와 write_box라고 입력합니다(566행, 584행).

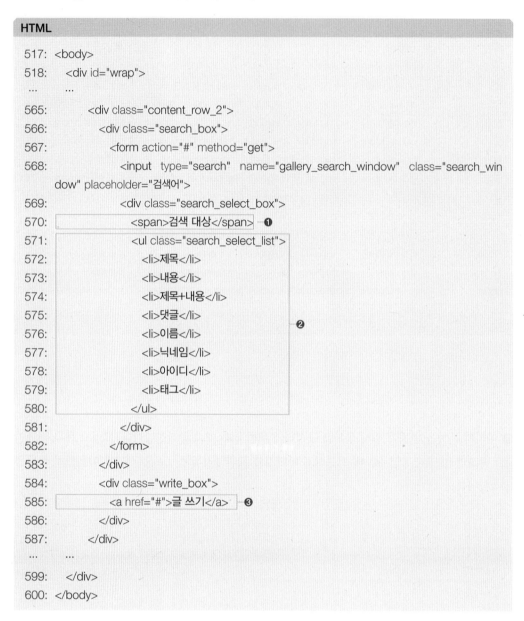

```html
517: <body>
518:   <div id="wrap">
  ...      ...
565:       <div class="content_row_2">
566:         <div class="search_box">
567:           <form action="#" method="get">
568:             <input  type="search"  name="gallery_search_window"  class="search_win
      dow" placeholder="검색어">
569:             <div class="search_select_box">
570:               <span>검색 대상</span>        ❶
571:               <ul class="search_select_list">
572:                 <li>제목</li>
573:                 <li>내용</li>
574:                 <li>제목+내용</li>
575:                 <li>댓글</li>                          ❷
576:                 <li>이름</li>
577:                 <li>닉네임</li>
578:                 <li>아이디</li>
579:                 <li>태그</li>
580:               </ul>
581:             </div>
582:           </form>
583:         </div>
584:         <div class="write_box">
585:           <a href="#">글 쓰기</a>         ❸
586:         </div>
587:       </div>
  ...      ...
599:   </div>
600: </body>
```

❶ 검색 대상 영역의 초기 출력 글자 영역을 만들기 위해 〈span〉 태그를 작성합니다.

❷ 검색 대상 목록 영역을 만들기 위해 목록을 구성할 〈ul〉 태그를 작성하고, 목록 태그인 〈li〉 태그를 이용해서 목록을 구성합니다.

❸ 글쓰기 버튼을 만들기 위해 〈a〉 태그를 작성합니다.

571행 검색 대상 목록 영역인 〈ul〉 태그에는 클래스명을 search_select_list라고 입력합니다.

567~583행 검색창을 만들기 위해 〈form〉 태그와 〈input〉 태그를 작성합니다. 그리고 검색 대상 목록을 만들 〈div〉 태그를 작성하고 클래스명을 search_select_box라고 입력합니다.

```
HTML
517: <body>
518:   <div id="wrap">
 ...     ...
588:       <div class="content_row_3">
589:         <span class="list_prev_btn">갤러리 이전 버튼</span>
590:         <a href="#">1</a>
591:         <a href="#">2</a>                                        ❶
592:         <a href="#">3</a>
593:         <span class="list_next_btn">갤러리 다음 버튼</span>
594:       </div>
595:     </section>
 ...     ...
599:   </div>
600: </body>
```

❶ 페이지 이전, 다음 버튼과 페이지 링크 영역을 만들기 위해 〈span〉 태그와 〈a〉 태그를 작성합니다.

589행, 593행 〈span〉 태그에는 클래스명을 각각 list_prev_btn, list_next_btn이라고 입력합니다.

4. 게시판 페이지의 구조 작업하기

• 완성 파일 둘째마당/07장/완성/responsive_web/board.html

게시판 페이지는 웹사이트를 사용하는 사용자가 문의사항이 있을 때 글을 작성하기 위한 페이지로, 코드는 콘텐츠 영역에 작성합니다. 게시판 페이지의 구조 작업은 내용이 많으므로 나누어서 작업합니다.

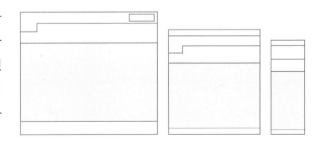

콘텐츠 영역 중 두 번째 영역과 세 번째 영역은 갤러리 페이지와 같으니 갤러리 페이지의 코드를 그대로 복사해 오면 됩니다. 그리고 두 번째 영역과 세 번째 영역에 대한 설명은 갤러리 영역을 참조하세요.

먼저 첫 번째 영역을 만들기 위해 〈div〉 태그를 작성하고, 클래스명은 content_row_1이라고 입력합니다.

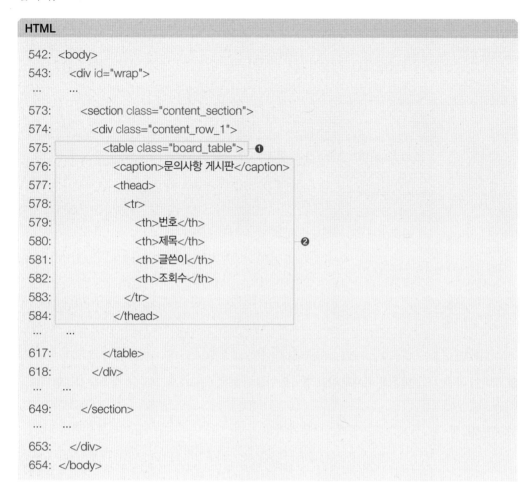

```
542: <body>
543:   <div id="wrap">
...    ...
573:     <section class="content_section">
574:       <div class="content_row_1">
575:         <table class="board_table">  ❶
576:           <caption>문의사항 게시판</caption>
577:           <thead>
578:             <tr>
579:               <th>번호</th>
580:               <th>제목</th>          ❷
581:               <th>글쓴이</th>
582:               <th>조회수</th>
583:             </tr>
584:           </thead>
...    ...
617:         </table>
618:       </div>
...    ...
649:     </section>
...    ...
653:   </div>
654: </body>
```

❶ 게시판 영역을 만들기 위해 표를 구성하기 위한 〈table〉 태그를 작성하고, 클래스명을 board_table이라고 입력합니다.

❷ 표를 설명하기 위한 〈caption〉 태그를 작성하고, 표의 제목 영역을 만들기 위해 표의 머리를 뜻하는 〈thead〉 태그와 〈tr〉 태그, 〈th〉 태그를 이용해서 표의 머리 영역을 구성합니다.

게시판 페이지 구조 작업의 코드는 설명할 내용이 많으므로 뒤에 이어서 작성합니다.

```
542:  <body>
543:    <div id="wrap">
 ...    ...
573:        <section class="content_section">
574:          <div class="content_row_1">
575:            <table class="board_table">
 ...    ...
585:              <tbody>
586:                <tr>
587:                  <td>5</td>
588:                  <td><a href="">저는 누굴까요?</a></td>
589:                  <td>FLAT DESIGN</td>
590:                  <td>22</td>
591:                </tr>
592:                <tr>
593:                  <td>4</td>
594:                  <td><a href="">BLOG에서 다양한 정보를 만나보세요</a></td>
595:                  <td>FLAT DESIGN</td>
596:                  <td>32</td>
597:                </tr>
598:                <tr>
599:                  <td>3</td>
600:                  <td><a href="">FLAT DESIGN은 원색을 강조합니다.</a></td>
601:                  <td>FLAT DESIGN</td>
602:                  <td>67</td>
603:                </tr>
604:                <tr>
605:                  <td>2</td>
606:                  <td><a href="">홈페이지 리뉴얼 소식</a></td>
607:                  <td>FLAT DESIGN</td>
608:                  <td>96</td>
609:                </tr>
610:                <tr>
611:                  <td>1</td>
612:                  <td><a href="">안녕하세요 홈페이지를 오픈했습니다.</a></td>
613:                  <td>FLAT DESIGN</td>
614:                  <td>123</td>
615:                </tr>
616:              </tbody>
```

❶

```
617:          </table>
618:        </div>
619:        <div class="content_row_2">
620:          두 번째 영역 코드 생략
 ...      ...
641:        </div>
642:        <div class="content_row_3">
643:          세 번째 영역 코드 생략
 ...      ...
648:        </div>
649:      </section>
 ...      ...
653:    </div>
654:  </body>
```

❶ 표의 실제 내용이 되는 부분을 만들기 위해 표의 몸통을 의미하는 〈tbody〉 태그를 작성하고, 〈tr〉 태그 다섯 개와 안쪽에 〈td〉 태그 네 개를 작성하여 표의 실제 내용이 되는 부분을 구성합니다.

588행, 594행, 600행, 606행, 612행 〈td〉 태그 중 두 번째 〈td〉 태그는 링크 영역이 필요하므로 링크 태그인 〈a〉 태그를 작성합니다.

이렇게 해서 서브 페이지의 구조 작업이 완료되었습니다. 이제 본격적으로 서브 페이지의 반응형 웹 작업을 진행해 보겠습니다.

07-2
서브 페이지 반응형 웹 작업하기

1. 기본 스타일 작성하기

이번에는 서브 페이지에 공통적으로 적용될 기본 스타일을 작성합니다. 기본 스타일은 인포메이션 영역과 헤더 영역 그리고 푸터 영역의 (앞에서 작업한) 메인 페이지와 같습니다. 따라서 세 영역의 스타일 코드를 복사해 온 다음 서브 페이지의 서브 헤더 영역과 콘텐츠 영역의 스타일을 작성하면 됩니다.

▶ 세 영역은 메인 페이지의 코드와 같기 때문에 자세한 설명은 생략합니다.

원래 서브 페이지의 스타일 작업을 진행하면서 작성해야 하지만 동시에 하다 보면 헷갈릴 수 있으니 미리 작성하는 것이 좋습니다. 단, 푸터 영역의 order 속성값은 변경해야 하므로 주의하세요!

먼저 모바일용 CSS부터 작성합니다.

▶ 아래 소스는 각각의 파일마다 행 번호가 다르기 때문에 행 번호를 생략합니다.

CSS • 완성 파일 둘째마당/07장/완성/responsive_web/introduce.html, gallery.html, board.html

```
<style>
/* 모바일용 CSS */
/* 서브 헤더 영역 CSS */
.sub_header_section{
    order:3;
    padding:48px 0;
    padding:3.000rem 0;          ❶
    text-align:center;
    background:#219af7;
}

.sub_header_section h2{
    margin-bottom:12px;
    margin-bottom:0.750rem;
    font-size:1.313em;           ❷
    font-size:1.313rem;
    color:#fff;
}
```

```
.breadcrum_list li{
display:inline;
font-size:0.813em;
font-size:0.813rem;          ❸
font-weight:bold;
}

/* 콘텐츠 영역 CSS */
.content_section{
order:4;
padding:20px;
padding:1.250rem;            ❹
background:#fff;
}

/* 푸터 영역 CSS */
.footer{
order:5;   ❺
}
```

❶ 모바일 환경에서는 서브 헤더 영역이 세 번째로 배치되어 있으므로 order 속성의 값을 3으로 설정합니다.

그리고 서브 헤더 영역의 구조를 보면 위/아래 간격이 48px이므로 패딩값을 48px/3.000rem으로 설정하고, 글자를 중앙으로 정렬합니다. 그리고 배경색과 글자색을 설정합니다.

❷ 서브 헤더 영역을 보면 현재 위치를 보여주기 위한 영역인 〈h2〉 태그에는 아래쪽에 12px의 간격이 있습니다. 그러므로 아래쪽 마진값을 12px/0.750rem으로 설정하고, 글자 크기를 1.313em/1.313rem으로 설정합니다.

❸ 경로 목록 영역의 목록에는 display 속성의 값을 inline으로 설정하고, 글자 크기를 0.813em/0.813rem으로 설정합니다. 그리고 글자 굵기를 진하게로 설정합니다.

❹ 모바일 환경에서 콘텐츠 영역을 보면 콘텐츠 영역이 네 번째로 배치되어 있으므로 order 속성의 값을 4로 설정합니다. 그리고 위/아래, 왼쪽/오른쪽에 20px의 간격이 있으므로 패딩값을 20px/1.250rem으로 설정합니다. 그리고 배경색을 설정합니다.

❺ 복사해 온 푸터 영역의 코드에서 order 속성의 값만 5로 변경합니다.

이어서 태블릿용 CSS를 작성합니다.

```
CSS

<style>
/* 태블릿용 CSS */
@media all and (min-width:768px){
/* 콘텐츠 영역 CSS */
.content_section{
padding:40px;
padding:2.500rem;     ❶
}
}
</style>
```

❶ 태블릿 환경에서는 콘텐츠 영역에 40px만큼의 패딩값이 적용되어야 하므로 패딩값을 40px/ 2.500rem으로 설정합니다.

이어서 PC용 CSS를 작성합니다.

```
CSS

<style>
/* PC용 CSS */
@media all and (min-width:960px){
/* 서브 헤더 영역 CSS */
.sub_header_section{
order:2;     ❶
}

/* 콘텐츠 영역 CSS */
.content_section{
order:3;
padding:60px;     ❷
padding:3.750rem;
}

/* 푸터 영역 CSS */
.footer{
order:4;     ❸
}
}
</style>
```

❶ PC 환경에서는 서브 헤더 영역이 두 번째로 배치되어 있으므로 order 속성의 값을 2로 설정합니다.

❷ PC 환경에서는 콘텐츠 영역이 세 번째로 배치되어 있으므로 order 속성의 값을 3으로 설정합니다. PC 환경에서는 콘텐츠 영역이 60px의 패딩값이 적용되어야 하므로 패딩값을 60px/3.750rem으로 설정합니다.

❸ 복사해 온 푸터 영역의 코드 중에서 order 속성의 값만 4로 변경합니다.

2. 소개 페이지의 반응형 웹 작업하기

먼저 모바일용 CSS 코드부터 작성합니다. 코드는 콘텐츠 영역 뒤에 바로 이어서 작성합니다. 소개 페이지는 코드의 양이 많으므로 나누어 작업합니다.

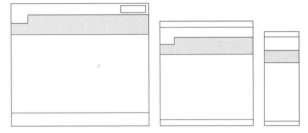

CSS	• 완성 파일 둘째마당/07장/완성/responsive_web/introduce.html

```
12:   <style>
13:   /* 모바일용 CSS */
...   ...
143:  /* 콘텐츠 영역 CSS */
...   ...
151:  .content_section > div{
152:    margin-top:60px;                    ❶
153:    margin-top:3.750rem;
154:  }
155:
156:  .content_section > div:first-child{
157:    margin-top:0;      ❷
158:  }
159:
160:  .content_row_1{
161:    text-align:center;    ❸
162:  }
163:
164:  .content_row_1 img{
165:    max-width:100%;    ❹
```

```
166: }
167:
168: .content_row_1 h3{
169: margin:26px 0 14px 0;
170: margin:1.625rem 0 0.875rem 0;
171: font-size:1.626em;                    ❺
172: font-size:1.626rem;
173: color:#333;
174: }
175:
176: .content_row_1 p{
177: font-size:0.938em;
178: font-size:0.938rem;
179: line-height:26px;                      ❻
180: line-height:1.625rem;
181: color:#444;
182: }
...       ...
448: </style>
```

❶ 소개 페이지의 모바일 환경에서는 콘텐츠 영역마다 위쪽 간격이 60px인 것을 알 수 있으므로 위쪽 마진값을 60px/3.750rem으로 설정합니다.

❷ 첫 번째 영역은 위쪽 마진값이 필요 없으므로 위쪽 마진값을 0으로 설정합니다.

❸ 글자를 중앙으로 정렬합니다.

❹ 첫 번째 영역의 이미지들을 가변적인 이미지로 작동하게 만들기 위해 최대 너빗값을 100%로 설정합니다.

❺ 첫 번째 영역의 제목 영역인 ⟨h3⟩ 태그에는 위/아래 간격이 각각 26px, 14px이므로 위쪽 마진값을 26px/1.625rem, 아래쪽 마진값을 14px/0.875rem으로 설정합니다. 그리고 글자 크기는 1.626em/1.626rem으로 설정하고 글자색을 설정합니다.

❻ 첫 번째 영역의 문단 영역인 ⟨p⟩ 태그에는 글자 크기를 0.938em/0.938rem으로 설정하고, 글자 행간을 26px/1.625rem으로 설정합니다. 그리고 글자색을 설정합니다.

소개 페이지의 모바일용 CSS 코드는 내용이 많으므로 뒤에 이어서 작성합니다.

```
CSS

12:    <style>
13:    /* 모바일용 CSS */
...        ...
143:   /* 콘텐츠 영역 CSS */
...        ...
184:   .content_row_2 > article{
185:     margin-top:40px;
186:     margin-top:2.500rem;        ❶
187:     text-align:center;
188:   }
189:
190:   .content_row_2 > article:first-child{
191:     margin-top:0;               ❷
192:   }
193:
194:   .content_row_2 img{
195:     max-width:100%;             ❸
196:   }
197:
198:   .content_row_2 h4{
199:     margin:26px 0 14px 0;
200:     margin:1.625rem 0 0.875rem 0;
201:     font-size:1.188em;          ❹
202:     font-size:1.188rem;
203:     color:#333;
204:   }
205:
206:   .content_row_2 p{
207:     font-size:0.813em;
208:     font-size:0.813rem;
209:     line-height:21px;           ❺
210:     line-height:1.313rem;
211:     color:#444;
212:   }
...        ...
448:   </style>
```

❶ 모바일 환경에서 소개 페이지의 두 번째 영역을 보면 문서의 조각을 의미하는 〈article〉 태그마다 위쪽에 40px의 간격이 있습니다. 위쪽 마진값을 40px/2.500rem으로 설정하고, 글자를 중앙으로 정렬합니다.

❷ 첫 번째 〈article〉 태그는 위쪽 마진값이 필요 없으므로 마진값을 0으로 설정합니다.

❸ 두 번째 영역의 이미지를 가변적인 이미지로 작동하게 만들기 위해 최대 너빗값을 100%로 설정합니다.

❹ 두 번째 영역의 제목 영역인 〈h4〉 태그에는 위/아래 간격이 26px, 14px이므로 위쪽 마진값을 26px/1.625rem으로, 아래쪽 마진값을 14px/0.875rem으로 설정합니다. 그리고 글자 크기는 1.188em/1.188rem으로 설정하고, 글자색을 설정합니다.

❺ 두 번째 영역의 문단 영역인 〈p〉 태그에는 글자 크기를 0.813em/0.813rem, 글자 행간을 21px/1.313rem으로 설정합니다. 그리고 글자색을 설정합니다.

소개 페이지의 모바일용 CSS 코드는 내용이 많으므로 뒤에 이어서 작성합니다.

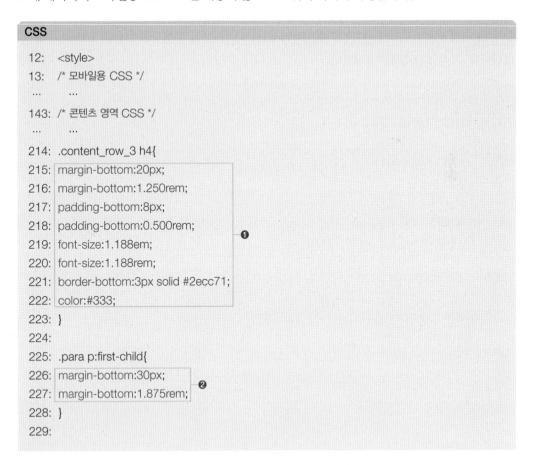

```
CSS
12:   <style>
13:   /* 모바일용 CSS */
...      ...
143:  /* 콘텐츠 영역 CSS */
...      ...
214:  .content_row_3 h4{
215:    margin-bottom:20px;
216:    margin-bottom:1.250rem;
217:    padding-bottom:8px;
218:    padding-bottom:0.500rem;
219:    font-size:1.188em;                    ❶
220:    font-size:1.188rem;
221:    border-bottom:3px solid #2ecc71;
222:    color:#333;
223:  }
224:
225:  .para p:first-child{
226:    margin-bottom:30px;
227:    margin-bottom:1.875rem;               ❷
228:  }
229:
```

```
230:   .para p{
231:   font-size:0.813em;
232:   font-size:0.813rem;
233:   line-height:21px;            ❸
234:   line-height:1.313rem;
235:   color:#444;
236:   }
  ...    ...
448:   </style>
```

❶ 모바일 환경에서 소개 페이지의 세 번째 영역을 보면 제목 영역인 〈h4〉 태그에 아래쪽 간격(마진)
이 20px, 아래쪽 두께(패딩)가 8px이므로 아래쪽 마진값을 20px/1.250rem, 아래쪽 패딩값을
8px/0.500rem으로 설정합니다. 그리고 글자 크기를 1.188em/1.188rem으로 설정하고, 아래쪽 선
값과 글자색을 설정합니다.

❷ 세 번째 영역의 문단을 입력하기 위한 〈p〉 태그 중 첫 번째 〈p〉 태그에 아래쪽 간격이 30px이므
로 아래쪽 마진값을 30px/1.875rem으로 설정합니다.

❸ 문단 영역인 〈p〉 태그에 글자 크기를 0.813em/0.813rem, 글자 행간을 21px/1.313rem으로 설
정합니다. 그리고 글자색을 설정합니다.

이어서 태블릿용 CSS를 작성합니다.

CSS
```
12:    <style>
  ...    ...
257:   /* 태블릿용 CSS */
258:   @media all and (min-width:768px){
  ...    ...
305:   /* 콘텐츠 영역 CSS */
  ...    ...
311:   .content_section > div{
312:   margin-top:120px;            ❶
313:   margin-top:7.500rem;
314:   }
  ...    ...
321:   }
  ...    ...
448:   </style>
```

❶ 태블릿 환경에서 소개 페이지의 콘텐츠 영역들을 보면 위쪽 간격이 120px로 바뀐 걸 알 수 있습니다. 그러므로 위쪽 마진값을 120px/7.500rem으로 변경합니다.

이번에는 PC용 CSS를 작성합니다.

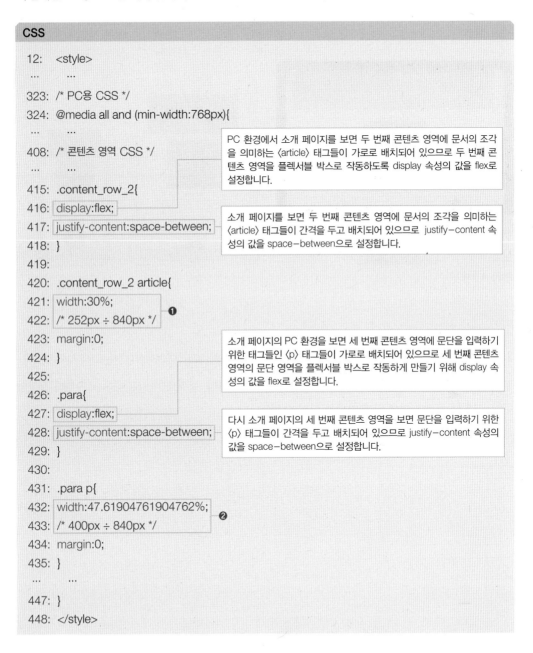

CSS

```
 12:   <style>
 ...      ...
323:   /* PC용 CSS */
324:   @media all and (min-width:768px){
 ...
408:   /* 콘텐츠 영역 CSS */
 ...
415:   .content_row_2{
416:   display:flex;
417:   justify-content:space-between;
418:   }
419:
420:   .content_row_2 article{
421:   width:30%;
422:   /* 252px ÷ 840px */         ❶
423:   margin:0;
424:   }
425:
426:   .para{
427:   display:flex;
428:   justify-content:space-between;
429:   }
430:
431:   .para p{
432:   width:47.61904761904762%;
433:   /* 400px ÷ 840px */          ❷
434:   margin:0;
435:   }
 ...      ...
447:   }
448:   </style>
```

PC 환경에서 소개 페이지를 보면 두 번째 콘텐츠 영역에 문서의 조각을 의미하는 〈article〉 태그들이 가로로 배치되어 있으므로 두 번째 콘텐츠 영역을 플렉서블 박스로 작동하도록 display 속성의 값을 flex로 설정합니다.

소개 페이지를 보면 두 번째 콘텐츠 영역에 문서의 조각을 의미하는 〈article〉 태그들이 간격을 두고 배치되어 있으므로 justify-content 속성의 값을 space-between으로 설정합니다.

소개 페이지의 PC 환경을 보면 세 번째 콘텐츠 영역에 문단을 입력하기 위한 태그들인 〈p〉 태그들이 가로로 배치되어 있으므로 세 번째 콘텐츠 영역의 문단 영역을 플렉서블 박스로 작동하게 만들기 위해 display 속성의 값을 flex로 설정합니다.

다시 소개 페이지의 세 번째 콘텐츠 영역을 보면 문단을 입력하기 위한 〈p〉 태그들이 간격을 두고 배치되어 있으므로 justify-content 속성의 값을 space-between으로 설정합니다.

❶ ⟨article⟩ 태그의 너빗값이 252px이므로 가변 그리드 공식을 이용해서 얻은 값인 30%를 너빗값으로 설정합니다.

❷ 세 번째 콘텐츠 영역을 보면 문단을 입력하기 위한 ⟨p⟩ 태그의 너빗값이 400px이므로 가변 그리드 공식을 이용해서 얻은 값인 47.61…%를 너빗값으로 설정합니다.

423행, 434행 앞에서 모바일용 CSS에서 설정한 마진값은 더 이상 필요 없으므로 마진값을 0으로 설정합니다.

완성된 소개 페이지

3. 갤러리 페이지의 반응형 웹 작업하기 • 완성 파일 둘째마당/07장/완성/responsive_web/gallery.html

갤러리 페이지 역시 코드의 양이 많으므로 나누어 설명합니다. 먼저 모바일용 CSS 코드부터 작성합니다. 코드는 콘텐츠 영역 뒤에 바로 이어서 작성합니다.

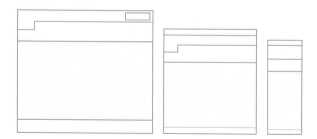

```
12:    <style>
13:    /* 모바일용 CSS */
...    ...
143:   /* 콘텐츠 영역 CSS */
...    ...
151:   .gallery_list img{
152:   width:100%;
153:   max-width:100%;
154:   border-radius:5px;                 ❶
155:   transition:all 0.4s;
156:   -webkit-filter:grayscale(1);
157:   filter:grayscale(1);
158:   }
159:
160:   .gallery_list img:hover{
161:   -webkit-filter:grayscale(0);       ❷
162:   filter:grayscale(0);
163:   }
164:
165:   .gallery_list li{
166:   margin-top:20px;                   ❸
167:   margin-top:1.250rem;
168:   }
169:
170:   .gallery_list li:first-child{
171:   margin-top:0;   ❹
172:   }
...    ...
515:   </style>
```

❶ 갤러리 목록 영역의 이미지를 가변적으로 작동하게 만들기 위해 너빗값과 최대 너빗값을 100%로 설정합니다. 그리고 둥근 모서리와 변화 속성, 필터 속성도 설정합니다.

❷ 이미지에 마우스를 올렸을 때 필터 속성값을 제거하기 위해 가상 선택자인 hover를 사용해서 이미지를 선택합니다. 그리고 필터 속성값을 0으로 설정합니다.

❸ 모바일 환경에서 첫 번째 콘텐츠 영역의 갤러리 목록 영역을 보면 목록 위쪽 간격이 20px이므로 위쪽 마진값을 20px/1.250rem으로 설정합니다.

❹ 갤러리 목록 영역의 첫 번째 목록에는 마진값이 필요 없으므로 마진값을 0으로 설정합니다.

필터(filter) 속성은 우리가 차를 마실 때 티백을 이용해 다양한 차를 우려내어 마시듯이 필터 속성 또한 속성값에 따라 다른 결과물을 보여주는 역할을 합니다. 필터 속성의 자세한 설명은 다음 표를 참고하세요.

속성명	속성값	적용 요소
filter	blur(정수＋단위), brightness(정수＋[퍼센트 단위]) saturate(정수＋[퍼센트 단위]) grayscale(정수＋[퍼센트 단위]) contrast(정수＋[퍼센트 단위]) sepia(정수＋[퍼센트 단위]) invert(정수＋[퍼센트 단위]) opacity(정수＋[퍼센트 단위]) hue-rotate(정수＋[각도(deg) 단위])	모든 대상

이어서 모바일용 CSS를 작성합니다.

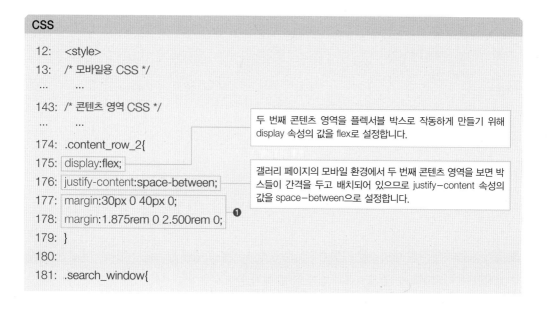

CSS

```
12:   <style>
13:     /* 모바일용 CSS */
...       ...
143:    /* 콘텐츠 영역 CSS */
...       ...
174:    .content_row_2{
175:      display:flex;
176:      justify-content:space-between;
177:      margin:30px 0 40px 0;
178:      margin:1.875rem 0 2.500rem 0;       ❶
179:    }
180:
181:    .search_window{
```

두 번째 콘텐츠 영역을 플렉서블 박스로 작동하게 만들기 위해 display 속성의 값을 flex로 설정합니다.

갤러리 페이지의 모바일 환경에서 두 번째 콘텐츠 영역을 보면 박스들이 간격을 두고 배치되어 있으므로 justify-content 속성의 값을 space-between으로 설정합니다.

```
182:  width:118px;
183:  width:7.375rem;
184:  height:28px;
185:  height:1.750rem;
186:  font-size:0.688em;
187:  font-size:0.688rem;              ❷
188:  line-height:28px;
189:  line-height:1.750rem;
190:  text-indent:10px;
191:  text-indent:0.625rem;
192: }
193:
194: .search_select_box{
195:  display:none;      ❸
196: }
197:
198: .write_box a{
199:  display:block;
200:  width:70px;
201:  width:4.375rem;
202:  height:30px;
203:  height:1.875rem;
204:  font-size:0.813em;
205:  font-size:0.813rem;              ❹
206:  line-height:30px;
207:  line-height:1.875rem;
208:  text-align:center;
209:  color:#fff;
210:  background:#e65d5d;
211: }
 ...      ...
515: </style>
```

❶ 다시 두 번째 콘텐츠 영역을 보면 위쪽 간격이 30px, 아래쪽 간격이 40px이므로 위쪽 마진값과 아래쪽 마진값을 각각 30px/1.875rem, 40px/2.500rem으로 설정합니다.

❷ 갤러리 페이지의 모바일 환경에서 두 번째 콘텐츠 영역을 보면 검색창 영역의 너빗값과 높잇값이 각각 118px, 28px인 것을 확인할 수 있으므로 너빗값과 높잇값을 각각 118px/7.35rem, 28px/1.750rem 으로 설정합니다.

글자 크기는 0.688em/0.688rem, 글자 행간은 28px/1.750rem으로 설정합니다. 그리고 글자 들여쓰기 값은 10px/0.625rem으로 설정합니다.

❸ 다시 두 번째 콘텐츠 영역을 보면 검색 대상 영역이 보이지 않는 구조이므로 검색 대상 영역을 감추기 위해 display 속성의 값을 none으로 설정합니다.

❹ 글쓰기 버튼 영역의 링크 영역인 〈a〉 태그는 display 속성의 값을 block으로 설정하고, 너빗값과 높잇값을 각각 70px/4.375rem, 30px/1.875rem으로 설정합니다.

글자 크기와 글자 행간은 각각 0.813em/0.813rem, 30px/1.875rem으로 설정합니다. 그리고 글자를 중앙으로 정렬하고, 글자색과 배경색을 설정합니다.

갤러리 페이지의 모바일용 CSS 코드는 설명할 내용이 많으므로 뒤에 이어서 작성합니다.

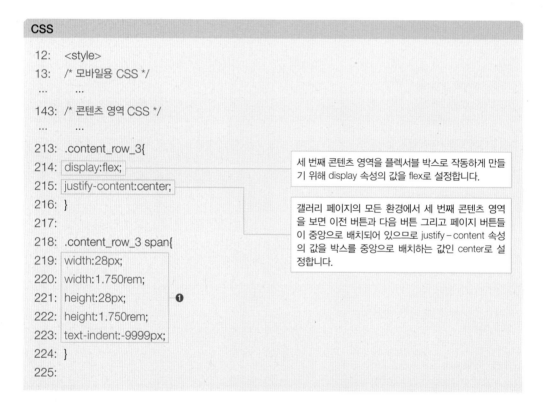

CSS

```
12:    <style>
13:    /* 모바일용 CSS */
...     ...
143:   /* 콘텐츠 영역 CSS */
...     ...
213:   .content_row_3{
214:   display:flex;
215:   justify-content:center;
216:   }
217:
218:   .content_row_3 span{
219:   width:28px;
220:   width:1.750rem;
221:   height:28px;          ❶
222:   height:1.750rem;
223:   text-indent:-9999px;
224:   }
225:
```

세 번째 콘텐츠 영역을 플렉서블 박스로 작동하게 만들기 위해 display 속성의 값을 flex로 설정합니다.

갤러리 페이지의 모든 환경에서 세 번째 콘텐츠 영역을 보면 이전 버튼과 다음 버튼 그리고 페이지 버튼들이 중앙으로 배치되어 있으므로 justify-content 속성의 값을 박스를 중앙으로 배치하는 값인 center로 설정합니다.

❶ 세 번째 콘텐츠 영역에서 이전 버튼과 다음 버튼을 보면 너빗값과 높잇값이 각각 28px이므로 너빗값과 높잇값을 각각 28px/1.750rem으로 설정하고, 글자 들여쓰기는 -9999px로 설정합니다.

```
226:  .content_row_3 span.list_prev_btn{
227:  margin-right:10px;
228:  margin-right:0.625rem;
229:  background:#2ecc71 url(images/s_images/list_prev_btn.png) center center no-repeat;
230:  }
231:
232:  .content_row_3 span.list_next_btn{
233:  margin-left:10px;
234:  margin-left:0.625rem;
235:  background:#2ecc71 url(images/s_images/list_next_btn.png) center center no-repeat;
236:  }
237:
238:  .content_row_3 a{
239:  width:26px;
240:  width:1.625rem;
241:  font-size:0.813em;
242:  font-size:0.813rem;
243:  line-height:26px;
244:  line-height:1.625rem;                    ❷
245:  text-align:center;
246:  border:1px solid #219af7;
247:  color:#219af7;
248:  transition:all 0.2s;
249:  }
240:
251:  .content_row_3 a:nth-of-type(2){
252:  margin:0 6px;
253:  margin:0 0.375rem;                       ❸
254:  }
255:
256:  .content_row_3 a:hover{
257:  color:#fff;
258:  background:#219af7;                       ❹
259:  }
...      ...
515:  </style>
```

> 다시 이전 버튼과 다음 버튼을 보면 이전 버튼은 오른쪽 간격이 10px, 다음 버튼은 왼쪽 간격이 10px인 것을 알 수 있으므로 이전 버튼에는 오른쪽 마진값을 10px/0.625rem으로, 다음 버튼에는 왼쪽 마진값을 10px/0.625rem으로 설정하고, 각각 배경색과 배경 이미지를 설정합니다.

❷ 세 번째 콘텐츠 영역에서 페이지 버튼을 보면 너빗값이 26px이므로 페이지 버튼의 너빗값을 26px/1.625rem으로 설정하고, 글자 크기와 글자 행간은 각각 0.813em/0.813rem, 26px/1.625rem 으로 설정합니다. 그리고 글자를 중앙으로 정렬하고 선값과 글자색 변화 속성을 설정합니다.

❸ 세 번째 콘텐츠 영역의 페이지 버튼 중 두 번째 페이지 버튼을 보면 왼쪽과 오른쪽에 간격이 6px 있으므로 페이지 버튼 중 두 번째 버튼만 선택하여 왼쪽과 오른쪽 마진값을 6px/0.375rem으로 설정합니다.

❹ 페이지 버튼에 마우스를 올렸을 때 글자색과 배경색을 변경하기 위해 가상 선택자인 hover를 이용해 페이지 버튼을 선택하여 글자색과 배경색을 설정합니다.

이어서 태블릿용 CSS를 작성합니다.

```
CSS
 12:   <style>
 ...      ...
280:   /* 태블릿용 CSS */
281:   @media all and (min-width:768px){
 ...      ...
328:   /* 콘텐츠 영역 CSS */
 ...      ...
334:   .gallery_list{
335:   display:flex;
336:   flex-wrap:wrap;                    ❶
337:   justify-content:space-between;
338:   }
339:
340:   .gallery_list li{
341:   width:48.54651162790698%;
342:   /* 334px ÷ 688px */
343:   }
344:
345:   .gallery_list li:nth-child(2){
346:   margin-top:0;    ❷
347:   }
 ...      ...
399:   }
 ...      ...
515:   </style>
```

갤러리 목록 영역의 목록을 보면 너빗값이 334px이므로 가변 그리드 공식을 이용해서 얻은 값인 48.54...%를 너빗값으로 설정합니다.

❶ 갤러리 목록을 플렉서블 박스로 작동하게 만들기 위해 display 속성의 값을 flex로 설정합니다. 갤러리 페이지의 태블릿 환경에서 갤러리 목록을 보면 목록들이 여러 줄의 간격을 두고 배치되어 있으므로 flex-wrap 속성의 값은 박스를 여러 줄로 배치하는 값인 wrap으로 설정하고, 주축 방향으로 박스를 배치하는 justify-content 속성의 값은 박스를 분포하여 배치하는 값인 space-between으로 설정합니다.

❷ 갤러리 목록 영역의 목록 중에서 두 번째 목록은 위쪽 마진값이 필요 없으므로 위쪽 마진값을 0으로 설정합니다.

갤러리 페이지의 태블릿용 CSS 코드는 설명할 내용이 많으므로 뒤에 이어서 작성합니다.

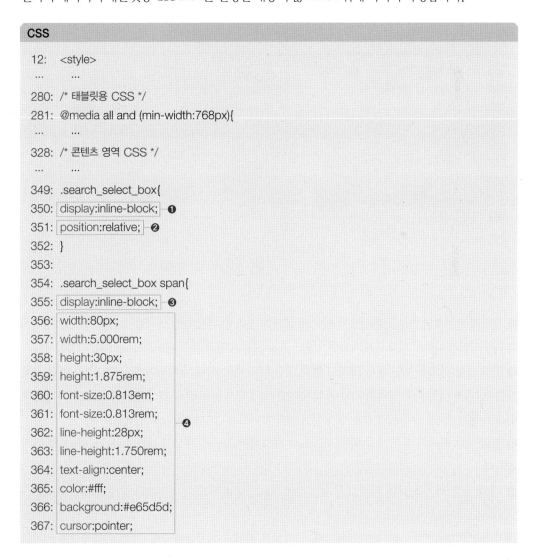

```
CSS
12:    <style>
...    ...
280:   /* 태블릿용 CSS */
281:   @media all and (min-width:768px){
...    ...
328:   /* 콘텐츠 영역 CSS */
...    ...
349:   .search_select_box{
350:       display:inline-block;    ❶
351:       position:relative;    ❷
352:   }
353:
354:   .search_select_box span{
355:       display:inline-block;    ❸
356:       width:80px;
357:       width:5.000rem;
358:       height:30px;
359:       height:1.875rem;
360:       font-size:0.813em;
361:       font-size:0.813rem;
362:       line-height:28px;          ❹
363:       line-height:1.750rem;
364:       text-align:center;
365:       color:#fff;
366:       background:#e65d5d;
367:       cursor:pointer;
```

```
368:  }
369:
370:  .search_select_list{
371:  display:none;
372:  position:absolute;
373:  top:105%;          ─❺
374:  left:0;
375:  width:100%;
376:  }
377:
378:  .search_select_list li{
379:  padding:6px 0;
380:  padding:0.375rem 0;
381:  font-size:0.750em;
382:  font-size:0.750rem;
383:  text-indent:10px;       ─❻
384:  text-indent:0.625rem;
385:  color:#fff;
386:  background:#e65d5d;
387:  cursor:pointer;
388:  }
389:
390:  .search_select_box:hover .search_select_list{
391:  display:block;   ─❼
392:  }
  ...      ...
515:  </style>
```

❶ 갤러리 페이지의 태블릿 환경에서 세 번째 콘텐츠 영역 중 검색 대상 영역을 보면 검색 대상 영역이 검색창 영역과 나란히 가로로 배치되어 있으므로 display 속성의 값을 inline-block으로 설정합니다.

❷ 검색 대상 영역을 보면 목록 영역이 검색 대상 영역 바로 아래 배치되어 있는 걸 알 수 있습니다. 따라서, 검색 대상 목록 영역의 기준이 될 위치를 설정하기 위해 검색 대상 영역에 요소의 위치를 설정하기 위한 position 속성의 값을 상대적인 위치로 만드는 값인 relative로 설정합니다.

❸ 검색 대상 영역의 검색 대상 버튼인 〈span〉 태그에는 display 속성의 값을 inline-block으로 설정합니다.

❹ 검색 대상 버튼을 보면 너빗값과 높잇값이 80px, 30px이므로 너빗값과 높잇값을 각각 80px/5.000rem, 30px/1.875rem으로 설정합니다.

글자 행간은 28px/1.750rem으로 설정하고, 글자를 중앙으로 정렬합니다. 그리고 글자색과 배경색을 설정합니다.

마우스 커서의 상태를 설정하기 위한 cursor 속성의 값은 pointer로 설정합니다.

❺ 포토샵 시안 파일에서는 확인할 수 없지만 실제로는 검색 대상 목록 영역을 검색 대상 버튼에 마우스를 올렸을 때만 보이게 하기 위해 검색 대상 목록 영역에 display 속성의 값을 none 으로 설정합니다. 그리고 요소의 위치를 설정하기 위해 position 속성의 값을 absolute로 설정하여 절대적인 위치로 만들고 위쪽과 왼쪽 위치는 각각 105%, 0으로 설정합니다. 그리고 너빗값을 100%로 설정합니다.

❻ 검색 대상 목록 영역의 목록을 보면 위/아래 패딩값이 6px이므로 위/아래 패딩값을 6px/0.375rem으로 설정합니다.

글자 크기를 0.750em/0.750rem으로 설정하고, 글자 들여쓰기는 10px/0.625rem으로 설정합니다. 그리고 글자색과 배경색을 설정하고, 마우스 커서의 상태를 설정하기 위한 cursor 속성의 값을 pointer로 설정합니다.

❼ 검색 대상 목록 영역을 검색 대상 버튼에 마우스를 올렸을 때만 보이게 하기 위해 가상 선택자인 hover를 이용해 검색 대상 버튼을 선택하고, display 속성의 값을 block으로 설정합니다.

이번에는 PC용 CSS를 작성합니다.

```
CSS
12:    <style>
 ...      ...
401:   /* PC용 CSS */
402:   @media all and (min-width:960px){
 ...      ...
486:   /* 콘텐츠 영역 CSS */
 ...      ...
493:   .gallery_list li{
494:     width:23.928571142857143%;
495:     /* 201px ÷ 840px */
496:     margin-top:12px;
497:     margin-top:0.750rem;          ❶
498:   }
499:
500:   .gallery_list li:nth-child(3), .gallery_list li:nth-child(4){
501:     margin-top:0;          ❷
502:   }
 ...      ...
514:   }
515:   </style>
```

> 갤러리 페이지의 PC 환경에서 갤러리 목록 영역의 목록을 보면 너빗값이 201px이므로 가변 그리드 공식을 이용해서 얻은 값인 23.92...%를 너빗값으로 설정합니다.

❶ 갤러리 목록 영역을 보면 목록들의 위쪽 간격이 12px로 변경되었으므로 위쪽 마진값을 12px/0.750rem으로 설정합니다.

❷ 목록 중 세 번째와 네 번째는 위쪽 마진값이 필요 없으므로 마진값을 0으로 설정합니다.

완성된 갤러리 페이지 모습

4. 게시판 페이지의 반응형 웹 작업하기

이제 게시판 페이지의 반응형 웹 작업을 진행해 보겠습니다.

먼저 모바일용 CSS 코드부터 작성합니다. 게시판 페이지의 콘텐츠 영역 중두 번째 영역과 세 번째 영역의 코드는 앞에서 작업한 갤러리 페이지의 코드와 동일하므로 갤러리 페이지의 코드를 복사해 옵니다.

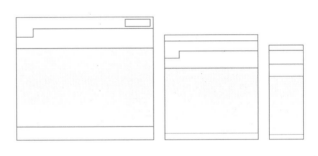

CSS   • 완성 파일 둘째마당/07장/완성/responsive_web/board.html

```
12:    <style>
13:    /* 모바일용 CSS */
...        ...
143:   /* 콘텐츠 영역 CSS */
...        ...
151:   .board_table{
152:   width:100%;  ❶
```

```css
153:  }
154:
155:  .board_table caption{
156:    position:absolute;
157:    top:-9999px;
158:    left:-9999px;
159:    width:1px;                    ❷
160:    height:1px;
161:    overflow:hidden;
162:    visibility:hidden;
163:  }
164:
165:  .board_table thead, .board_table tbody{
166:    font-size:0.813em;
167:    font-size:0.813rem;           ❸
168:    text-align:center;
169:    font-weight:bold;
170:  }
171:
172:  .board_table thead{
173:    color:#fff;                   ❹
174:    background:#2c3e50;
175:  }
176:
177:  .board_table tbody, .board_table tbody a{
178:    color:#333;    ❺
179:  }
180:
181:  .board_table tbody tr:nth-child(odd){
182:    background:#f6f6f6;   ❻
183:  }
184:
185:  .board_table thead tr th{
186:    padding:18px 0;               ❼
187:    padding:1.125rem 0;
188:  }
189:
190:  .board_table tbody tr td{
191:    padding:22px 0;               ❽
192:    padding:1.375rem 0;
```

```
193:  }
194:
195:  .board_table thead tr th:first-child, .board_table thead tr th:nth-child(3), .board_table thead
       tr th:nth-child(4),
196:  .board_table tbody tr td:first-child, .board_table tbody tr td:nth-child(3), .board_table tbody
       tr td:nth-child(4){
197:  display:none;  ❾
198:  }
 ...      ...
540:  </style>
```

❶ 표의 너빗값을 100%로 설정합니다.

❷ 게시판 페이지의 모바일 환경에서 표 영역을 보면 표를 설명하기 위한 〈caption〉 태그는 안 보이는 구조로 되어 있으므로 요소의 위치를 설정하기 위한 position 속성의 값을 절대적인 위치로 만드는 값인 absolute로 설정합니다.

위쪽과 왼쪽 위치를 각각 −9999px로 설정합니다. 그리고 너빗값과 높잇값을 각각 1px로 설정하고, overflow와 visibility 속성도 설정합니다.

❸ 표의 제목 영역인 머리를 뜻하는 〈thead〉 태그와 표의 실제 내용이 되는 부분인 몸통을 뜻하는 〈tbody〉 태그에 글자 크기를 0.813em/0.813rem으로 설정하고, 글자를 중앙으로 정렬합니다. 그리고 글자 굵기를 진하게로 설정합니다.

❹ 표의 제목 영역인 머리를 뜻하는 〈thead〉 태그에 글자색과 배경색을 설정합니다.

❺ 표의 실제 내용이 되는 부분인 몸통을 뜻하는 〈tbody〉 태그와 링크 태그인 〈a〉 태그에 글자색을 설정합니다.

❻ 모바일 환경에서 표의 실제 내용을 구성하고 있는 영역을 보면 표의 목록 중 홀수 번째에 위치한 목록에만 배경색이 다르게 설정되어 있으므로 표의 목록 중 홀수 번째만 선택하여 배경색을 다르게 설정합니다.

❼ 표의 구조를 보면 표의 머리를 뜻하는 영역의 목록에 위/아래 간격이 18px이므로 위/아래 패딩값을 18px/1.125rem으로 설정합니다.

❽ 다시 표의 구조를 보면 표의 몸통을 뜻하는 영역의 목록에 위/아래 간격이 22px이므로 위/아래 패딩값을 22px/1.375rem으로 설정합니다.

❾ 게시판 페이지의 모바일 환경을 보면 표의 머리 영역과 표의 몸통 영역의 목록 중 첫 번째, 세 번째, 네 번째는 안 보이는 구조로 되어 있으므로 첫 번째, 세 번째, 네 번째를 안 보이게 만들기 위해 display 속성의 값을 none으로 설정합니다.

이어서 태블릿용 CSS를 작성합니다.

게시판 페이지의 태블릿 환경에서 표의 구조를 보면 첫 번째, 세 번째, 네 번째 표의 목록들이 보이는 구조로 되어 있는 걸 알 수 있습니다. 그래서 모바일용 CSS에서 표의 머리 영역과 표의 몸통 영역의 목록 중 첫 번째, 세 번째, 네 번째 목록이 안 보이게 되어 있는 것을 보이게 만들어 줘야 합니다.

```
CSS
 12:   <style>
 ...      ...
306:   /* 태블릿용 CSS */
307:   @media all and (min-width:768px){
 ...      ...
354:   /* 콘텐츠 영역 CSS */
 ...      ...
360:   .board_table thead tr th:first-child, .board_table thead tr th:nth-child(3), .board_table thead
       tr th:nth-child(4),
361:   .board_table tbody tr td:first-child, .board_table tbody tr td:nth-child(3), .board_table tbody
       tr td:nth-child(4){
362:   display:table-cell;     ❶
363:   }
364:
365:   .board_table thead tr th:first-child{
366:   width:10%;
367:   }
368:
369:   .board_table thead tr th:nth-child(2){
370:   width:65%;
371:   }
372:                                          ❷
373:   .board_table thead tr th:nth-child(3){
374:   width:15%;
375:   }
376:
377:   .board_table thead tr th:nth-child(4){
378:   width:10%;
379:   }
380:
381:   .board_table tbody tr td:nth-child(2){
382:   text-align:left;     ❸
```

```
383:    }
  ...      ...
435:    }
  ...      ...
540:  </style>
```

❶ 모바일용 CSS에서 표의 머리 영역과 표의 몸통 영역의 목록 중 첫 번째, 세 번째, 네 번째 목록이 안 보이게 만든 것을 display 속성의 값을 block으로 설정하여 목록들이 보이게 만듭니다.

❷ 표의 머리 영역의 목록 중 첫 번째는 10%, 두 번째는 65%, 세 번째는 15%, 네 번째는 10%로 너빗 값을 설정합니다.

❸ 표의 몸통 영역의 목록 중 두 번째 목록만 선택하여 글자를 왼쪽으로 정렬합니다.

게시판 페이지의 반응형 웹 작업을 끝으로, 서브 페이지와 반응형 웹사이트가 완성되었습니다. 다음 장에서는 완성된 웹사이트를 정리하며 마무리 작업을 진행해 보겠습니다.

완성된 게시판 페이지 모습

마무리 작업하기

시작이 있으면 끝도 있듯이 지금까지는 웹사이트를 제작하는 과정을 진행해 봤으니 이제는 마무리 작업을 진행해 보겠습니다. 지금까지 작업한 각 페이지의 스타일 코드를 CSS 파일로 분리하고 자바스크립트를 이용해서 메뉴 영역을 보이게 하거나 감추는 작업으로 반응형 웹사이트 제작을 마무리하겠습니다.

08-1 CSS 파일로 분리하기

08-2 자바스크립트 이용해 메뉴 영역 작업하기

토글 버튼을 누르기 전

토글 버튼을 누른 후

08-1
CSS 파일로 분리하기

웹사이트 제작을 마치고 나면 항상 작업한 스타일 코드를 CSS 파일로 분리하여 연결해 줘야 합니다.

스타일 코드를 CSS 파일로 분리하기

1. 먼저 편집기를 실행하여 새로운 문서 네 개를 생성합니다.

2. 그리고 메인 페이지인 index.html과 서브 페이지인 introduce.html, gallery.html, board.html 파일을 편집기에서 실행하여 새로 생성한 네 개의 문서에 각각의 스타일 코드를 잘라내어 붙여넣습니다.

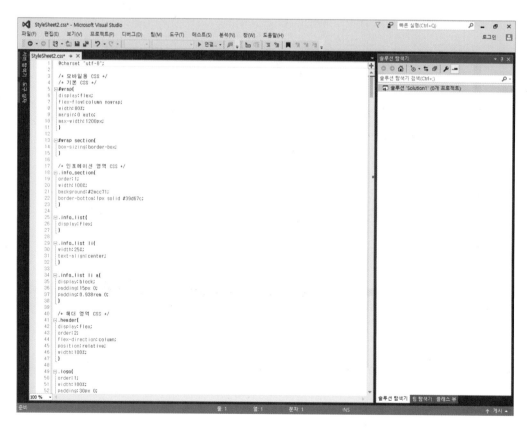

3. 붙여넣기 한 각각의 문서 이름을 메인 페이지는 default.css, 소개 페이지, 갤러리 페이지, 게시판 페이지는 각각 introduce.css, gallery.css, board.css라는 이름으로 지정해 미리 준비해 둔 CSS 폴더에 저장합니다.

4. 이제 index.html, introduce.html, gallery.html, board.html 파일을 편집기에서 열어 앞에서 스타일 코드를 CSS 파일과 연결해야 합니다.

메인 페이지에는 default.css 파일을, 소개 페이지, 갤러리 페이지, 게시판 페이지에는 각각 introduce.css, gallery.css, board.css 파일을 연결합니다. 코드는 다음과 같습니다.

• 둘째마당/08장/완성/responsive_web_final/index.html

```
03:    <head>
...        ...
08:    <link rel="stylesheet" type="text/css" href="css/default.css">
...        ...
13:    </head>
```

• 둘째마당/08장/완성/responsive_web_final/introduce.html

```
03:    <head>
...        ...
08:    <link rel="stylesheet" type="text/css" href="css/introduce.css">
...        ...
13:    </head>
```

• 둘째마당/08장/완성/responsive_web_final/gallery.html

```
03:    <head>
...        ...
08:    <link rel="stylesheet" type="text/css" href="css/gallery.css">
...        ...
13:    </head>
```

```
03:   <head>
 ...     ...
08:   <link rel="stylesheet" type="text/css" href="css/board.css">
 ...     ...
13:   </head>
```

5. 모든 페이지에 CSS 파일을 연결한 다음 웹 브라우저에서 HTML 파일을 실행해 보면 일부 영역들이 보이지 않는 것을 확인할 수 있습니다.

일부 영역이 보이지 않는 모습

이런 문제가 발생한 이유는 별도의 CSS 파일로 분리할 때 스타일 코드 내에서 작성한 경로가 맞지 않기 때문입니다. 이 문제를 해결하려면 각각의 CSS 파일을 실행하여 다음처럼 경로를 바꿔줘야 합니다.

공통적으로 변경할 스타일 코드

• 둘째마당/08장/완성/responsive_web_final/css/default.css, introduce.css, gallery.css, board.css

```
40:   /* 헤더 영역 CSS */
...       ...
90:   .gnb li span{
...       ...
93:   background:url(../images/s_images/sub_menu_toggle_btn.png) center center no-repeat;
...       ...
95:   }
...       ...
97:   .menu_toggle_btn{
...       ...
109:  background:url(../images/s_images/menu_toggle_btn.png) no-repeat;
...       ...
111:  }
```

메인 페이지 CSS 파일

• 둘째마당/08장/완성/responsive_web_final/css/default.css

```
03:   /* 모바일용 CSS */
...       ...
113:  /* 슬라이더 영역 CSS */
114:  .slider_section{
...       ...
122:  background:url(../images/p_images/slider_01.jpg) center center no-repeat;
123:  }
124:
125:  .slider_section span{
...       ...
131:  background:url(../images/s_images/slider_arrow.png) no-repeat;
133:  }
...       ...
147:  /* 최근 글 영역, 인기 글 영역 CSS */
...       ...
176:  .latest_post_list li, .popular_post_list li{
...       ...
183:  background:url(../images/s_images/post_circle_icon.png) left center no-repeat;
184:  }
```

갤러리 페이지, 게시판 페이지 CSS 파일

• 둘째마당/08장/완성/responsive_web_final/css/gallery.css, board.css

```
/* 모바일용 CSS */
   ...
/* 콘텐츠 영역 CSS */
   ...
.content_col_3 span.list_prev_btn{
background:#2ecc71 url(../images/s_images/list_prev_btn.png) center center no-repeat;
}


.content_col_3 span.list_next_btn{
background:#2ecc71 url(../images/s_images/list_next_btn.png) center center no-repeat;
}
```

▶ 위 소스에서는 각각의 파일마다 행 번호가 다르기 때문에 행 번호를 생략했습니다.

스타일 코드 경로를 변경하기 전

스타일 코드 경로를 변경한 후

08-2
자바스크립트 이용해 메뉴 영역 작업하기

지금까지 작업한 반응형 웹사이트를 웹 브라우저에서 실행한 후 브라우저의 크기를 줄여 보세요. 모바일 환경과 태블릿 환경에서는 메뉴 영역이 감춰져 있다가 토글 버튼을 눌렀을 때만 메뉴 영역이 보이는 구조로 되어 있어야 하는데, 우리가 제작한 웹사이트에서는 메뉴 영역이 그대로 출력되거나 다른 요소들을 가려버립니다.

그럼 토글 버튼을 누를 때마다 메뉴를 보이거나 감추게 하려면 어떠한 작업을 해야 할까요? 바로 자바스크립트라는 언어를 이용해서 토글 버튼을 누를 때마다 나타나거나 감춰지는 작업을 해야 합니다.

자바스크립트 언어는 프로그래밍 언어이므로 이해하기가 쉽지 않을 수 있습니다. 우리가 앞에서 기본 구조 작업 시에 연결해 둔 제이쿼리 파일을 떠올려 보세요. 이 제이쿼리 파일을 연결해 둔 상태로 자바스크립트 언어를 사용하면 자바스크립트를 잘 모르는 사람이라도 간단하게 자바스크립트 프로그래밍 언어를 사용할 수 있습니다. 사실 제이쿼리 파일 자체가 자바스크립트 언어로 만든 것이기 때문에 웹사이트에서 자주 사용하는 기능이나 기타 기능들을 자바스크립트 언어로 만들어서 묶어 놓은 하나의 자바스크립트 언어 덩어리라고 보면 됩니다.

여기서는 자바스크립트를 이용해서 메뉴 영역을 작업해 보겠습니다. 아주 짧고 쉬운 코드이니 이번 기회에 자바스크립트 언어를 배워 두는 것도 좋을 것입니다.

메뉴가 나타나거나 감춰지는 토글 버튼 만들기

1. 먼저 각각의 페이지에 연결되어 있는 CSS 파일을 편집기에서 불러와 다음 스타일 코드를 추가합니다.

• 둘째마당/08장/완성/responsive_web_final/css/default.css, introduce.css, gallery.css, board.css

```
03:    /* 모바일용 CSS */
...        ...
40:    /* 헤더 영역 CSS */
...        ...
69:    .gnb{
70:    display:none;
71:    }
```

2. 그리고 편집기에서 새로운 문서를 생성하고 다음 코드를 입력한 후 미리 준비해 둔 js 폴더에 flat. min.js라는 파일명으로 저장합니다.

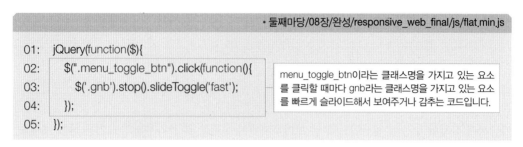

• 둘째마당/08장/완성/responsive_web_final/js/flat.min.js

```
01:    jQuery(function($){
02:        $(".menu_toggle_btn").click(function(){
03:            $('.gnb').stop().slideToggle('fast');
04:        });
05:    });
```

menu_toggle_btn이라는 클래스명을 가지고 있는 요소를 클릭할 때마다 gnb라는 클래스명을 가지고 있는 요소를 빠르게 슬라이드해서 보여주거나 감추는 코드입니다.

3. 이제 편집기에서 각각의 페이지 파일인 HTML 파일을 불러와 제이쿼리 파일 밑에 미리 작성한 flat.min.js 파일을 다음처럼 연결합니다.

• 둘째마당/08장/완성/responsive_web_final/index.html, introduce.html, gallery.html, board.html

```
03:    <head>
...        ...
11:    <script src="js/jquery.min.js"></script>
12:    <script src="js/flat.min.js"></script>
13:    </head>
```

4. 이제 웹 브라우저에서 웹사이트를 실행하여 브라우저의 크기를 줄인 후 메뉴 토글 버튼을 눌러보세요. 메뉴 영역이 보이거나 감춰지는 모습을 확인할 수 있습니다.

토글 버튼을 누르기 전

토글 버튼을 누른 후

기존의 속성으로
반응형 웹사이트 만들기
- 가변 그리드, 미디어 쿼리, 뷰포트

셋째마당에서는 신기술이 아닌, 기존의 속성들을 이용하여 반응형 웹사이트를 만드는 방법에 대해 알아보겠습니다. 이 과정을 마치고 나면 플렉서블 박스 속성을 이용한 반응형 웹사이트뿐만 아니라 어떠한 종류의 홈페이지라도 반응형 웹사이트로 만들 수 있을 것입니다.

반응형 웹사이트 준비 작업하기

둘째마당에서도 알아보았지만 반응형 웹사이트를 제작하기 전에 세 가지 준비 단계를 거쳐야 합니다. 먼저 웹사이트 구조를 파악하고 파일 및 폴더 정리, 그리고 웹사이트 기본 틀을 잡습니다. 준비 작업은 기본이지만 절대 무시할 수 없는 웹사이트 제작 과정 중 하나입니다.

09-1 웹사이트 구조 다지기

09-1
웹사이트 구조 다지기

1단계 : 웹사이트 구조 살펴보기

셋째마당에서는 기존의 속성(HTML, CSS, 가변 그리드, 미디어 쿼리, 뷰포트)들을 사용하여 반응형 웹사이트 만들기를 진행하겠습니다.

둘째마당에서 설명했듯이 웹사이트를 제작하기 전에 가장 먼저 할 일은 웹사이트의 구조를 확인하는 것입니다. 반응형 웹은 환경에 따라 구조가 변하기 때문에 실제 웹사이트를 제작하기 전에 반드시 구조를 살펴보아야 합니다.

앞 장에서 플렉서블 박스를 이용하여 반응형 웹사이트를 제작해 보았다면 이번 장에서는 기존의 속성들을 이용하여 반응형 웹사이트를 제작해 보겠습니다.

우선 이번 장에서 제작해 볼 웹사이트의 구조를 살펴보겠습니다.

▶ 이번 장에서 제작해 볼 반응형 웹사이트의 포토샵 원본 파일은 셋째마당/psd 폴더에 있습니다.

PC 화면의 구조

태블릿 화면의 구조

모바일 화면의 구조

큰 영역으로 보았을 때 모든 환경에서 작은 영역들이 세로로 배치되어 있고 각각의 영역에서 세부적으로 구조가 나누어져 있습니다.

❶ 헤더 영역은 로고와 메뉴가 배치되어 있습니다. 모바일 환경에서는 토글 버튼을 출력하고 스크립트를 이용하여 토글 버튼을 클릭할 경우, 메뉴에 애니메이션 효과를 줄 것입니다.

❷ 슬라이더 영역은 이미지가 표현되는 영역입니다.

❸ 디스플레이 영역 또는 전광판 영역이라고 불리는 영역은 타이틀과 내용이 있으며 PC 환경에서는 가로로 배치되어 있습니다. 모바일과 태블릿 환경에서는 세로로 배치됩니다. 해당 영역은 뜻 그대로 전광판과 같은 역할을 합니다.

❹ 프로모션 영역은 아이콘과 타이틀 그리고 간단한 내용이 존재합니다. PC 환경과 태블릿 환경에서는 가로로 배치되어 있으며 모바일 환경에서는 세로로 배치됩니다. 프로모션이라는 뜻 그대로 광고를 위한 영역이며 흥미를 끌기 위해 아이콘 등을 배치하여 클릭을 유도합니다.

❺ 최근 작업 영역은 최근에 작업한 작업물을 보여주기 위한 영역입니다. 그러므로 최대한 잘 보이도록 큰 이미지들을 사용하고 가로의 전체 사이즈를 모두 사용하고 있습니다. PC 환경과 태블릿 환경에서는 최근 작업 영역의 목록을 가로로 배치되고 있으며 모바일 환경에서는 세로로 배치되고 있습니다.

❻ 최근 글 영역은 최근에 작성한 글들을 보여주는 영역입니다. 타이틀과 최근 글들이 PC 환경에서는 가로로 배치되고 있고, 태블릿 환경에서는 세로로 배치되지만 최근 글의 목록들을 가로로 배치되고 있습니다. 모바일 환경에서는 세로로 배치됩니다.

❼ 연락처 영역은 웹사이트의 관리자에게 연락하기 위한 영역입니다. PC 환경에서는 가로로 배치되고 태블릿 환경에서는 세로로 배치되지만, 폼 영역은 가로로 배치되고 있습니다. 모바일 환경에서는 세로로 배치됩니다.

❽ 마지막으로 푸터 영역은 웹사이트의 관리자 또는 회사의 주소를 알기 위한 지도가 존재합니다. 최하단에는 로고가 배치되어 있습니다.

2단계 : 폴더와 기본 파일 구성하기

웹사이트를 제작하기 전에는 기본 폴더 구성과 HTML 파일, 그림 파일, 자바스크립트 파일, 웹폰트 파일 등을 미리 준비해 놓고 제작하면 편리합니다. 그러므로 기본 폴더와 기본 파일을 구성해 보겠습니다.

1. 기본 폴더 만들기

적당한 위치에 폴더를 하나 만들고 그 폴더 안에 네 개의 폴더를 만듭니다. 폴더 이름을 각각 css, images, js라고 입력한 후 저장합니다.

2. images 폴더 안에 세 개의 폴더가 필요합니다 s-images, p-images, favicon이라고 입력한 후 저장합니다.

3. 기본 파일 구성하기

편집기를 실행한 후 HTML 파일을 만듭니다. 파일 이름은 index.html라고 입력한 후 저장합니다.

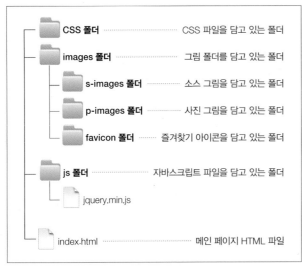

반응형 웹 기본 구성 폴더

> ◐ webfont, js, images, 폴더에는 별도의 소스 파일이 있어 직접 구성하기 힘드니 내려받은 예제 파일에서 복사해 와야 합니다. 예제 파일은 셋째마당/09장/완성/반응형 웹 기본 구성 폴더에 있습니다. 기본 폴더 구성은 둘째마당에서도 진행해 보았으므로 자세한 내용은 생략합니다.

3단계 : 기본 구조와 기본 스타일 작업하기

이번에는 기본 구조와 기본 스타일 작업을 진행해 보겠습니다. 여기서 기본 구조란 HTML 문서를 만드는 작업을 말합니다. 기본 스타일 작업은 브라우저에 기본적으로 설정되어 있는 CSS 속성값들을 초기화하는 작업, 그리고 미디어 쿼리를 작성하는 작업과 반응형 웹사이트 제작을 위한 기본 스타일 작업을 말합니다.

1. 기본 구조 작업하기

먼저 HTML 문서의 기본 틀을 만드는 기본 구조 작업을 합니다. 앞에서 준비해 둔 index.html 파일을 여세요.

- **완성 파일** 셋째마당/09장/완성/responsive_web_normal/index.html

편집기에서 다음과 같이 작성합니다.

HTML

```
01:  <!DOCTYPE HTML>
02:  <html lang="ko">
03:  <head>
04:  <meta charset="UTF-8">
05:  <meta name="viewport" content="width=device-width, initial-scale=1, minimum-
     scale=1, maximum-scale=1, user-scalable=no">
06:  <title>INDIGO</title>
07:  <link rel="stylesheet" type="text/css" href="css/reset.css">
08:  <link rel="stylesheet" type="text/css" href="">
09:  <link rel="shortcut icon" href="images/favicon/favicon.ico">
10:  <link rel="apple-touch-icon-precomposed" href="images/favicon/indigo-touch-icon.png">
11:  <script src="js/jquery.min.js"></script>
12:  <style>
...      ...
74:  </style>
75:  </head>
76:  <body>
77:      <div id="wrap">
78:
79:      </div>
80:  </body>
81:  </html>
```

2. CSS 초기화 작업하기   • 완성 파일 셋째마당/09장/완성/responsive_web_normal/css/reset.css

다음은 브라우저마다 설정되어 있는 CSS 속성값들을 초기화하는 작업입니다. 브라우저마다 CSS 속성값이 설정되어 있어 우리가 설정한 스타일이 정상적으로 적용되지 않을 수도 있으므로 웹사이트를 제작하기 전에 반드시 CSS 초기화 작업을 해줘야 합니다.

먼저 편집기를 실행해 새로운 문서를 생성한 후 다음처럼 CSS 초기화 코드를 작성합니다.

CSS

```
01:  @charset UFT-8;          웹폰트를 사용하기 위해 import 속성을 이용해 웹폰트를 추가합니다.
02:
03:  /* 웹폰트 CSS */
04:  @import url('https://fonts.googleapis.com/css?family=Montserrat|PT+Serif');
05:
06:  /* CSS 초기화 */
07:  html, body, div, span, object, iframe, h1, h2, h3, h4, h5, h6, p, blockquote, pre, abbr, ad
     dress, cite, code, del, dfn, em, img, ins, kbd, q, samp, small, strong, sub, sup, var, b, i,
```

```
     dl, dt, dd, ol, ul, li, fieldset, form, label, legend, table, caption, tbody, tfoot, thead, tr, th, td,
     article, aside, canvas, details, figcaption, figure, footer, header, hgroup, menu, nav, section,
     summary, time, mark, audio, video{
08:  margin:0;
09:  padding:0;
10:  border:0;
11:  outline:0;
12:  font-size:100%;
13:  vertical-align:baseline;
14:  background:transparent;          모든 태그를 기본값으로 초기화합니다.
15:  }
16:
17:  body{
18:  font-family:'Montserrat',DroidSans,AppleSDGothicNeo,Sans-serif,Helvetica;
19:  line-height:1;                   〈body〉 태그에 폰트 속성과 배경 속성
20:  }                                그리고 글자 행간 속성을 설정합니다.
21:
22:  article,aside,details,figcaption,figure, footer,header,hgroup,menu,nav,section{
23:  display:block;
24:  }
25:              HTML5 태그들이 정상적으로 작동하도록 display 속성의 값을 block으로 설정합니다.
26:  nav ul, li{
27:  list-style:none;            〈ul〉 태그와 〈li〉 태그의 목록 스타일을 초기화합니다.
28:  }
29:
30:  a{
31:  margin:0;
32:  padding:0;
33:  font-size:100%;
34:  vertical-align:baseline;        〈a〉 태그를 기본값으로 초기화합니다.
35:  background:transparent;
36:  text-decoration:none;
37:  }
38:
39:  img{
40:  vertical-align:top;        〈img〉 태그의 간격을 없애기 위해 vertical-align 속성값을 top으로 설정합니다.
41:  }
42:
43:  hr{
44:  display:block;
45:  height:2px;
46:  border:0;
47:  margin:0;
48:  padding:0;             〈hr〉 태그를 기본값으로 초기화합니다.
49:  }
```

```
50:
51:    input, textarea{
52:        width:100%;
53:        margin:0;
54:        padding:0;
55:        border:0;
56:        border-bottom:1px solid #757575;
57:        color:#3f51b5;
58:        font-family:'Montserrat';
59:        font-size:12px;
60:        vertical-align:top;
61:        border-radius:0;
62:        box-sizing:content-box;
63:        appearance:none;                    〈input〉 태그와 〈textarea〉 태그를 기본값으로 초기화합니다.
64:    }
65:
66:    ::-moz-input-placeholder, ::-moz-textarea-placeholder{
67:        color:#3f51b5;
68:    }
69:
70:    ::-webkit-input-placeholder, ::-webkit-textarea-placeholder{
71:        color:#3f51b5;              〈input〉 태그의 placeholder 속성의 색상을 설정합니다.
72:    }
```

 알아 두면 좋아요! **웹폰트를 추가하는 방법이 다른 거 같은데요?**

웹폰트를 사용하려면 매번 웹폰트를 위한 별도의 CSS 코드를 입력하고 웹폰트 파일들을 준비해야 해서 번거롭습니다. 이러한 불편한 점을 해소하기 위해 다양한 업체에서 import 방식으로 웹폰트를 제공하고 있습니다. import 속성의 특징인 CSS 내에서 또 다른 CSS 파일을 불러올 수 있는 기능을 활용해 웹폰트를 제공해주는 것입니다.

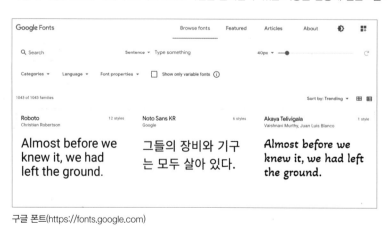

구글 폰트(https://fonts.google.com)

작성한 문서는 미리 만들어 둔 css 폴더에 reset.css라는 이름으로 정합니다. 그리고 index.html 파일을 열어 미리 작성해 둔 스타일 연결 태그에 reset.css 파일을 연결합니다.

```html
HTML

<head>
  ...

<link rel="stylesheet" type="text/css" href="css/reset.css">
  ...

</head>
```

3. 미디어 쿼리 작성하기
• 완성 파일 셋째마당/09장/완성/responsive_web_normal/index.html

이번에는 해상도별로 웹사이트 구조를 변경하기 위해 미디어 쿼리를 작성합니다. 먼저 준비해둔 index.html 파일을 열어 다음처럼 작성합니다.

▶ 둘째마당에서 진행한 것과 마찬가지로 모바일용 미디어 쿼리는 별도로 작성하지 않습니다. 자세한 내용은 144쪽을 참조하세요.

```css
CSS                                                        반응형 웹 페이지 (index.html)

12:   <style>
13:   /* 모바일용 CSS */
 ...      ...
57:   /* 태블릿용 CSS */
58:   @media all and (min-width:768px){
 ...      ...
68:   }
69:
70:   /* PC용 CSS */
71:   @media all and (min-width:1132px){
72:
73:   }
74:   </style>
```

> **알아 두면 좋아요! 둘째마당과 셋째마당의 PC용 미디어 쿼리 해상도가 다른 것 같은데요?**
>
> 맞습니다. 둘째마당에서는 PC용 미디어 쿼리의 해상도를 960px로 지정했지만 셋째마당에서는 1132px로 지정했습니다. 그렇다면 이렇게 지정한 이유는 무엇일까요? 여러가지 이유가 있을 수 있지만 여기서는 디자인 원본 파일인 PSD 파일의 가로 크기가 1132px이기 때문에 PC용 미디어 쿼리의 해상도를 1132px로 지정한 것입니다. 하지만, 반드시 PSD 파일의 가로 크기가 미디어 쿼리의 해상도가 되는 것은 아닙니다. 다양한 해상도에서 테스트를 해본 후에 문제가 발생하는 지점이 바로 미디어 쿼리의 해상도가 되어야 합니다. 이와 같이 반응형 웹사이트를 제작할 때는 반드시 다양한 해상도에서 테스트를 통해 최선의 반응형 웹사이트를 만들 수 있습니다.

09 · 반응형 웹사이트 준비 작업하기   **253**

4. 기본 스타일 작성하기
완성 파일 셋째마당/09장/완성/responsive_web_normal/index.html

이제 공통 스타일을 작성해 보겠습니다. 먼저 모든 요소들을 중앙으로 정렬하고 너빗값을 동일하게 만들기 위하여 container라는 클래스명을 가지고 있는 요소의 CSS 코드를 작성합니다. 그리고 플로트 속성으로 인해 발생하는 문제를 해결하기 위한 CSS 코드를 작성합니다. 화면상에서는 보이지 않지만 필수적으로 입력해야 하는 태그들을 감추기 위해 blind라는 클래스명을 가지고 있는 요소의 스타일을 작성합니다. 마지막으로 구분선을 담당하는 태그들의 스타일을 작성합니다.

먼저 index.html 파일을 열어 다음처럼 작성합니다.

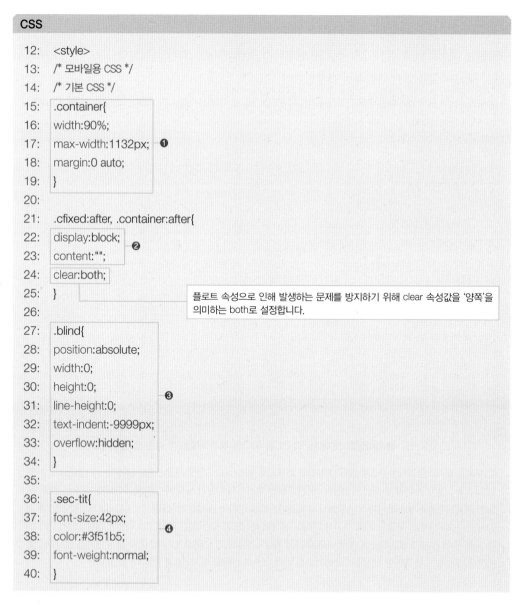

```
CSS
12:  <style>
13:  /* 모바일용 CSS */
14:  /* 기본 CSS */
15:  .container{
16:  width:90%;
17:  max-width:1132px;          ❶
18:  margin:0 auto;
19:  }
20:
21:  .cfixed:after, .container:after{
22:  display:block;
23:  content:"";                ❷
24:  clear:both;
25:  }
26:
27:  .blind{
28:  position:absolute;
29:  width:0;
30:  height:0;
31:  line-height:0;             ❸
32:  text-indent:-9999px;
33:  overflow:hidden;
34:  }
35:
36:  .sec-tit{
37:  font-size:42px;
38:  color:#3f51b5;             ❹
39:  font-weight:normal;
40:  }
```

> 플로트 속성으로 인해 발생하는 문제를 방지하기 위해 clear 속성값을 '양쪽'을 의미하는 both로 설정합니다.

셋째마당 • 기존의 속성으로 반응형 웹사이트 만들기 – 가변 그리드, 미디어 쿼리, 뷰포트

```
41:
42:    .divider{
43:    width:90%;
44:    max-width:1132px;
45:    margin:0 auto;              ─⑤
46:    margin-top:77px;
47:    background:#eee;
48:    }
49:
50:    .m-divider{
51:    width:20px;
52:    margin:0 auto;
53:    margin-top:77px;            ─⑥
54:    background:#3f51b5;
55:    }
56:
57:    /* 태블릿용 CSS */
58:    @media all and (min-width:768px){
59:
60:    /* 기본 CSS */
61:    .divider{
62:    margin-top:124px;
63:    }                           ─⑦
64:
65:    .m-divider{
66:    margin-top:124px;
67:    }
68:    }
 ...     ...
74:    </style>
```

❶ 모든 환경에서 너비를 동일하게 지정할 것이므로 너빗값을 90%로 지정하고 최대 너빗값을 1132px로 지정합니다. 그리고 중앙으로 정렬하기 위해 마진값을 0 auto로 지정합니다.

❷ 플로트 속성으로 인해 발생하는 문제를 방지하기 위해 display 속성값을 block로 지정하고, 가상 엘리먼트인 :after의 경우 content 속성의 값이 없으면 적용되지 않으므로 쌍따옴표를 이용해 공백으로 적용합니다.

❸ 모든 환경에서 보이지는 않지만 반드시 입력해야 하는 HTML 태그들이 있습니다. 해당 요소들을 숨기기 위해 blind라는 클래스를 만들고, 요소의 위치를 설정하기 위한 position 속성의 값을 절

대적인 위치로 만드는 absolute로 설정합니다. 너비값과 높잇값은 0으로 설정하고, line-height 속성 값을 0으로 설정합니다. 글자를 들여쓰기 위한 text-indent 속성의 값을 -9999px로 설정합니다. 그리 고 요소들이 넘칠 때 어떻게 처리할지에 대한 속성인 overflow 속성의 속성값을 hidden 값으로 설 정합니다.

❹ 제목 영역의 스타일을 설정합니다. 글자 크기를 42px로 설정하고, 글자 색상과 글자 굵기를 설정 합니다.

❺디자인 원본 파일인 PSD 파일을 확인해 보면 프로모션 영역 밑에 구분선을 확인할 수 있습니다. 구분선의 스타일을 지정하기 위해 너빗값을 90%로 설정합니다. 최대 너빗값을 1132px 값으로 지정 합니다. 마진값은 0 auto 그리고 상단 마진값을 77px로 설정합니다. 그리고 배경색을 지정합니다.

❻ 최근 작업 영역을 확인해 보면 밑에 작은 구분선이 하나 있습니다. 해당 구분선의 스타일을 지정 하기 위해 너빗값을 20px로 설정합니다. 마진값은 0 auto 그리고 상단 마진값을 77px로 설정합니 다. 그리고 배경색을 설정합니다.

❼ 태블릿 환경에서 구분선들을 보면 상단 마진값이 늘어난 것을 확인할 수 있습니다. 마진값을 조 정하기 위해 마진값을 124px로 설정합니다.

알아 두면 좋아요! 가상 엘리먼트가 뭐죠?

가상 엘리먼트란 실제로 눈에는 보이지 않지만 :before나 :after 등 가상으로 생성하고 지정할 수 있는 엘리먼트 입니다. 이러한 특징을 활용하여 플로트 속성 사용 시 발생하는 문제를 해결할 수도 있습니다.

예를 들어 플로트 속성을 적용한 요소가 있을 경우 부모는 해당 요소의 높잇값을 인식하지 못하는 문제가 발생하 게 됩니다. 이는 플로트라는 속성 자체가 '띄우다'라는 뜻을 가지고 있어 요소들이 공중에 떠 있는 것처럼 인식되어 부모 요소가 해당 요소의 높잇값을 인식할 수 없는 것입니다.

이러한 문제를 해결하기 위해서는 여러 가지 방법이 있지만 그중에서 가장 많이 사용하는 방법은 가상 엘리먼트를 사용하는 것입니다. '이후'라는 뜻을 가진 :after 가상 엘리먼트를 이용해 부모 요소의 마지막 위치에 가상의 엘리 먼트를 생성하게 되면 마지막 위치 값을 알 수 있어 부모 요소가 높잇값을 인식할 수 있게 됩니다. 이렇게 가상 엘 리먼트의 종류는 계속해서 추가되고 있고 다양한 용도로 활용될 수 있습니다.

이제 반응형 웹사이트를 제작하기 위한 모든 준비 작업을 마쳤습니다. 다음 장부터는 본격적으로 웹사이트의 뼈대가 되는 구조를 만들어보고, 웹사이트를 꾸미기 위한 스타일 작업을 진행해 보겠습 니다.

반응형 웹 페이지 작업하기

이번 장부터는 본격적으로 반응형 웹사이트를 만들어보도록 하겠습니다. 09장에서 구조를 살펴보았듯이 영역이 많이 나누어져 있어 헷갈릴 수 있기 때문에 실습을 진행하면서 먼저 완성된 파일을 통해 작업하고 있는 영역을 확인하고, 실습하는 코드를 직접 입력하며 연습하겠습니다.

10-1 반응형 웹 구조 작업하기

10-2 반응형 웹 페이지 작업하기

10-1
반응형 웹 구조 작업하기

반응형 웹은 기기나 환경에 따라 구조가 수시로 변하므로 구조 작업 시에는 구성, 디자인, 배치 등을 충분히 고려한 후에 작업을 해야 합니다. 지금부터 반응형 웹 구조 작업을 진행하겠습니다.

헤더 영역
슬라이더 영역
디스플레이 영역
프로모션 영역
최근 작업 영역
최근 글 영역
연락처 영역
푸터 영역

반응형 웹 구조 이미지

1. 헤더 영역 구조 작업하기
• 완성 파일 셋째마당/10장/완성/responsive_web_normal/index.html

헤더 영역은 로고나 메뉴 영역인 내비게이션이 들어 있는 영역입니다.

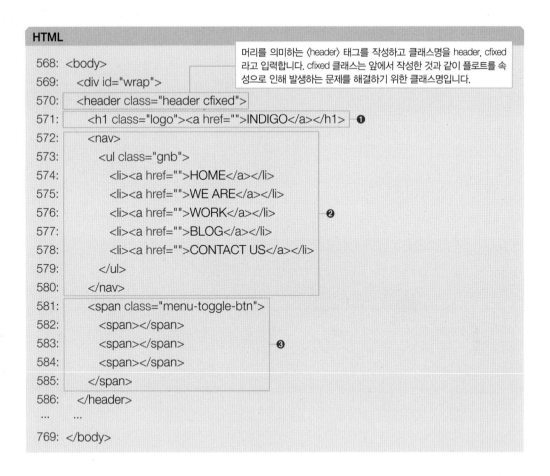

```
HTML
568:  <body>
569:    <div id="wrap">
570:      <header class="header cfixed">
571:        <h1 class="logo"><a href="">INDIGO</a></h1>  ❶
572:        <nav>
573:          <ul class="gnb">
574:            <li><a href="">HOME</a></li>
575:            <li><a href="">WE ARE</a></li>
576:            <li><a href="">WORK</a></li>                ❷
577:            <li><a href="">BLOG</a></li>
578:            <li><a href="">CONTACT US</a></li>
579:          </ul>
580:        </nav>
581:        <span class="menu-toggle-btn">
582:          <span></span>
583:          <span></span>                                ❸
584:          <span></span>
585:        </span>
586:      </header>
...     ...
769:  </body>
```

머리를 의미하는 〈header〉 태그를 작성하고 클래스명을 header, cfixed 라고 입력합니다. cfixed 클래스는 앞에서 작성한 것과 같이 플로트를 속성으로 인해 발생하는 문제를 해결하기 위한 클래스명입니다.

❶ 링크 영역이 포함된 로고 영역을 만들기 위해 제목 태그인 〈h1〉 태그와 〈a〉 태그를 이용해서 작성하고, 〈h1〉 태그에 클래스명을 logo라고 입력합니다.

❷ 메뉴 영역을 만들기 위해 내비게이션을 뜻하는 〈nav〉 태그를 작성하고, 〈nav〉 태그 사이에 메뉴 목록을 구성하기 위해 〈ul〉 태그, 〈li〉 태그를 작성합니다.

❸ menu-toggle-btn이라는 클래스명을 가진 〈span〉 태그를 작성하고 〈span〉 태그 사이에 세 개의 〈span〉 태그를 작성합니다.

573행 목록 영역인 〈ul〉 태그에 클래스명을 gnb라고 입력합니다.

2. 슬라이더 영역의 구조 작업하기

슬라이더 영역은 이미지를 효과적으로 보여주기 위한 공간입니다. 슬라이더 영역의 구조 작업은 헤더 영역 바로 뒤에 이어서 합니다.

```HTML
568:  <body>
569:      <div id="wrap">
  ...      ...
587:          <article class="slider">     ❶
588:              <img src="images/p-images/slide01.jpg" alt="">   ❷
589:          </article>
  ...      ...
769:  </body>
```

❶ 먼저 독립적인 영역을 구성하기 위한 태그인 〈article〉 태그를 작성하고, 클래스명을 slider라고 입력합니다.

❷ 슬라이더 영역의 이미지를 표시하기 위해 〈img〉 태그를 작성합니다.

3. 디스플레이 영역의 구조 작업하기

디스플레이 영역은 영역의 제목 또는 문구, 이미지 등을 보여주기 위한 영역입니다. 디스플레이 영역의 구조 작업은 슬라이더 영역 바로 뒤에 이어서 합니다.

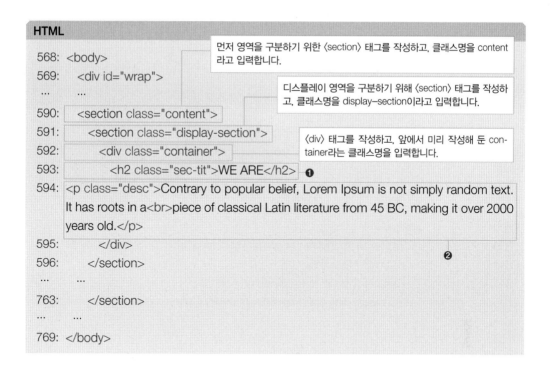

```
HTML
568: <body>
569:    <div id="wrap">
 ...    ...
590:       <section class="content">
591:          <section class="display-section">
592:             <div class="container">
593:                <h2 class="sec-tit">WE ARE</h2> ❶
594: <p class="desc">Contrary to popular belief, Lorem Ipsum is not simply random text.
     It has roots in a<br>piece of classical Latin literature from 45 BC, making it over 2000
     years old.</p>
595:             </div>                                              ❷
596:          </section>
 ...    ...
763:       </section>
 ...    ...
769: </body>
```

먼저 영역을 구분하기 위한 〈section〉 태그를 작성하고, 클래스명을 content 라고 입력합니다.

디스플레이 영역을 구분하기 위해 〈section〉 태그를 작성하 고, 클래스명을 display-section이라고 입력합니다.

〈div〉 태그를 작성하고, 앞에서 미리 작성해 둔 con- tainer라는 클래스명을 입력합니다.

❶ 영역의 제목을 구성하기 위해 〈h2〉 태그를 작성하고, 클래스명을 sec-tit이라고 입력합니다.
❷ 내용을 입력하기 위해 문단 구성을 위한 〈p〉 태그를 작성하고, 클래스명을 desc라고 입력합니다. 그리고 내용을 입력합니다.

4. 프로모션 영역의 구조 작업하기
프로모션 영역은 링크 또는 광고를 보여주기 위한 영역입니다. 프로모 션 영역의 구조 작업은 디스플레이 영역 바로 뒤에 이어서 합니다.

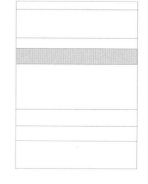

```
HTML
568: <body>
569:    <div id="wrap">
 ...    ...
597:       <section class="promotion-section"> ❶
598:          <div class="container">
```

```
599:        <ul class="promo-list">
600:          <li>
601:            <a href="">
602:              <img src="images/s-images/promo01.png" alt="">
603:              <h3>HOME</h3>
604:              <p>Lorem Ipsum is simply dummy text of
605:                  the printing and typesetting industry.</p>
606:            </a>
607:          </li>
608:          <li>
609:            <a href="">
610:              <img src="images/s-images/promo02.png" alt="">
611:              <h3>WE ARE</h3>
612:              <p>Lorem Ipsum is simply dummy text of
613:                  the printing and typesetting industry.</p>
614:            </a>
615:          </li>
616:          <li>
617:            <a href="">
618:              <img src="images/s-images/promo03.png" alt="">
619:              <h3>WORK</h3>
620:              <p>Lorem Ipsum is simply dummy text of
621:                  the printing and typesetting industry.</p>
622:            </a>
623:          </li>
624:          <li>
625:            <a href="">
626:              <img src="images/s-images/promo04.png" alt="">
627:              <h3>BLOG</h3>
628:              <p>Lorem Ipsum is simply dummy text of
629:                  the printing and typesetting industry.</p>
630:            </a>
631:          </li>
632:        </ul>                                        ❷
633:      </div>
634:    </section>
 ...      ...
769: </body>
```

❶ 영역을 구분하기 위한 ⟨section⟩ 태그를 작성하고, 클래스명을 promotion-section이라고 입력합니다.

❷ 프로모션 목록을 만들기 위해 ⟨ul⟩ 태그, ⟨li⟩ 태그 그리고 ⟨a⟩, ⟨h3⟩, ⟨img⟩, ⟨p⟩ 태그를 작성합니다.

599행 프로모션 목록 영역인 ⟨ul⟩ 태그에 클래스명을 promo-list라고 입력합니다.

5. 구분선 영역의 구조 작업하기

구분선 영역은 영역간의 구분을 하기 위한 영역입니다. 구분선 영역의 구조 작업은 프로모션 영역 바로 뒤에 이어서 합니다.

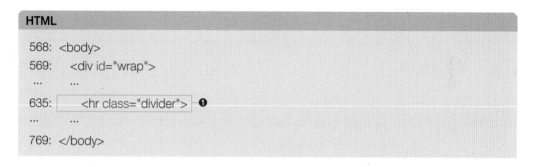

```
HTML
568: <body>
569:     <div id="wrap">
...     ...
635:         <hr class="divider">  ❶
...     ...
769: </body>
```

❶ 구분 영역을 만들기 위한 태그인 ⟨hr⟩ 태그를 작성하고, 클래스명을 divider라고 입력합니다.

6. 최근 작업 영역의 구조 작업하기

최근 작업 영역은 최근에 작업한 작업물들을 갤러리 형태로 보여주는 공간입니다. 최근 작업 영역의 구조 작업은 구분선 영역 바로 뒤에 이어서 합니다.

```
568: <body>
569:    <div id="wrap">
  ...       ...
636:          <section class="work-section cfixed">  ❶
637:             <h2 class="sec-tit">WORK</h2>  ❷
638:          <ul class="work-list">
639:             <li>
640:                <a href="">
641:                   <div class="info">
642:                      <h3>Running</h3>
643:                      <span>WEB/PRINT</span>
644:                   </div>
645:                   <img src="images/p-images/work01.jpg" alt="">
646:                </a>
647:             </li>
648:             <li>
649:                <a href="">
650:                   <div class="info">
651:                      <h3>Rugby</h3>
652:                      <span>WEB/PRINT</span>
653:                   </div>
654:                   <img src="images/p-images/work02.jpg" alt="">
655:                </a>
656:             </li>                                              ❸
657:             <li>
658:                <a href="">
659:                   <div class="info">
660:                      <h3>Weight</h3>
661:                      <span>WEB/PRINT</span>
662:                   </div>
663:                   <img src="images/p-images/work03.jpg" alt="">
665:                </a>
664:             </li>
666:             <li>
667:                <a href="">
668:                   <div class="info">
669:                      <h3>Marathon</h3>
670:                      <span>WEB/PRINT</span>
671:                   </div>
672:                   <img src="images/p-images/work04.jpg" alt="">
673:                </a>
```

```
674:          </li>
675:          <li>
676:            <a href="">
677:              <div class="info">
678:                <h3>Boxing</h3>
679:                <span>WEB/PRINT</span>
680:              </div>
681:              <img src="images/p-images/work05.jpg" alt="">
682:            </a>
683:          </li>
684:          <li>
685:            <a href="">
686:              <div class="info">
687:                <h3>Ice Hockey</h3>
688:                <span>WEB/PRINT</span>
689:              </div>
690:              <img src="images/p-images/work06.jpg" alt="">
691:            </a>
692:          </li>                                                         ❸
693:          <li>
694:            <a href="">
695:              <div class="info">
696:                <h3>Skate Board</h3>
697:                <span>WEB/PRINT</span>
698:              </div>
699:              <img src="images/p-images/work07.jpg" alt="">
700:            </a>
701:          </li>
702:          <li>
703:            <a href="">
704:              <div class="info">
705:                <h3>Basketball</h3>
706:                <span>WEB/PRINT</span>
707:              </div>
708:              img src="images/p-images/work08.jpg" alt="">
709:            </a>
710:          </li>
711:      </ul>
712:    </section>
...      ...
769: </body>
```

❶ 영역을 구분하기 위한 〈section〉 태그를 작성한 후 클래스명을 work-section, cfixed라고 입력합니다.

❷ 영역의 제목을 구성하기 위해 〈h2〉 태그를 작성하고, 클래스명을 sec-tit이라고 입력합니다.

❸ 최근 작업물 목록을 만들기 위해 〈ul〉 태그와 〈li〉 태그를 작성하고, 최근 작업물의 정보를 구성하기 위해 〈div〉 태그를 작성합니다. 그리고 〈img〉 태그를 작성합니다.

638행 최근 작업물 목록 영역인 〈ul〉 태그에 클래스명을 work-list라고 입력합니다.

641행~644행, 650행~653행, 659행~662행, 668행~671행, 677행~680행, 686행~689행, 695행~698행, 704행~707행 최근 작업물의 정보를 구성하기 위한 태그인 〈div〉 태그에 클래스명을 info라고 입력합니다. 그리고 〈h3〉 태그와 〈span〉 태그를 작성합니다.

7. 구분선 영역 작업하기

구분선 영역은 영역 간의 구분을 하기 위한 영역입니다. 구분선 영역의 구조 작업은 최근 작업 영역 바로 뒤에 이어서 작성합니다.

```
HTML
569: <body>
570:     <div id="wrap">
 ...      ...
714:       <hr class="m-divider">  ❶
 ...      ...
770: </body>
```

❶ 구분 영역을 만들기 위한 태그인 〈hr〉 태그를 작성하고, 클래스명을 m-divider라고 입력합니다.

8. 최근 글 영역의 구조 작업하기

최근 글 영역은 최근에 올라온 글들을 사진과 함께 보여주는 영역입니다. 최근 글 영역의 구조 작업은 구분선 영역 바로 뒤에 이어서 합니다.

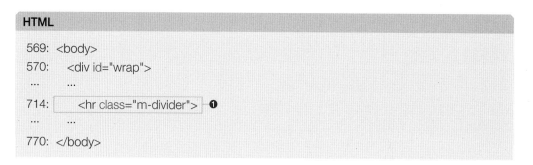

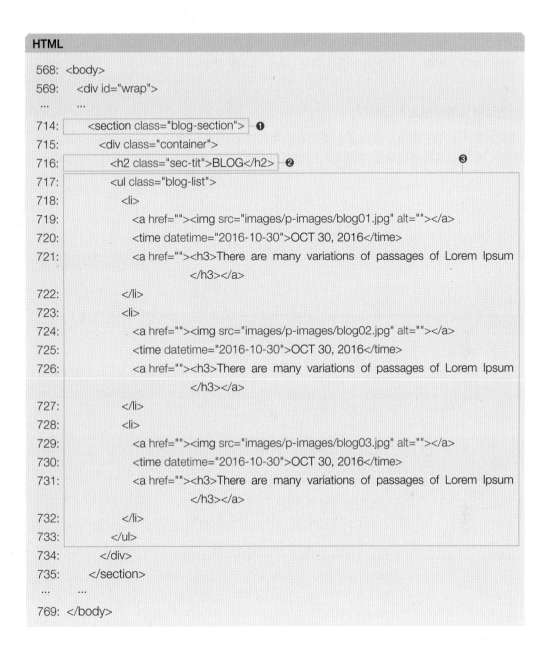

```
HTML
568: <body>
569:    <div id="wrap">
 ...     ...
714:        <section class="blog-section">   ❶
715:           <div class="container">
716:              <h2 class="sec-tit">BLOG</h2>   ❷                                    ❸
717:              <ul class="blog-list">
718:                 <li>
719:                    <a href=""><img src="images/p-images/blog01.jpg" alt=""></a>
720:                    <time datetime="2016-10-30">OCT 30, 2016</time>
721:                    <a href=""><h3>There are many variations of passages of Lorem Ipsum
                          </h3></a>
722:                 </li>
723:                 <li>
724:                    <a href=""><img src="images/p-images/blog02.jpg" alt=""></a>
725:                    <time datetime="2016-10-30">OCT 30, 2016</time>
726:                    <a href=""><h3>There are many variations of passages of Lorem Ipsum
                          </h3></a>
727:                 </li>
728:                 <li>
729:                    <a href=""><img src="images/p-images/blog03.jpg" alt=""></a>
730:                    <time datetime="2016-10-30">OCT 30, 2016</time>
731:                    <a href=""><h3>There are many variations of passages of Lorem Ipsum
                          </h3></a>
732:                 </li>
733:              </ul>
734:           </div>
735:        </section>
 ...     ...
769: </body>
```

❶ 먼저 영역을 구분하기 위한 〈section〉 태그를 작성한 후 클래스명을 blog-section이라고 입력합니다.

❷ 영역의 제목을 구성하기 위해 〈h2〉 태그를 작성하고, 클래스명을 sec-tit이라고 입력합니다.

❸ 최근 글 목록을 만들기 위해 〈ul〉 태그와 〈li〉 태그 그리고 〈a〉 태그 〈time〉 태그 〈a〉 태그를 작성합니다.

717행 최근 글 목록 영역인 〈ul〉 태그에 클래스명을 blog-list라고 입력합니다.

719행, 724행, 729행 이미지를 표시하기 위해 〈img〉 태그를 작성합니다.

9. 연락처 영역의 구조 작업하기

연락처 영역은 이메일 주소 등을 넣는 영역입니다. 연락처 영역의 구조 작업은 최근 글 목록 영역 바로 뒤에 이어서 합니다.

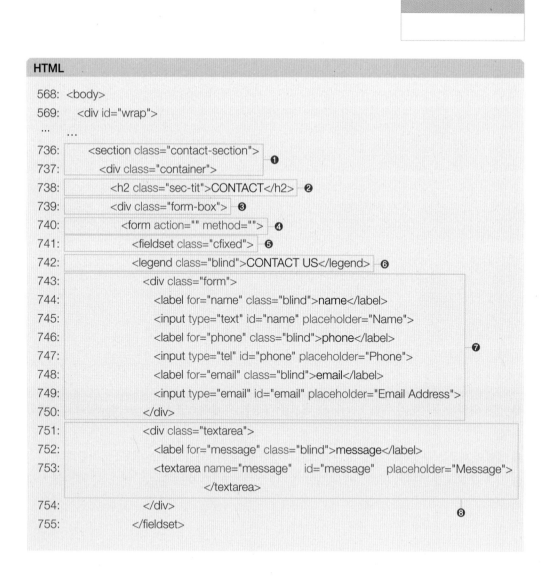

```
HTML
568:  <body>
569:     <div id="wrap">
...      ...
736:        <section class="contact-section">          ❶
737:           <div class="container">
738:              <h2 class="sec-tit">CONTACT</h2>      ❷
739:              <div class="form-box">               ❸
740:                 <form action="" method="">          ❹
741:                    <fieldset class="cfixed">        ❺
742:                       <legend class="blind">CONTACT US</legend>   ❻
743:                       <div class="form">
744:                          <label for="name" class="blind">name</label>
745:                          <input type="text" id="name" placeholder="Name">
746:                          <label for="phone" class="blind">phone</label>
747:                          <input type="tel" id="phone" placeholder="Phone">      ❼
748:                          <label for="email" class="blind">email</label>
749:                          <input type="email" id="email" placeholder="Email Address">
750:                       </div>
751:                       <div class="textarea">
752:                          <label for="message" class="blind">message</label>
753:                          <textarea name="message"  id="message"  placeholder="Message">
                             </textarea>
754:                       </div>                        ❽
755:                    </fieldset>
```

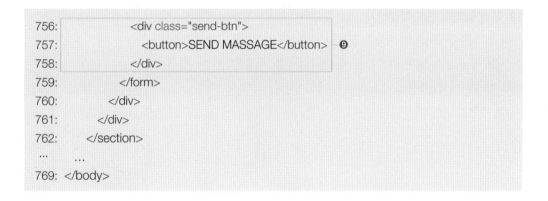

```
756:                    <div class="send-btn">
757:                        <button>SEND MASSAGE</button>    ❾
758:                    </div>
759:                </form>
760:            </div>
761:        </div>
762:    </section>
  ...      ...
769: </body>
```

❶ 영역을 구분하기 위한 〈section〉 태그를 작성하고, 클래스명을 contact-section이라고 입력합니다.

❷ 영역의 제목을 구성하기 위해 〈h2〉 태그를 작성하고, 클래스명을 sec-tit이라고 입력합니다.

❸ 폼 영역을 만들기 위해 〈div〉 태그를 작성하고, 클래스명을 form-box라고 입력합니다.

❹ 입력 폼 구성을 위해 〈form〉 태그를 작성합니다.

❺ 입력 폼 그룹을 만들기 위한 태그인 〈fieldset〉 태그를 작성하고, 클래스명을 cfixed라고 입력합니다.

❻ 입력 폼 그룹 영역의 제목을 구성하기 위한 태그인 〈legend〉 태그를 작성하고, 클래스명을 blind 라고 입력합니다.

❼ 입력 폼 목록 영역을 만들기 위해 〈div〉 태그를 작성하고, 〈label〉 태그와 〈input〉 태그를 작성합니다.

❽ 문단 입력 폼 영역을 만들기 위해 〈div〉 태그를 작성하고, 〈label〉 태그와 〈textarea〉 태그를 작성 합니다.

❾ 폼 전송 버튼 영역을 만들기 위해 〈div〉 태그를 작성하고, 〈button〉 태그를 작성합니다.

717행 최근 글 목록 영역인 〈ul〉태그에 클래스명을 blog-list라고 입력합니다.

719행, 724행, 729행 이미지를 표시하기 위해 〈img〉태그를 입력합니다.

721행, 726행, 731행 제목 영역을 만들기 위해 〈h3〉태그를 작성합니다.

743행 입력 폼 목록 영역인 〈div〉 태그에 클래스명을 form이라고 입력합니다.

744행, 746행, 748행, 752행 입력 폼의 설명을 구성하기 위한 태그인 〈label〉 태그에 클래스명을 blind라고 입력합니다.

756행 폼 전송 버튼 영역인 〈div〉 태그에 클래스명을 send-btn이라고 입력합니다.

10. 푸터 영역의 구조 작업하기

푸터 영역은 웹사이트의 저작권 정보나 로고 또는 위치를 나타내기 위한 지도 등을 넣는 영역입니다. 푸터 영역의 구조 작업은 연락처 영역 바로 뒤에 이어서 합니다.

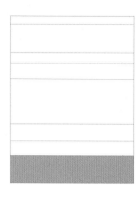

HTML

```
568:  <body>
569:    <div id="wrap">
  ...      ...
590:    <section class="content">
  ...      ...
763:    </section>
764:    <footer class="footer">  ❶                                                      ❷
765:        <iframe   src="https://www.google.com/maps/embed?pb=!1m18!1m12!1m3!1d3162
          .111677235935!2d126.97473421573828!3d37.575987879796195!2m3!1f0!2f0!3f0!3m
          2!1i1024!2i768!4f13.1!3m3!1m2!1s0x357ca2eaa19c763d%3A0xb28a32722d675764!2z
          6rSR7ZmU66y4KEd3YW5naHdhbXVlEdhdGUp!5e0!3m2!1sko!2skr!4v1481946656451"
          frameborder="0" style="border:0" allowfullscreen></iframe>
766:        <p class="copyright">INDIGO</p>  ❸
767:    </footer>
768:    </div>
769:  </body>
```

---

❶ 다리를 의미하는 〈footer〉 태그를 작성한 후 footer라는 클래스명을 입력합니다.

❷ 지도를 삽입하기 위해 〈iframe〉 태그를 작성합니다.

❸ 저작권 정보를 입력하기 위해 문단 구성을 위한 〈p〉 태그를 작성하고, 클래스명을 copyright라고 입력합니다.

지도를 넣을 때 왜 〈iframe〉 태그를 이용하나요?

〈iframe〉 태그는 HTML 문서 내에서 다른 곳에 위치한 사이트 또는 요소의 내용을 보여줄 수 있는 태그입니다.
구글, 네이버, 다음 등은 외부에 지도 서비스를 제공해줍니다. 예를 들어 우리가 만든 사이트에 구글 지도를 넣고
싶다면 〈iframe〉 태그를 이용해 지도를 끌어다 보여줄 수 있습니다.

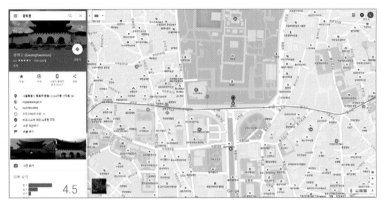

구글 지도(https://maps.google.com/)

10-2
반응형 웹 페이지 작업하기

이번에는 둘째마당에서 진행한 것과 마찬가지로 모바일, 태블릿, PC 환경 이렇게 세 가지 환경에서 적용할 스타일 코드를 이용해 미리 준비해 둔 미디어 쿼리에 작성하여 반응형 웹을 만들어 보겠습니다. 이번 실습도 완성된 파일을 보며 실습 코드 작업을 진행합니다.

1. 헤더 영역의 반응형 웹 작업하기　　• 완성 파일 셋째마당/10장/완성/responsive_web_normal/index.html

이번에는 헤더 영역의 반응형 웹 작업을 진행해 보겠습니다. 먼저 모바일용 CSS부터 작업합니다.

CSS

```
012: <style>
013: /* 모바일용 CSS */
 ...      ...
057: /* 헤더 영역 CSS */
058: .header{
059: position:relative;
060: padding:18px 5%; ❶
061: }
062:
063: .header .logo{
064: float:left;
065: }
066:
067: .header .logo a{
```

> ❶ 메뉴 목록 영역이 놓일 기준을 설정하기 위해 position 속성의 값을 relative로 설정하여 상대적인 위치로 만들어 줍니다.

> 로고 영역을 왼쪽으로 배치하기 위해 float 속성의 값을 left로 설정합니다.

```
068:    font-size:26px;
069:    color:#3f51b5;                    ❷
070:    font-weight:normal;
071:  }
072:
073:  .header .gnb{
074:    display:none;
075:    position:absolute;
076:    top:100%;
077:    left:0;                           ❸
078:    width:100%;
079:    background:#3f51b5;
080:  }
081:
082:  .header .gnb li{
083:    border-bottom:1px solid #303f9f;  ❹
084:  }
085:
086:  .header .gnb li a{
087:    display:block;
088:    padding:14px 0 14px 5%;           ❺
089:    font-size:14px;
090:    color:#fff;
091:  }
092:
093:  .header .menu-toggle-btn{
094:    float:right;
095:    width:20px;
096:    margin-top:4px;                   ❻
097:    cursor:pointer;
098:  }
099:
100:  .header .menu-toggle-btn span{
101:    display:block;
102:    width:100%;
103:    height:2px;                       ❼
104:    background:#3f51b5;
105:  }
106:
107:  .header .menu-toggle-btn span:nth-child(2){
```

메뉴 목록 영역을 헤더 영역 밑으로 배치하기 위해 요소의 위치를 설정해 주는 속성인 position을 설정합니다. 속성값은 절대적인 위치로 만들어 주는 absolute로 설정합니다.

토글 버튼을 오른쪽으로 배치하기 위해 float 속성의 값을 right로 설정합니다.

```
108: margin:5px 0; ❽
109: }
 ...      ...
566: </style>
```

❶ 위/아래 패딩값을 18px로 설정하고, 왼쪽/오른쪽 패딩값을 5%로 설정합니다.

❷ 로고 영역의 글자 크기를 26px로 설정하고, 글자색을 설정합니다. 그리고 글자 굵기를 일반으로 설정합니다.

❸ 요소의 위치를 위쪽은 100%로, 왼쪽은 0으로 설정합니다. 그리고 너빗값은 100%로 설정하고, 배경색을 설정합니다.

❹ border-bottom 속성을 이용해 선을 설정합니다.

❺ display 속성의 값을 block으로 설정합니다. 그리고 너빗값을 100%로 설정하고, 높잇값을 2px로 설정합니다. 배경색을 설정합니다.

❻ 토글 버튼의 너빗값을 20px로 설정하고, 위쪽 마진값을 4px로 설정합니다. 그리고 마우스 커서의 상태를 설정하는 cursor의 속성값을 pointer로 설정합니다.

❼ display 속성의 값을 block으로 설정합니다. 그리고 너빗값과 높잇값은 각각 100%, 2px로 설정하고, 배경색을 설정합니다.

❽ 토글 버튼 영역의 두 번째 〈span〉 태그를 선택하여 위/아래 마진값을 5px로 설정합니다.

074행 display값을 none으로 설정합니다.

이어서 태블릿용 CSS를 작성합니다.

```
CSS
012: <style>
 ...      ...
331: /* 태블릿용 CSS */
332: @media all and (min-width:768px){
 ...      ...
343: /* 헤더 영역 CSS */
344: .header{
345: position:static;
346: padding:28px 52px; ❶
347: }
```

> 헤더 영역은 더 이상 상대적인 위치로 작동할 필요가 없으므로 position 속성의 값을 기본값인 static으로 설정합니다.

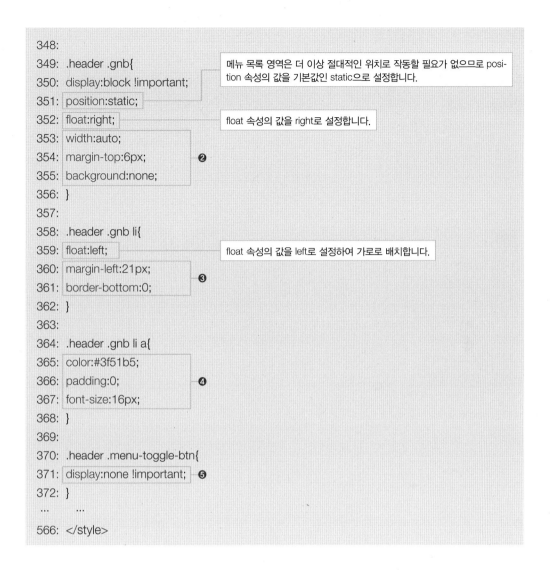

```
348:
349: .header .gnb{
350: display:block !important;
351: position:static;
352: float:right;
353: width:auto;
354: margin-top:6px;           ❷
355: background:none;
356: }
357:
358: .header .gnb li{
359: float:left;
360: margin-left:21px;         ❸
361: border-bottom:0;
362: }
363:
364: .header .gnb li a{
365: color:#3f51b5;
366: padding:0;                ❹
367: font-size:16px;
368: }
369:
370: .header .menu-toggle-btn{
371: display:none !important;  ❺
372: }
...       ...
566: </style>
```

메뉴 목록 영역은 더 이상 절대적인 위치로 작동할 필요가 없으므로 position 속성의 값을 기본값인 static으로 설정합니다.

float 속성의 값을 right로 설정합니다.

float 속성의 값을 left로 설정하여 가로로 배치합니다.

❶ 위/아래 패딩값을 28px로 설정하고, 왼쪽/오른쪽은 52px로 설정합니다.

❷ 너빗값을 auto로 설정합니다. 그리고 위쪽 마진값을 6px로 설정하고, 배경색을 설정합니다.

❸ 메뉴 목록 영역의 메뉴 목록의 왼쪽 마진값을 21px로 설정합니다. 그리고 이제 더 이상 아래쪽 선이 필요 없으므로 border-bottom 속성 값을 0으로 설정합니다.

❹ 이제 패딩값은 더 이상 필요 없으므로 0으로 설정하고, 글자 크기와 글자 색상을 설정합니다.

❺ display 속성의 값을 none !important로 설정합니다.

2. 슬라이더 영역의 반응형 웹 작업하기

이제 슬라이더 영역의 작업을 진행해 보겠습니다. 슬라이더 영역은 모바일용 CSS 코드만 작성하면 됩니다. 코드는 헤더 영역 뒤에 바로 이어서 작성합니다.

```
CSS
012:  <style>
013:  /* 모바일용 CSS */
 ...      ...
111:  /* 슬라이더 영역 CSS */
112:  .slider img{
113:  display:block;
114:  width:100%;
115:  max-width:100%;          ❶
116:  height:auto;
117:  }
 ...      ...
566:  </style>
```

❶ display 속성의 값을 block로 설정합니다. 너빗값과 최대 너빗값을 100%로 설정하고, 높잇값을 auto로 설정합니다.

3. 디스플레이 영역의 반응형 웹 작업하기

이번에는 디스플레이 영역을 작업해 보겠습니다. 먼저 모바일용 CSS 코드부터 작성합니다. 디스플레이 영역은 슬라이더 영역 뒤에 바로 이어서 작성합니다.

```
CSS
012: <style>
013: /* 모바일용 CSS */
 ...      ...
119: /* 디스플레이 영역 CSS */
120: .display-section{
121:   margin-top:59px;          ┐
122:   text-align:center;        ┘ ❶
123: }
124:
125: .display-section .sec-tit{
126:   margin-bottom:30px;       ❷
127: }
128:
129: .display-section .desc{
130:   font-family:'PT Serif';   ┐
131:   color:#616161;            ├ ❸
132:   line-height:1.9;          ┘
133: }
 ...      ...
566: </style>
```

❶ 위쪽 마진값을 59px로 설정합니다. 그리고 글자를 중앙으로 정렬합니다.

❷ 아래쪽 마진값을 30px로 설정합니다.

❸ 폰트 종류를 설정합니다. 그리고 글자 색과 글자 행간을 설정합니다.

이어서 태블릿용 CSS를 작성합니다.

```
CSS
012: <style>
 ...      ...
331: /* 태블릿용 CSS */
332: @media all and (min-width:768px){
 ...      ...
374: /* 디스플레이 영역 CSS */
375: .display-section{
376:   margin-top:95px;          ❶
377  }
```

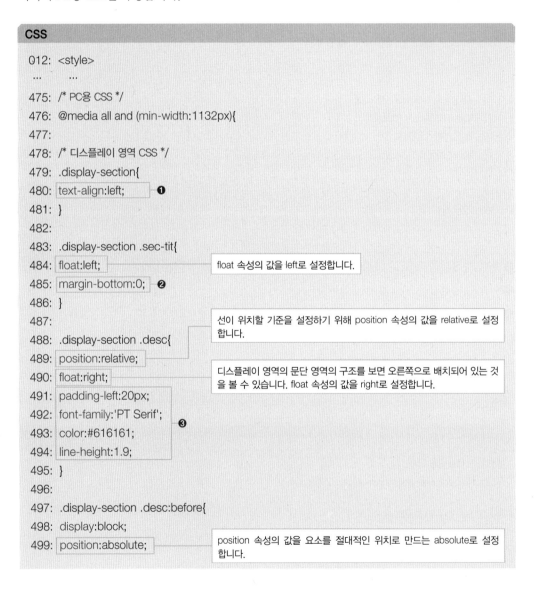

```
...       ...
473: }
...       ...
566: </style>
```

❶ 위쪽 마진값을 95px로 설정합니다.

이어서 PC용 CSS를 작성합니다.

CSS

```
012: <style>
 ...       ...
475: /* PC용 CSS */
476: @media all and (min-width:1132px){
477:
478: /* 디스플레이 영역 CSS */
479: .display-section{
480: text-align:left;          ❶
481: }
482:
483: .display-section .sec-tit{
484: float:left;                        float 속성의 값을 left로 설정합니다.
485: margin-bottom:0;  ❷
486: }
487:                                     선이 위치할 기준을 설정하기 위해 position 속성의 값을 relative로 설정
488: .display-section .desc{            합니다.
489: position:relative;
490: float:right;                       디스플레이 영역의 문단 영역의 구조를 보면 오른쪽으로 배치되어 있는 것
491: padding-left:20px;                 을 볼 수 있습니다. float 속성의 값을 right로 설정합니다.
492: font-family:'PT Serif';
493: color:#616161;              ❸
494: line-height:1.9;
495: }
496:
497: .display-section .desc:before{
498: display:block;
499: position:absolute;                 position 속성의 값을 요소를 절대적인 위치로 만드는 absolute로 설정
                                        합니다.
```

```
500:   top:9px;
501:   left:0;
502:   width:2px;
503:   height:44px;                           ❹
504:   background:#e0e0e0;
505:   content:"";
506: }
  ...     ...
565: }
566: </style>
```

❶ 글자를 왼쪽으로 정렬합니다.

❷ PC 환경에서는 아래쪽 마진 값이 필요 없으므로 0으로 설정합니다.

❸ 디스플레이 영역의 문단 영역의 왼쪽 패딩 값을 20px로 설정합니다. 그리고 글자 종류와 글자 색상, 글자 행간을 설정합니다.

❹ 요소의 위치를 설정합니다. 위쪽은 9px, 왼쪽은 0으로 설정합니다. 그리고 너빗값과 높잇값은 2px, 44px로 각각 설정하고, 배경 색상과 content 속성의 값을 공백으로 설정합니다.

498행 display 속성 값을 block로 설정합니다.

4. 프로모션 영역의 반응형 웹 작업하기

프로모션 영역을 작업합니다. 먼저 모바일용 CSS 코드부터 작성합니다. 프로모션 영역은 디스플레이 영역 뒤에 바로 이어서 작성합니다.

CSS

```
012: <style>
013: /* 모바일용 CSS */
  ...     ...
135: /* 프로모션 영역 CSS */
136: .promotion-section{
```

```
137:     margin-top:68px;        ❶
138:   }
139:
140:   .promotion-section .promo-list li{
141:     margin-top:52px;
142:     text-align:center;        ❷
143:   }
144:
145:   .promotion-section .promo-list li:first-child{
146:     margin-top:0;        ❸
147:   }
148:
149:   .promotion-section .promo-list li img{
150:     height:52px;        ❹
151:   }
152:
153:   .promotion-section .promo-list li h3{
154:     margin:29px 0 20px 0;
155:     color:#3f51b5;        ❺
156:     font-weight:normal;
157:   }
158:
159:   .promotion-section .promo-list li p{
160:     font-size:14px;
161:     font-family:'PT Serif';
162:     color:#616161;        ❻
163:     line-height:1.5;
164:   }
       ...        ...
566:   </style>
```

❶ 위쪽 마진값을 68px로 설정합니다.

❷ 위쪽 마진값을 52px로 설정하고, 글자를 중앙으로 설정합니다.

❸ 프로모션 목록 중 첫 번째 목록은 위쪽 마진값이 필요 없으므로 0으로 설정합니다.

❹ 프로모션 목록 영역의 이미지의 높잇값을 52px로 설정합니다.

❺ 마진 값을 위/아래 29px/20px로 설정합니다. 그리고 글자 색상과 글자 굵기를 일반으로 설정합니다.

❻ 글자 크기를 설정하고, 글자 종류와 글자 색상 그리고 글자 행간을 설정합니다.

이어서 태블릿용 CSS를 작성합니다.

CSS

```
012: <style>
 ...      ...
331: /* 태블릿용 CSS */
332: @media all and (min-width:768px){
 ...      ...
379: /* 프로모션 영역 CSS */
380: .promotion-section{
381: margin-top:110px;    ❶
382: }
383:
384: .promotion-section .promo-list li{
385: float:left;
386: width:23.046875%;
387: /* 177px ÷ 768px*/
388: margin-left:2.604166666666667%;
389: /* 20px ÷ 768px*/
390: margin-top:0;    ❷
391: }
392:
393: .promotion-section .promo-list li:first-child{
394: margin-left:0;    ❸
395: }
 ...      ...
473: }
 ...      ...
566: </style>
```

> float 속성 값을 왼쪽으로 배치하는 left 값으로 설정합니다.

> 가변 그리드 공식을 이용해서 얻은 값인 23.04…%를 너빗값으로 설정합니다.

> 가변 그리드 공식을 이용해서 얻은 값인 2.60…%로 설정합니다.

---

❶ 위쪽 마진값을 110px로 설정합니다.

❷ 모바일 환경에서 설정한 프로모션 목록 영역의 위쪽 마진값은 필요 없으므로 0으로 설정합니다.

❸ 프로모션 목록 영역의 첫번째 목록은 왼쪽 마진 값이 필요 없으므로 0으로 설정합니다.

이어서 PC용 CSS를 작성합니다.

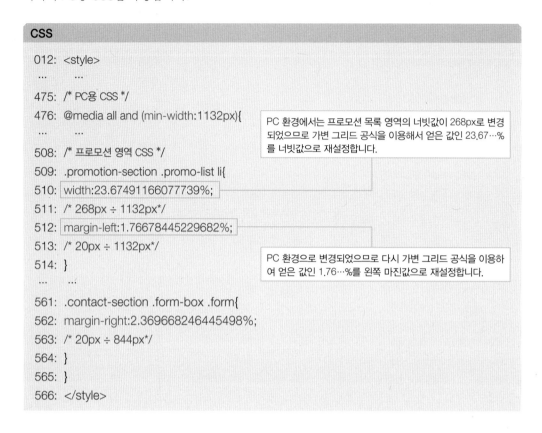

5. 최근 작업 영역의 반응형 웹 작업하기

최근 작업 영역의 반응형 웹 작업을 진행하겠습니다. 먼저 모바일용 CSS
코드부터 작성합니다. 최근 작업 영역은 프로모션 영역 바로 뒤에 이어서
작성합니다.

▶ 최근 작업 영역은 코드의 양이 많으므로 나누어 작업합니다.

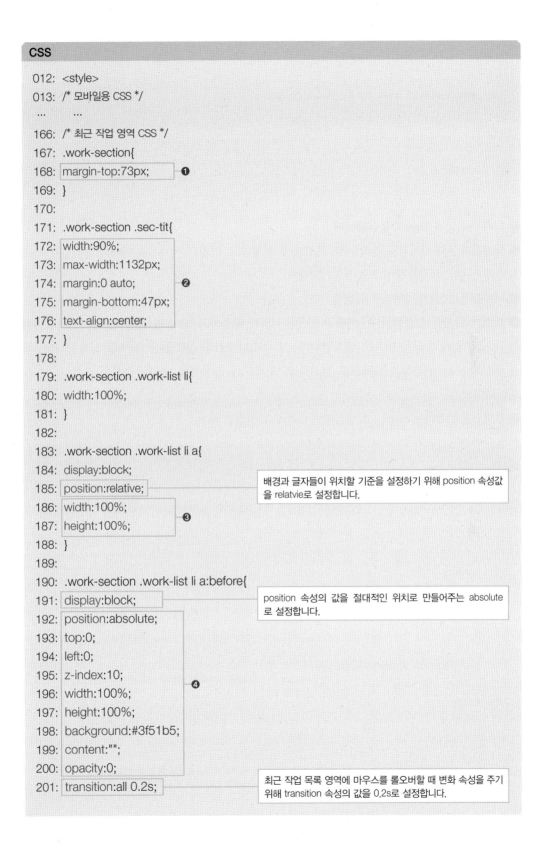

CSS

```
012: <style>
013: /* 모바일용 CSS */
  ...       ...
166: /* 최근 작업 영역 CSS */
167: .work-section{
168:   margin-top:73px;                 ❶
169: }
170:
171: .work-section .sec-tit{
172:   width:90%;
173:   max-width:1132px;
174:   margin:0 auto;                   ❷
175:   margin-bottom:47px;
176:   text-align:center;
177: }
178:
179: .work-section .work-list li{
180:   width:100%;
181: }
182:
183: .work-section .work-list li a{
184:   display:block;
185:   position:relative;               ❸
186:   width:100%;
187:   height:100%;
188: }
189:
190: .work-section .work-list li a:before{
191:   display:block;
192:   position:absolute;
193:   top:0;
194:   left:0;
195:   z-index:10;                      ❹
196:   width:100%;
197:   height:100%;
198:   background:#3f51b5;
199:   content:"";
200:   opacity:0;
201:   transition:all 0.2s;
```

배경과 글자들이 위치할 기준을 설정하기 위해 position 속성값을 relatvie로 설정합니다.

position 속성의 값을 절대적인 위치로 만들어주는 absolute로 설정합니다.

최근 작업 목록 영역에 마우스를 롤오버할 때 변화 속성을 주기 위해 transition 속성의 값을 0.2s로 설정합니다.

```
202:  }
203:
204:  .work-section .work-list li a:hover:before{
205:  opacity:0.86;          ❺
206:  }
 ...      ...
567:  </style>
```

❶ 위쪽 마진값을 73px로 설정합니다.

❷ 너빗값과 최대 너빗값을 각각 90%, 1132px로 설정하고, 마진값을 0 auto, 아래쪽 마진값을 47px
로 설정합니다. 글자를 중앙으로 정렬합니다.

❸ 너빗값과 높잇값을 100%로 설정합니다.

❹ 요소의 위치를 설정합니다. 위쪽과 왼쪽은 0으로 설정하고, 요소가 겹쳐지는 순서를 설정하
는 z-index 속성의 값을 10으로 설정합니다. 그리고 너빗값과 높잇값은 100%로 설정합니다. 배
경 색상과 content 속성은 공백으로 처리하고, 투명도를 설정하는 opacity 속성의 값은 0으로 설
정합니다.

❺ 투명도를 설정하는 opacity 속성의 값을 0.86으로 설정합니다.

184행, 191행 display 속성의 값을 block으로 설정합니다.

모바일용 CSS 코드에서 최근 작업 영역의 CSS 코드는 내용이 많으므로 뒤에 이어서 작성합니다.

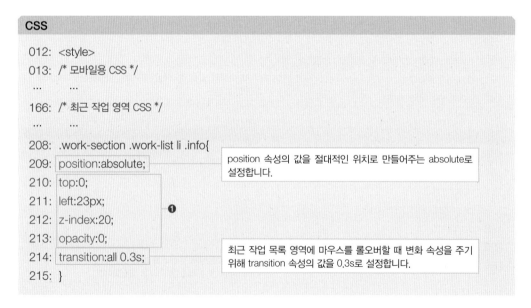

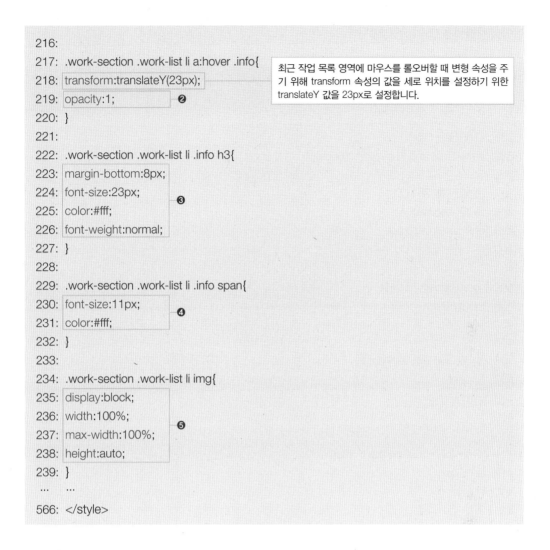

```
216:
217:  .work-section .work-list li a:hover .info{
218:  transform:translateY(23px);
219:  opacity:1;                    ❷
220:  }
221:
222:  .work-section .work-list li .info h3{
223:  margin-bottom:8px;
224:  font-size:23px;
225:  color:#fff;                   ❸
226:  font-weight:normal;
227:  }
228:
229:  .work-section .work-list li .info span{
230:  font-size:11px;
231:  color:#fff;                   ❹
232:  }
233:
234:  .work-section .work-list li img{
235:  display:block;
236:  width:100%;
237:  max-width:100%;               ❺
238:  height:auto;
239:  }
 ...     ...
566:  </style>
```

최근 작업 목록 영역에 마우스를 롤오버할 때 변형 속성을 주기 위해 transform 속성의 값을 세로 위치를 설정하기 위한 translateY 값을 23px로 설정합니다.

❶ 요소의 위치를 설정합니다. 위쪽은 0, 왼쪽은 23px로 설정하고, 요소가 겹쳐지는 순서를 설정하는 z−index 속성의 값을 20으로 설정합니다. 그리고 투명도를 설정하는 opacity 속성의 값을 0으로 설정합니다.

❷ 투명도를 설정하는 opacity 속성의 값을 1로 설정합니다.

❸ 아래쪽 마진값을 8px로 설정합니다. 그리고 글자 크기와 글자 색상, 글자 굵기를 설정합니다.

❹ 글자 크기를 설정하고, 글자 색상을 설정합니다.

❺ display 속성의 값을 block으로 설정하고, 너빗값과 최대 너빗값을 100%로 설정합니다. 그리고 높잇값은 auto로 설정합니다.

이어서 태블릿용 CSS를 작성합니다.

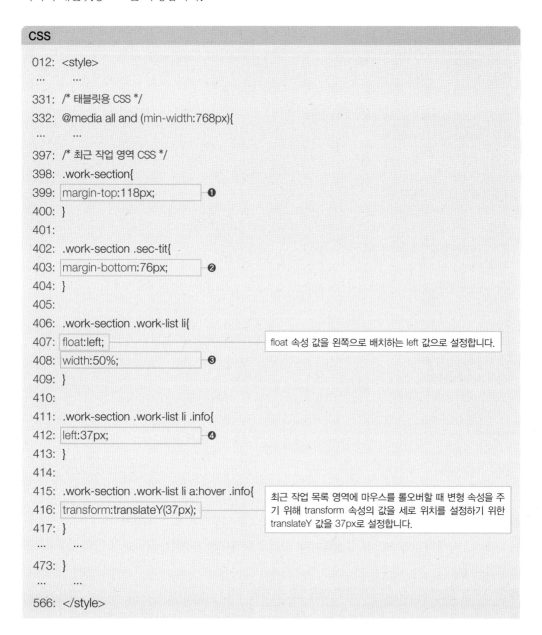

CSS

```
012: <style>
...      ...
331: /* 태블릿용 CSS */
332: @media all and (min-width:768px){
...      ...
397: /* 최근 작업 영역 CSS */
398: .work-section{
399:     margin-top:118px;              ❶
400: }
401:
402: .work-section .sec-tit{
403:     margin-bottom:76px;            ❷
404: }
405:
406: .work-section .work-list li{
407:     float:left;                    float 속성 값을 왼쪽으로 배치하는 left 값으로 설정합니다.
408:     width:50%;                     ❸
409: }
410:
411: .work-section .work-list li .info{
412:     left:37px;                     ❹
413: }
414:
415: .work-section .work-list li a:hover .info{
416:     transform:translateY(37px);    최근 작업 목록 영역에 마우스를 롤오버할 때 변형 속성을 주
417: }                                   기 위해 transform 속성의 값을 세로 위치를 설정하기 위한
...      ...                            translateY 값을 37px로 설정합니다.
473: }
...      ...
566: </style>
```

❶ 위쪽 마진값을 118px로 설정합니다.

❷ 아래쪽 마진값을 76px로 설정합니다.

❸ 너빗값을 50%로 설정합니다.

❹ 요소의 왼쪽 위치를 37px로 설정합니다.

이어서 PC용 CSS를 작성합니다.

```
CSS

012: <style>
 ...       ...
475: /* PC용 CSS */
476: @media all and (min-width:1132px){
 ...       ...
516: /* 최근 작업 영역 CSS */
517: .work-section .sec-tit{
518: text-align:left;    ❶
519: }
520:
521: .work-section .work-list li{
522: width:25%;    ❷
523: }
 ...       ...
565: }
566: </style>
```

❶ 최근 작업 영역의 제목 영역 글자를 왼쪽으로 정렬합니다.
❷ 최근 작업 영역 목록의 너빗값을 25%로 설정합니다.

6. 최근 글 영역의 반응형 웹 작업하기

이번에는 최근 글 영역의 반응형 웹 작업을 진행해 보겠습니다. 먼저 모바일용 CSS 코드부터 작성합니다. 코드는 최근 작업 영역 뒤에 바로 이어서 작성하면 됩니다.

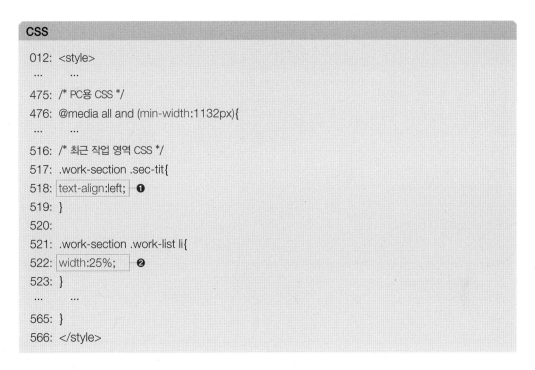

```
CSS

012: <style>
013: /* 모바일용 CSS */
 ...       ...
```

```
241:  /* 최근 글 영역 CSS */
242:  .blog-section{
243:      margin-top:77px;                    — ❶
244:  }
245:
246:  .blog-section .sec-tit{
247:      margin-bottom:47px;
248:      text-align:center;                  — ❷
249:  }
250:
251:  .blog-section .blog-list li{
252:      width:100%;
253:      margin-top:45px;                    — ❸
254:  }
255:
256:  .blog-section .blog-list li:first-child{
257:      margin-top:0;                        — ❹
258:  }
259:
260:  .blog-section .blog-list li img{
261:      display:block;
262:      width:100%;
263:      max-width:100%;                      — ❺
264:      height:auto;
265:  }
266:
267:  .blog-section .blog-list li time{
268:      display:block;
269:      margin:11px 0 10px 0;
270:      font-size:11px;                      — ❻
271:      color:#9e9e9e;
272:  }
273:
274:  .blog-section .blog-list li h3{
275:      color:#424242;
276:      font-weight:normal;                  — ❼
277:      line-height:1.6;
278:  }
...        ...
566:  </style>
```

❶ 위쪽 마진값을 77px로 설정합니다.

❷ 아래쪽 마진값을 47px로 설정합니다. 그리고 글자들을 중앙으로 정렬합니다.

❸ 너빗값을 45px로 설정하고, 위쪽 마진값을 45px로 설정합니다.

❹ 최근 글 목록 영역의 첫 번째 목록은 위쪽 마진값이 필요 없으므로 0으로 설정합니다.

❺ display 속성의 값을 block로 설정합니다. 그리고 너빗값과 최대 너비값을 100%로 설정하고, 높잇값을 auto로 설정합니다.

❻ display 속성의 값을 block으로 설정하고, 마진 값을 위쪽은 11px, 아래쪽은 10px로 설정합니다. 그리고 글자 크기와 글자 색상을 설정합니다.

❼ 글자 색상과 글자 굵기 그리고 글자 행간을 설정합니다.

이어서 태블릿용 CSS를 작성합니다.

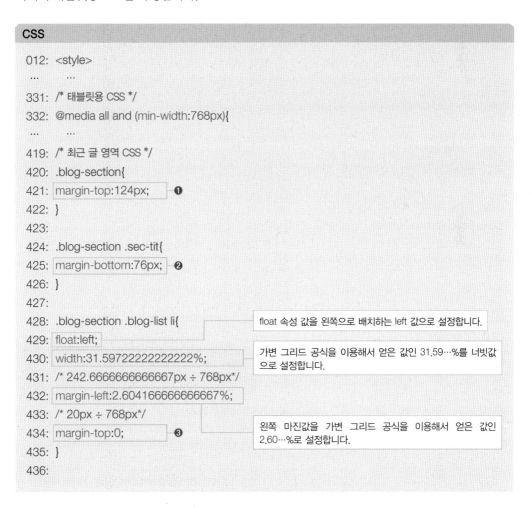

```
CSS
012: <style>
 ...      ...
331: /* 태블릿용 CSS */
332: @media all and (min-width:768px){
 ...      ...
419: /* 최근 글 영역 CSS */
420: .blog-section{
421: margin-top:124px;            ❶
422: }
423:
424: .blog-section .sec-tit{
425: margin-bottom:76px;          ❷
426: }
427:
428: .blog-section .blog-list li{
429: float:left;
430: width:31.59722222222222%;
431: /* 242.666666666667px ÷ 768px*/
432: margin-left:2.60416666666667%;
433: /* 20px ÷ 768px*/
434: margin-top:0;                ❸
435: }
436:
```

float 속성 값을 왼쪽으로 배치하는 left 값으로 설정합니다.

가변 그리드 공식을 이용해서 얻은 값인 31.59…%를 너빗값으로 설정합니다.

왼쪽 마진값을 가변 그리드 공식을 이용해서 얻은 값인 2.60…%로 설정합니다.

```
437:  .blog-section .blog-list li:first-child{
438:  margin-left:0;          4
439:  }
  ...     ...
473:  }
  ...     ...
566:  </style>
```

❶ 위쪽 마진 값을 124px로 설정합니다.

❷ 아래쪽 마진 값을 76px로 설정합니다

❸ 모바일 환경에서 설정한 최근 글 목록의 위쪽 마진 값은 더 이상 필요 없으므로 0으로 설정합니다.

❹ 최근 글 목록의 첫 번째 목록은 왼쪽 마진 값이 필요 없으므로 0으로 설정합니다.

이어서 PC용 CSS를 작성합니다.

CSS

```
012:  <style>
  ...     ...
475:  /* PC용 CSS */
476:  @media all and (min-width:1132px){
  ...     ...
525:  /* 최근 글 영역 CSS */
526:  .blog-section .sec-tit{
527:  float:left;                         float 속성 값을 왼쪽으로 배치하는 left 값으로 설정합니다.
528:  margin-bottom:0;  ❶
529:  }
530:
531:  .blog-section .blog-list{           float 속성 값을 오른쪽으로 배치하는 right 값으로 설정합니다.
532:  float:right;
533:  width:74.5583038869258%;            .가변 그리드 공식을 이용해서 얻은 값인 74.55…%를 너빗값으로 설
534:  /* 844px ÷ 1132px*/                 정합니다
535:  }
536:
537:  .blog-section .blog-list li{
538:  width:31.75355450236967%;           가변 그리드 공식을 이용해서 얻은 값인 31.75…%를 너빗값으로 재
539:  /* 268px ÷ 844px*/                  설정합니다.
540:  margin-left:2.369668246445498%;     PC 환경으로 변경되었으므로 다시 가변 그리드 공식을 이용하
541:  /* 20px ÷ 844px*/                   여 얻은 값인 2.36…%를 왼쪽 마진값으로 재설정합니다.
```

```
542: }
  ...      ...
566: }
567: </style>
```

❶ 모바일 환경에서 설정한 제목 영역의 아래쪽 마진 값은 필요 없으므로 0으로 설정합니다.

7. 연락처 영역의 반응형 웹 작업하기

연락처 영역을 작업합니다. 먼저 모바일용 CSS 코드부터 작성합니다. 연
락처 영역은 최근 글 영역 뒤에 바로 이어서 작성합니다.

CSS
```
012: <style>
013: /* 모바일용 CSS */
  ...      ...
280: /* 연락처 영역 CSS */
281: .contact-section{
282:   margin-top:109px;          ❶
283: }
284:
285: .contact-section .sec-tit{
286:   margin-bottom:47px;
287:   text-align:center;          ❷
288: }
289:
290: .contact-section .form-box .form input{
291:   padding-bottom:13px;
292:   margin-bottom:38px;          ❸
293: }
294:
295: .contact-section .form-box .textarea textarea{
296:   height:165px;          ❹
```

```
297: }
298:
299: .contact-section .form-box .send-btn{
300:   margin-top:36px;
301:   text-align:right;          ❺
302: }
303:
304: .contact-section .form-box .send-btn button{
305:   padding:15px;
306:   margin:0;
307:   border:0;
308:   font-size:12px;            ❻
309:   color:#fff;
310:   background:#3f51b5;
311:   font-family:'Montserrat';
312:   cursor:pointer;
313: }
   ...      ...
566: </style>
```

❶ 위쪽 마진값을 109px로 설정합니다.

❷ 아래쪽 마진값을 47px로 설정하고, 글자 색상과 글자 크기, 글자 굵기를 설정합니다. 그리고 글자를 중앙으로 설정합니다.

❸ 아래쪽 패딩 값을 13px로, 마진값을 38px로 설정합니다.

❹ 높잇값을 165px로 설정합니다.

❺ 위쪽 마진값을 36px로 설정합니다. 그리고 글자를 오른쪽으로 정렬합니다.

❻ 패딩값을 15px로 설정합니다. 그리고 마진 값과 선 값을 0으로 설정하고, 글자 크기와 글자 색상, 배경 색상, 글자 종류를 설정합니다. 마우스 커서 속성인 cursor 속성 값은 pointer로 설정합니다.

이번에는 태블릿용 CSS를 작성합니다.

```
CSS

012:  <style>
 ...      ...
331:  /* 태블릿용 CSS */
332:  @media all and (min-width:768px){
 ...      ...
441:  /* 연락처 영역 CSS */
442:  .contact-section{
443:  margin-top:176px;        ❶
444:  }
445:
446:  .contact-section .sec-tit{
447:  margin-bottom:76px;      ❷
448:  }
449:
450:  .contact-section .form-box .form, .contact-section .form-box .textarea{
451:  float:left;
452:  width:48.69791666666667%;
453:  /* 374px ÷ 768px*/
454:  }
455:
456:  .contact-section .form-box .form{
457:  margin-right:2.369668246445498%;
458:  /* 20px ÷ 768px*/
459:  }
460:
461:  .contact-section .form-box .form input:last-child{
462:  margin-bottom:0;         ❸
463:  }
 ...      ...
473:  }
 ...      ...
566:  </style>
```

float 속성 값을 왼쪽으로 배치하는 left 값으로 설정합니다.

가변 그리드 공식을 이용해서 얻은 값인 48.69…%를 너빗값으로 설정합니다.

가변 그리드 공식을 이용해서 얻은 값인 2.36…%를 오른쪽 마진값으로 설정합니다.

❶ 위쪽 마진 값을 176px로 설정합니다.

❷ 아래쪽 마진값을 76px로 설정합니다.

❸ 입력 폼 목록들 중 마지막 목록은 마진 값이 필요 없으므로 0으로 설정합니다.

이어서 PC용 CSS를 작성합니다.

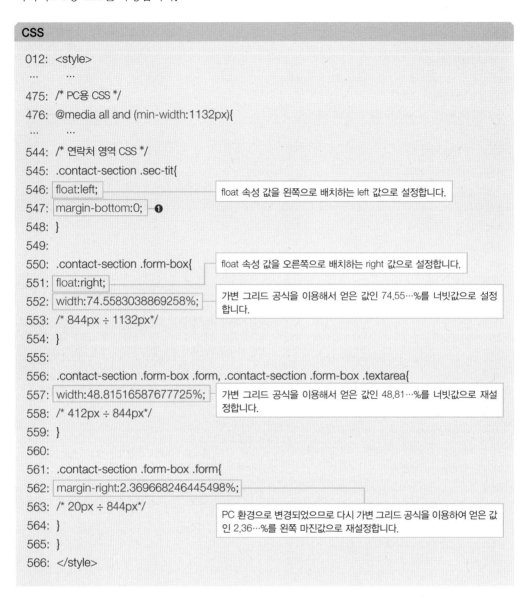

CSS

```
012: <style>
 ...        ...
475: /* PC용 CSS */
476: @media all and (min-width:1132px){
 ...        ...
544: /* 연락처 영역 CSS */
545: .contact-section .sec-tit{
546: float:left;                    ── float 속성 값을 왼쪽으로 배치하는 left 값으로 설정합니다.
547: margin-bottom:0;  ──❶
548: }
549:
550: .contact-section .form-box{     ── float 속성 값을 오른쪽으로 배치하는 right 값으로 설정합니다.
551: float:right;
552: width:74.5583038869258%;        ── 가변 그리드 공식을 이용해서 얻은 값인 74.55…%를 너빗값으로 설정
553: /* 844px ÷ 1132px*/                합니다.
554: }
555:
556: .contact-section .form-box .form, .contact-section .form-box .textarea{
557: width:48.81516587677725%;       ── 가변 그리드 공식을 이용해서 얻은 값인 48.81…%를 너빗값으로 재설
558: /* 412px ÷ 844px*/                 정합니다.
559: }
560:
561: .contact-section .form-box .form{
562: margin-right:2.369668246445498%;
563: /* 20px ÷ 844px*/                ── PC 환경으로 변경되었으므로 다시 가변 그리드 공식을 이용하여 얻은 값
564: }                                  인 2.36…%를 왼쪽 마진값으로 재설정합니다.
565: }
566: </style>
```

❶ 모바일 환경에서 설정한 연락처 영역의 제목 영역 아래쪽 마진값은 필요 없으므로 0으로 설정합니다.

8. 푸터 영역의 반응형 웹 작업하기

마지막으로 푸터 영역의 작업을 진행합니다. 푸터 영역은 연락처 영역 바로 뒤에 이어서 작성합니다. 먼저 모바일용 CSS 코드부터 작성합니다.

```
CSS
012:  <style>
013:  /* 모바일용 CSS */
 ...     ...
315:  /* 푸터 영역 CSS */
316:  .footer{
317:    margin-top:104px;        ❶
318:  }
319:
320:  .footer iframe{
321:    width:100%;              ❷
322:    height:320px;
323:  }
324:
325:  .footer p{
326:    margin:21px 0;
327:    color:#3f51b5;           ❸
328:    text-align:center;
329:  }
 ...     ...
566:  </style>
```

❶ 위쪽 마진값을 104px로 설정합니다.

❷ 너빗값을 100%로, 높잇값은 320px로 설정합니다.

❸ 위/아래 마진값을 21px로 설정합니다. 그리고 글자 색상을 설정하고, 글자를 중앙으로 정렬합니다.

이어서 태블릿용 CSS를 작성합니다.

```
CSS

012: <style>
 ...    ...
331: /* 태블릿용 CSS */
332: @media all and (min-width:768px){
 ...    ...
465: /* 푸터 영역 CSS */
466: .footer iframe{
467: height:432px;      ❶
468: }
469:
470: .footer p{
471: margin:34px 0;     ❷
472: }
473: }
 ...    ...
566: </style>
```

❶ 푸터 영역의 지도 영역 높잇값을 432px로 설정합니다.

❷ 푸터 영역의 문단 영역 위/아래 마진값을 34px로 설정합니다.

푸터 영역을 마지막으로, 반응형 웹사이트 작업이 끝났습니다. 지금까지 작업한 파일인 index.html 파일을 브라우저에서 실행해 브라우저의 크기를 줄여보세요. 그럼 브라우저의 크기에 따라 반응하는 웹사이트를 확인할 수 있습니다.

완성된 반응형 웹사이트 모습

다음 장에서는 완성된 웹사이트를 정리하며 마무리 작업을 진행해 보겠습니다.

마무리 작업하기

대단원의 끝인 마무리 작업을 진행해 보겠습니다. 지금까지 작업한 스타일 코드를 CSS 파일로 분리하고 자바스크립트를 이용해서 메뉴 영역을 보이게 하거나 감추는 작업으로 반응형 웹사이트 제작을 마무리하겠습니다.

11-1 CSS 파일로 분리하기

11-2 자바스크립트 이용해 메뉴 영역 작업하기

11-1
CSS 파일로 분리하기

둘째마당에서 플렉서블 박스 속성을 이용해 반응형 웹사이트를 제작할 때도 스타일 코드를 CSS 파일로 분리했듯이, 작업을 마친 후에는 항상 작업한 스타일 코드를 CSS 파일로 분리해 연결해 줘야 합니다. 여기서도 같은 작업을 진행해 보겠습니다.

스타일 코드를 CSS 파일로 분리하기

1. 먼저 편집기를 실행하여 새로운 문서 한 개를 생성합니다.

2. 그리고 index.html 파일을 편집기에서 실행하여 새로 생성한 문서에 스타일 코드를 잘라내어 붙여 넣습니다.

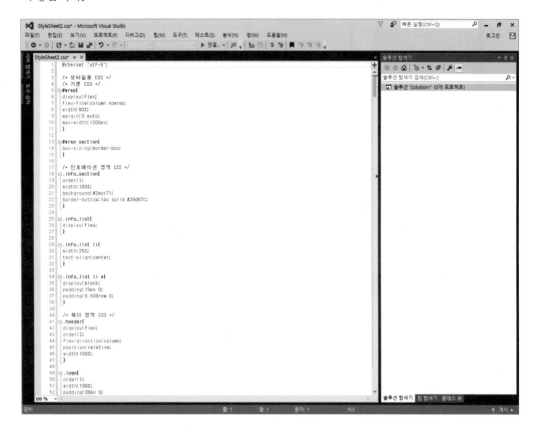

3. 붙여넣기 한 문서 이름을 default.css라는 이름으로 지정해 미리 준비해 둔 CSS 폴더에 저장합니다.

이름	수정한 날짜	유형	크기
default.css	2017-02-15 오후...	CSS 파일	9KB
reset.css	2017-01-20 오후...	CSS 파일	2KB

4. 이제 index.html 파일을 편집기에서 열어 앞에서 스타일 코드를 CSS 파일을 연결해야 합니다. 다음과 같이 작성합니다.

• **실습 파일** 셋째마당/11장/responsive_web_normal_final/index.html

```
03:   <head>
...       ...
08:   <link rel="stylesheet" type="text/css" href="css/default.css">
...       ...
13:   </head>
```

11-2
자바스크립트 이용해 메뉴 영역 작업하기

지금까지 작업한 반응형 웹사이트를 열어 브라우저의 크기를 줄여보세요. 뭔가 이상하지 않나요? 바로 메뉴 영역이 보이지 않지요? 둘째마당에서도 진행해 보았지만, 토글 버튼을 누를 때마다 메뉴를 보이거나 감춰지게 해야 합니다. 그렇게 하려면 자바스크립트라는 언어를 이용해야 합니다.

메뉴가 나타나거나 감춰지는 토글 버튼 만들기

1. 먼저 편집기를 실행하여 새로운 문서를 생성하고 다음의 코드를 입력합니다. 그리고 미리 준비해 둔 js 폴더에 indigo.min.js라는 파일명으로 저장합니다.

• 실습 파일 셋째마당/11장/responsive_web_normal_final/js/indigo.min.js

```
01:    jQuery(function($){
02:        $(".menu-toggle-btn").click(function(){
03:            $(".gnb").stop().slideToggle("fast");
04:        });
05:    });
```

2. 이제 편집기에서 index.html 파일을 불러와 코드 내에 위치한 제이쿼리 파일 경로 밑에 작성한 indigo.min.js 파일을 다음과 같이 연결합니다.

• 실습 파일 셋째마당/11장/responsive_web_normal_final/js/index.html

```
03:    <head>
...    ...
11:    <script src="js/jquery.min.js"></script>
12:    <script src="js/indigo.min.js"></script>
13:    </head>
```

3. 이제 웹 브라우저에서 웹사이트를 실행하여 브라우저의 크기를 줄인 후 메뉴 토글 버튼을 눌러보세요. 메뉴 영역이 보이거나 감춰지는 모습을 확인할 수 있습니다.

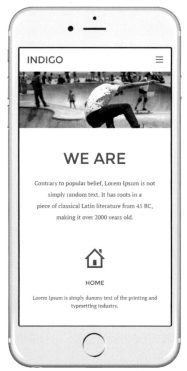

토글 버튼을 누르기 전

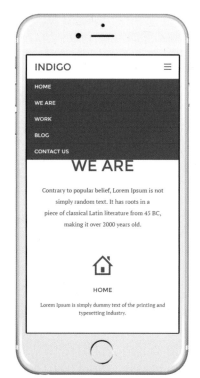

토글 버튼을 누른 후

실무자들이 꼭 알아야 할
반응형 웹 문제해결 노하우

반응형 웹 제작을 준비하거나 제작 중일 때뿐만 아니라 제작이 끝난 후에도 다양한 이유로 문제가 발생합니다. 여기서는 이런 문제들이 발생하기 전에 미리 이런 문제들을 방지할 수 있는 유용한 도움말과 기술들에 대해서 알아보겠습니다.

01 · 반응형 웹사이트 테스트하기

반응형 웹사이트 제작을 마쳤다면 기기마다 이상 없이 작동하는지 꼭 확인해야 합니다. 여기서는 이를 위해 반응형 웹사이트를 테스트할 수 있는 다섯 가지 방법을 소개합니다. 웹사이트를 실행한 후 레이아웃이 깨지거나 오류가 발생하지는 않는지 꼼꼼히 살펴보세요.

방법 1: 웹 브라우저 이용하기

웹사이트를 제작할 때는 수시로 웹 브라우저로 사이트의 진행 상태를 확인합니다. 결국 데스크톱의 웹 브라우저는 가장 기본적인 테스트 방법인 셈이지요.

구글의 크롬	안드로이드 운영체제 기반인 스마트 기기의 반응형 웹사이트를 테스트하려면 크롬 브라우저(www.google.com/chrome)를 이용하면 좋습니다. 안드로이드 운영체제 또한 구글에서 제작한 운영체제로, 안드로이드 운영체제에 탑재된 웹 브라우저와 크롬 브라우저가 같은 웹 브라우저 엔진을 사용하고 있지는 않지만 같은 회사에서 제작했기 때문에 어느 정도의 호환성을 보장받을 수 있습니다.  크롬 브라우저(http://www.google.com/chrome)
애플의 사파리	아이폰 운영체제(iOS) 기반인 스마트 기기의 반응형 웹사이트를 테스트하려면 사파리 브라우저(http://www.apple.com/kr/safari)를 이용하면 좋습니다. 아이폰 운영체제에 탑재된 웹 브라우저와 사파리 브라우저가 같은 웹 브라우저 엔진을 사용하고 있지는 않지만 같은 회사에서 제작했기 때문에 어느 정도의 호환성을 보장받을 수 있습니다. 단, 사파리 브라우저는 윈도우 운영체제에서 5.1.7 버전을 마지막으로 더 이상 업데이트가 진행되고 있지 않습니다.  사파리 브라우저(http://www.apple.com/kr/safari)

방법 2: 파이어폭스의 반응형 웹 디자인 도구 이용하기

파이어폭스 브라우저의 기능 중에 '반응형 웹 디자인 보기'라는 도구가 있습니다. 반응형 웹을 테스트할 수 있는 기능이 웹 브라우저 자체에 탑재되어 있어 파이어폭스 웹 브라우저를 사용하는 개발자라면 간단히 반응형 웹사이트를 테스트할 수 있습니다.

▶ 파이어폭스에서 '반응형 웹 디자인 보기' 도구를 이용하려면 ⒞+Ⓥ+Ⓜ을 누릅니다.

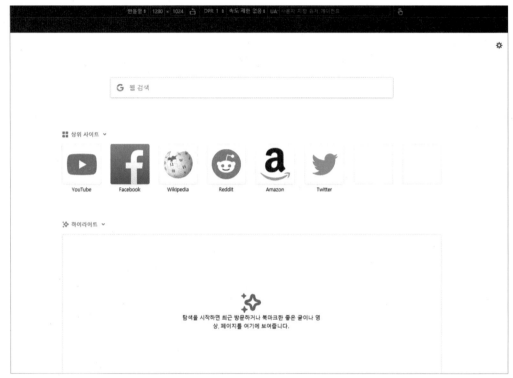

파이어폭스 웹 브라우저에서 '반응형 웹 디자인 보기' 도구를 실행한 모습

방법 3: 크롬 기기의 모드 이용하기

크롬 브라우저의 개발자 도구 중 '기기 모드'라는 도구가 있습니다. 이 도구는 특정 기기와 동일한 크기의 브라우저 창을 만들어 기기를 테스트할 수 있는 도구입니다. 그 뿐만 아니라 사용자가 직접 크기를 지정할 수도 있고, 픽셀의 밀도, 네트워크 환경, 유저 에이전트 등 실제 스마트 기기를 사용하는 것과 같은 환경을 구성하여 테스트할 수 있습니다.

기기 모드

기기 모드를 사용하는 방법을 알아보겠습니다. 먼저 기본적으로 크롬 브라우저를 설치해야 합니다.

▶ 오페라 브라우저는 크롬 브라우저와 같은 개발자 도구를 지원하므로 별도로 설명하지 않습니다.

1. 크롬 브라우저를 실행한 후, F12 키를 눌러 '개발자 도구'를 실행합니다.

2. 화면 왼쪽의 [Toggle device mode] 아이콘을 선택하여 기기 모드를 실행하고, 상단에 있는 설정을 눌러보세요.

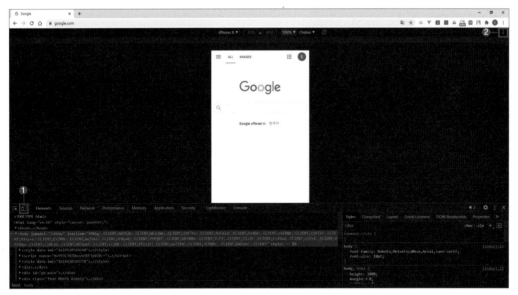

기기 모드를 실행한 모습

3. 이제 기기 모드의 설정 방법을 순서대로 알아보겠습니다.

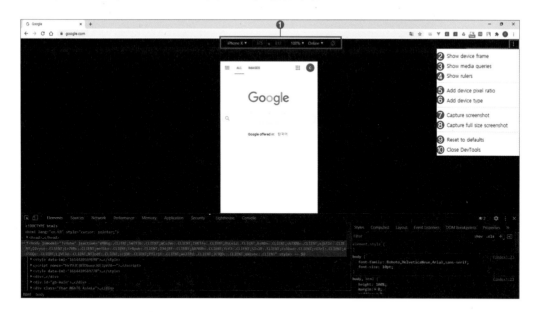

❶ 기기를 선택하고 해상도를 설정할 수 있습니다.

❷ 실제 기기와 틀을 볼 수 있습니다.

❸ 사이트에 적용된 미디어 쿼리를 확인할 수 있습니다.

❹ 해당 메뉴를 선택하면 줄자가 출력됩니다.

❺ 픽셀 밀도를 설정할 수 있습니다.

❻ 기기의 종류를 선택할 수 있습니다.

❼ 화면을 캡처합니다.

❽ 전체화면을 캡처합니다.

❾ 디폴트값으로 초기화합니다.

❿ 개발자 도구를 닫습니다.

방법 4: 시뮬레이터 이용하기

반응형 웹사이트를 테스트하는 방법 중 가장 좋은 방법은 전 세계에 출시되어 있는 모든 기기를 구매해서 테스트해 보는 것입니다. 하지만 현실적으로 모든 기기를 구매하는 것은 불가능한 일이므로 대체 방안으로 시뮬레이터라는 것을 이용하면 됩니다.

시뮬레이터란 스마트 기기의 운영체제를 제작하는 업체에서 PC 환경에서도 스마트 기기를 테스트할 수 있도록 가상의 기기를 제공해 주는 프로그램입니다. 가상의 기기는 실제 기기마다 탑재된 브라우저 엔진을 가지고 있기 때문에 반응형 웹을 테스트하기에 가장 현실적인 방법입니다.

안드로이드 운영체제

안드로이드 시뮬레이터는 http://developer.android.com/sdk/index.html에서 다운로드할 수 있습니다. 이 시뮬레이터를 이용해 안드로이드 운영체제를 테스트할 수 있습니다.

안드로이드 시뮬레이터 다운로드 사이트

 알아 두면 좋아요! **안드로이드 버전은 같은데 결과물이 다른데요?**

안드로이드 버전이 같지만 결과물이 다른 이유는 iOS 운영체제의 경우 한 회사에서 독자적으로 개발하고, 그 회사의 기기에만 탑재되어 출시되지만 안드로이드 운영체제는 여러 회사에서 독자적으로 개발하고 자신들이 만든 기기에 운영체제를 탑재해 출시하기 때문입니다. 따라서 같은 안드로이드 운영체제 기반의 기기일지라도 회사마다 다른 결과가 나옵니다.

실제로 필자가 한 회사에서 제작한 같은 버전의 안드로이드 운영체제 기반의 스마트 기기 두 대를 가지고 반응형 웹사이트를 테스트한 적이 있습니다. 그런데 CSS 속성 중 배경 이미지를 고정하는 속성이 적용되는 기기가 있었고, 안 되는 기기가 있었습니다.

이처럼 안드로이드 운영체제는 제각기 다른 회사와 다른 기기들에 탑재되고 있으므로 비록 안드로이드 운영체제 시뮬레이터를 이용할 수 있다고 해도 시뮬레이터를 이용한 테스트는 무의미하다는 것을 알 수 있습니다.

iOS 운영체제

iOS 운영체제 기반의 스마트 기기들을 테스트하기 위해서는 매킨토시 PC와 Xcode라는 애플 전용 개발 프로그램이 필요합니다. 여기서는 Xcode를 설치하는 방법부터 반응형 웹을 테스트하는 방법까지 알아보겠습니다.

1. 먼저 매킨토시에서 앱 스토어에 접속한 후 'Xcode'를 검색하여 설치합니다.

2. 설치가 완료되면 Xcode를 실행합니다. [Create a new Xcode project] 버튼을 눌러 새로운 프로젝트를 생성합니다.

3. [App]을 선택한 후 프로젝트 이름을 등록합니다. 프로젝트 파일 저장은 바탕화면에 해도 상관없습니다.

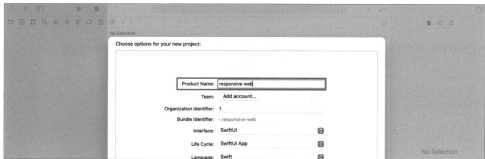

4. 저장까지 하고 나면 프로젝트 진행 창이 나타납니다. 이제 가상의 기기를 실행하여 테스트를 진행합니다. 화면의 왼쪽 윗부분에서 테스트하고자 하는 기기를 선택합니다.

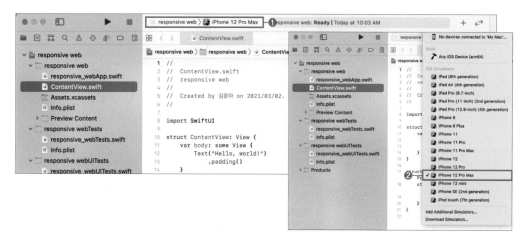

5. [▶ Run] 버튼을 눌러 가상의 기기를 실행합니다. 그리고 그중 사파리 웹브라우저를 선택한 후 테스트하려고 하는 반응형 웹사이트의 주소를 입력합니다.

6. 만약 기기를 가로나 세로로 회전하고 싶다면 화면 상단의 메뉴 중 ▣를 선택해 왼쪽이나 오른쪽 으로 기기를 회전하면 됩니다.

알아 두면 좋아요! **iOS 10.x 이전 버전 테스트하기**

iOS 10.x 이전 버전을 테스트해야 한다면 Xcode에서 지원하는 iOS의 버전마다 따로 설치해야 합니다.

▶ Xcode에서 지원하고 있는 버전은 iOS 9.0, iOS 8.1 버전입니다(2017년 5월 기준).

1. 먼저 Xcode 프로젝트 진행 창에서 왼쪽 상단 메뉴 중 [Xcode] → [Preferences]를 선택합니다.

2. 새로운 창이 나타나면 'Components' 탭에서 테스트하고자 하는 버전을 내려받습니다.

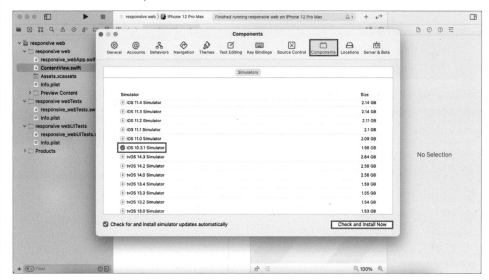

3. 이제 창을 닫고, 왼쪽 상단에 있는 [기기 선택] 버튼을 클릭한 후 [Add Additional Simulators] 버튼을 클릭합니다.

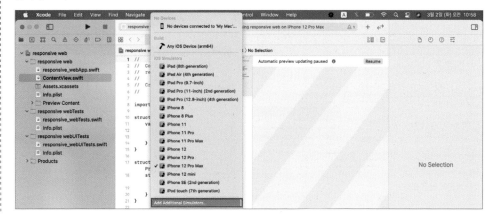

4. 새로운 창이 뜨면 왼쪽 하단에 있는 [+] 버튼을 클릭합니다.

5. 그리고 버전 구분을 위해 이름을 입력하고 기기와 iOS 버전을 선택한 후, [create] 버튼을 누릅니다.

설정한 iOS 버전의 기기가 추가된 모습

6. 이제 Xcode 프로젝트 진행 창에서 왼쪽 상단 메뉴에서 [File] → [Open Simulator]를 선택합니다. 그리고 내려받은 iOS 버전을 선택하면 이 버전으로 시뮬레이터가 실행됩니다. 다른 버전도 마찬가지로 테스트할 버전을 내려받고, iOS 버전을 설정한 후 기기를 추가하여 테스트를 진행하면 됩니다.

iOS 버전이 바뀐 모습

02 • 하위 브라우저에 대응하기

하위 브라우저는 말 그대로 익스플로러 6, 7, 8 버전처럼 이전 버전의 브라우저이므로 새로 나온 요소들이나 속성들을 지원하지 못합니다. 그렇기 때문에 지원하고자 하는 기술에 따라 하위 브라우저에 대응할 수 있는 방법을 알아두어야 합니다.

HTML5 요소를 지원하지 않는 브라우저에 대응하기

하위 브라우저에서 HTML5 요소를 지원하려면 자바스크립트 언어로 만들어진 HTML5 지원 스크립트 파일을 HTML 문서에 연결해 주어야 합니다. 코드는 아주 간단하므로 필요할 때마다 복사해서 사용하세요.

• **파일** 부록/01.html

```
<script src="https://github.com/aFarkas/html5shiv/blob/master/src/html5shiv.js"></script>
```

익스플로러를 제외한 다른 브라우저에서는 HTML5 지원 스크립트 파일이 필요 없으므로 익스플로러 전용 주석문을 사용해 익스플로러 계열의 브라우저에서만 HTML5 지원 스크립트 파일을 내려받을 수 있도록 코드를 작성합니다.

다음 코드는 접속한 익스플로러 브라우저의 버전이 익스플로러 9 버전보다 낮을 경우에만 해당 스크립트 파일을 내려받을 수 있게 해주는 코드입니다.

```
HTML
03:   <head>
 ...      ...
15:   <!--[if lt IE 9 ]><script src="http://html5shiv.googlecode.com/svn/trunk/html5.js"></
      script><![endif]-->
16:   </head>
```

HTML5 지원 스크립트 파일을 적용하기 전   HTML5 지원 스크립트 파일을 적용한 후

CSS3 속성을 지원하지 않는 브라우저에 대응하기

하위 브라우저에서는 대부분의 CSS3 속성들을 지원하지 않습니다. 이런 경우에는 htc라는 CSS3 지원 파일을 사용해야 하위 브라우저에서도 CSS3 속성의 일부를 사용할 수 있습니다. CSS3 지원 파일은 http://css3pie.com에서 내려받을 수 있습니다.

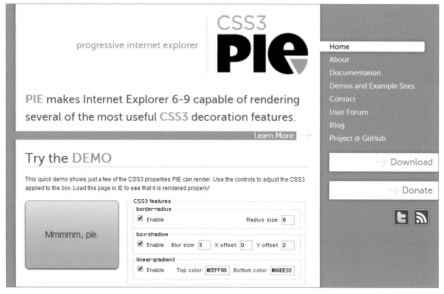

css3pie(http://css3pie.com)

CSS3 지원 파일의 사용 방법 역시 어렵지 않습니다. CSS3 속성을 사용한 곳 바로 밑에 CSS3 지원 파일을 연결해 주기만 하면 됩니다.

• 파일 부록/02.html

```
CSS
06:   <style>
 ...     ...
09:   section{
 ...     ...
13:   border-radius:50px;
14:   behavior:url(PIE.htc);
15:   }
16:   </style>
```

CSS3 지원 파일을 적용하기 전   CSS3 지원 파일을 적용한 후

미디어 쿼리 속성을 지원하지 않는 브라우저에 대응하기

앞에서 하위 브라우저에서는 CSS3 속성들을 지원하지 않는다고 했는데, 미디어 쿼리 속성도 CSS3 속성의 일부이므로 하위 브라우저에서는 사용할 수 없습니다.

하위 브라우저에서 미디어 쿼리 속성을 사용하려면 미디어 쿼리 지원 스크립트 파일을 사용해야 합니다. 미디어 쿼리 지원 스크립트 파일은 https://github.com/scottjehl/Respond에서 내려받을 수 있습니다.

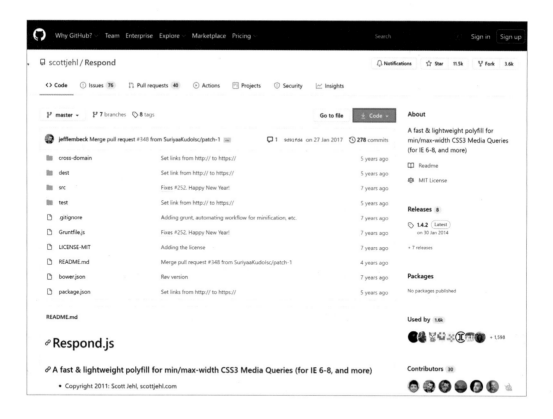

미디어 쿼리 지원 스크립트 파일을 사용하려면 HTML 문서에 다음처럼 스크립트 파일을 연결해 주기만 하면 됩니다.

• 파일 부록/03.html

```
<script src="respond.min.js"></script>
```

단, 앞에서도 설명했듯이 하위 브라우저는 익스플로러 6, 7, 8 버전의 브라우저이므로 익스플로러 전용 주석문을 사용해 익스플로러 계열의 브라우저에서만 미디어 쿼리 지원 스크립트 파일을 내려받을 수 있도록 코드를 작성합니다.

```
HTML
03:    <head>
...        ...
28:    <!--[if lt IE 9]><script src="respond.min.js"></script><![endif]-->
29:    </head>
```

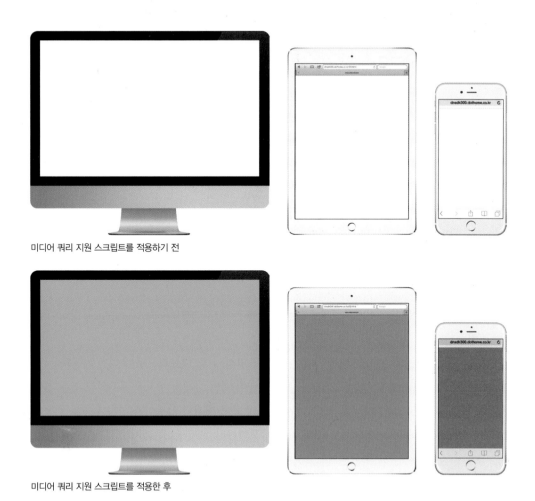

미디어 쿼리 지원 스크립트를 적용하기 전

미디어 쿼리 지원 스크립트를 적용한 후

미디어 쿼리 지원 스크립트 파일 사용 시 주의 사항

1. 미디어 쿼리 지원 스크립트 파일은 로컬 환경에서는 작동하지 않습니다. 여기서 말하는 로컬 환경이란 호스팅 서버나 웹 서버에서 테스트하는 것이 아닌, 자신의 컴퓨터에서 미디어 쿼리 지원 스크립트 파일을 적용할 때를 말합니다.

2. 미디어 쿼리 속성을 사용할 때는 all and 구문을 생략하면 작동하지 않습니다.

3. CSS 파일 내에서 CSS 파일을 불러오는 방식인 임포트 방식으로 미디어 쿼리 속성을 작성했을 때는 작동하지 않습니다.

4. HTML 문서 내에 스타일 코드를 작성하는 방식인 임베디드 방식으로 미디어 쿼리 속성을 작성했을 때는 작동하지 않습니다.

03 · 고해상도 기기 이미지 대응하기

고해상도 기기들이 출시되면서 기존의 웹 이미지들이 깨지거나 뭉개지는 현상을 자주 볼 수 있는데, 이는 고해상도 기기가 해상도를 처리하는 방식이 달라 이미지가 깨지는 문제가 발생하는 것입니다.

이에 대응하는 방법은 여러 가지가 있는데, 여기서는 요즘 가장 주목을 받고 있는 기술인 벡터 그래픽과 〈picture〉 태그 그리고 〈source〉 태그에 대해서 알아보도록 하겠습니다.

벡터 그래픽 방식

최근 웹 개발자들 사이에서는 다양한 형태로 활용하기 좋은 벡터 그래픽(vector graphics) 방식이 주목을 받고 있습니다.

벡터 그래픽이란 선과 선을 이어 그림을 그리는 방식을 말합니다. 대표적으로 우리가 사용하는 어도비(Adobe) 사의 일러스트레이터(Illustrator) 프로그램이 벡터 그래픽 방식을 사용하고 있는 것이죠. 일러스트레이터 프로그램에서 제작한 이미지를 늘려 봐도 깨지지 않듯이 이미지를 아무리 늘려도 깨지지 않고 용량도 늘어나지 않는 그래픽 처리 방식입니다. 또한 요즘 디자인 트렌드로 떠오르고 있는 플랫 디자인에서는 원색과 일러스트 이미지를 주로 사용하는데, 플랫 디자인과 벡터 그래픽 방식의 이미지(SVG)는 환상의 궁합이라 할 수 있습니다.

비트맵 방식의 이미지

벡터 방식의 이미지

벡터 이미지 제작하기 – svg 파일

벡터 이미지는 어도비 사의 일러스트레이터 프로그램을 이용해서 제작할 수 있습니다.

일러스트레이터 프로그램에서 300×300px의 새로운 문서를 생성한 후 300×300px 크기의 빨간색 원을 하나 만듭니다. 그런 다음 ⓒ+ⓥ+ⓢ를 눌러 파일을 저장합니다. 이때 파일 형식은 반드시 벡터 이미지 확장자인 svg로 변경한 후에 저장해야 합니다.

[저장] 버튼을 누르면 옵션 창이 하나 나타나는데, 이 옵션 창은 그대로 둔 채 [ok] 버튼을 누르면 벡터 이미지가 완성됩니다.

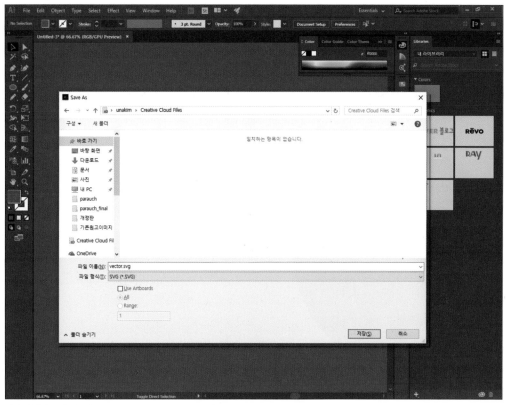

벡터 이미지를 만드는 과정

벡터 이미지 웹에서 사용하기

이제 완성된 벡터 이미지를 웹에서 사용해 보겠습니다. 웹에서 벡터 이미지를 사용하는 방법은 두 가지로, HTML 태그를 이용하는 방법과 CSS를 이용하는 방법입니다.

• HTML 방식
• 파일 부록/04.html

HTML 태그 중에서 이미지를 표현하기 위한 태그인 〈img〉 태그를 이용하여 벡터 이미지를 웹에서 사용할 수 있습니다. 다음 코드는 〈img〉 태그를 이용해서 벡터 이미지를 사용하는 코드입니다.

```
HTML
10:    <body>
11:        <img src="source/vector.svg" width="500" height="500">
12:    </body>
```

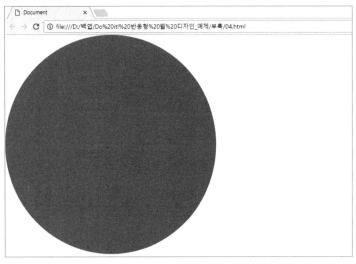

HTML 방식으로 벡터 이미지를 사용한 모습

• CSS 방식
• 파일 부록/05.html

CSS 방식은 말 그대로 스타일 코드를 이용해 벡터 이미지를 사용하는 방법입니다. 스타일 속성 중에서도 배경 속성인 background 속성을 이용해 웹에서 벡터 이미지를 사용할 수 있습니다.
다음 코드는 background 속성을 이용해 벡터 이미지를 사용하는 코드입니다.

```
03:    <head>
...        ...
06:    <style>
...        ...
09:    .vector{
10:    width:500px;
11:    height:500px;
12:    background:url(source/vector.svg);
13:    }
14:    </style>
15:    </head>
16:    <body>
17:       <div class="vector">
18:       </div>
19:    </body>
```

CSS 방식으로 벡터 이미지를 사용한 모습

두 방법 모두 벡터 이미지의 본래 크기(300px)보다 더 큰 크기(500px)로 이미지 크기를 지정했는데도 이미지가 깨지지 않는 걸 확인할 수 있습니다.

 알아 두면 좋아요! **하위 브라우저에서는 작동하지 않는 벡터 이미지**

벡터 이미지는 아쉽게도 하위 브라우저에서는 작동하지 않는데, 이 문제를 해결하려면 자바스크립트 언어와 서버 언어를 사용해야 합니다. 하위 브라우저에서는 벡터 이미지 대신 기존의 이미지 파일로 보여주고, 벡터 이미지를 지원하는 브라우저에서는 벡터 이미지로 보여주도록 설정해야 합니다.

HTML5의 picture 태그와 source 태그

단색으로 이루어진 도형이나 일러스트 이미지는 앞에서 배운 벡터 이미지를 사용하면 되지만, 만약 실사 이미지나 인물 사진 등 복잡한 사진은 다른 방법을 사용해야 합니다.

복잡한 사진을 다루는 방법은 크게 두 가지입니다. 이미지가 깨지지 않게 큰 이미지를 사용하거나 HTML5에서 새로 나온 태그인 picture 태그와 source 태그를 사용하는 것입니다. 하지만 큰 이미지를 사용하면 스마트 기기에서는 웹사이트를 불러오는 속도가 느려지게 되고, 데이터 용량을 많이 소비하게 되므로 가급적이면 사용하지 않는 것이 좋습니다. 여기서는 picture 태그와 source 태그에 대해서 알아보겠습니다.

▶ W3C에서는 새로운 기술이 확정되고 안정적으로 지원되기까지 총 5단계를 거치는데, 현재 집필 시기를 기준으로 picture 태그는 5단계 중 가장 첫 번째 단계에 그리고 source 태그는 HTML5 초안부터 존재해 온 태그이고, 사양이 거의 확정 상태이지만 새로 나온 picture 태그와의 동시 사용 사양이 결정되면서 내용이 언제 변경될지 모르는 상태입니다. 더불어 브라우저에서도 완벽하게 지원이 되지 않을 수 있으므로 수시로 두 태그의 사양을 확인하고 사용해야 합니다.
- picture 태그 사양 – https://bit.ly/3826J6I
- source 태그 사양 – https://bit.ly/3ra4d5x

picture 태그와 source 태그의 기본 문법

picture 태그는 HTML5에서 새로 나온 태그이지만, HTML5 초기 사양부터 있던 태그는 아닙니다. 그리고 picture 태그만으로는 아무런 역할을 할 수 없지만 source 태그와 결합했을 때 강력한 힘을 냅니다.

source 태그는 HTML5 초기 사양부터 있던 태그이지만, picture 태그가 나온 후부터 사양과 쓰임새가 달라졌습니다. 본래 source 태그는 HTML5의 audio 태그와 video 태그의 자원에 대한 정보를 명시하기 위한 태그였지만, 고해상도의 이미지를 대응하기 위해 새롭게 사양이 바뀌었습니다. 지금부터 picture 태그와 source 태그의 기본 문법을 알아보겠습니다.

```HTML
<body>
  <picture>
  <source
    srcset="파일 위치,[픽셀 밀도],[너빗값],{[파일 위치],[픽셀 밀도],[너빗값]}"
    media="[미디어 쿼리]"
  sizes="[너빗값],[미디어 쿼리]"
    type="[파일 유형]">
  <img src="파일 위치">
  </picture>
</body>
```

srcset 속성

srcset 속성은 파일 위치와 픽셀 밀도 그리고 너빗값을 지정할 수 있습니다. 파일 위치는 이미지 파일의 위치입니다. 픽셀 밀도는 픽셀이 얼마나 **빽빽하게** 차 있는지를 의미하는 것인데 간단하게 말해서 해상도의 배수를 말합니다. 너빗값은 sizes 속성과 뷰포트 크기와 연계되어 있습니다.

> srcset="파일 위치, [픽셀 밀도], [너빗값]"

▶ 너빗값의 개념과 srcset 속성의 값을 다중으로 지정하는 이유에 대해서는 328쪽에서 더 자세하게 알아보도록 하겠습니다.

srcset 속성은 콤마를 이용해 다중으로 지정할 수 있습니다. 아래의 HTML 코드와 같이 입력할 수 있습니다.

```
HTML
<body>
  <picture>
  <source srcset="source/768px.jpg, source/1280px.jpg">
  </picture>
</body>
```

srcset 속성은 생략할 수 없으며 다음과 같은 규칙을 지켜서 작성해야 합니다.

파일 위치	생략할 수 없음
픽셀 밀도	생략 가능
너빗값	생략 가능

media 속성

media 속성은 미디어 쿼리를 뜻합니다. 앞에서 알아본 미디어 쿼리와 같지만, 미디어 쿼리의 모든 조건문을 사용할 수 있는 것은 아니고 현재는 너빗값에 대한 조건문만 지원하고 있습니다(2017년 5월 기준). media 속성은 생략 가능합니다.

> media="[미디어 쿼리]"

```
HTML
<body>
  <picture>
  <source media="(min-width:768px)">
  </picture>
</body>
```

▶ media 속성의 미디어 쿼리의 유형도 앞으로 계속 추가될 것으로 보여집니다. 앞서 언급했듯이 picture 태그와 source 태그는 계속해서 사양이 바뀌기도 하고, 문제점이 발견되고 있습니다. 그러므로 적용하기 전에 반드시 여러 가지 테스트를 한 후에 적용하길 바랍니다.

sizes 속성

sizes 속성은 이미지가 표현될 영역의 크기를 설정하고, 너빗값과 미디어 쿼리를 지정할 수 있습니다. 예를 들어 브라우저의 뷰포트 크기가 1920px이라고 가정하고, 너빗값을 다음의 코드처럼 입력하면 이미지가 표현 되는 영역은 1536px이 됩니다.

```
sizes="[미디어 쿼리], [너빗값]"
```

```
HTML
<body>
  <picture>
  <source sizes="80vw">
  </picture>
</body>
```

▶ vw 단위에 대한 자세한 내용은 68쪽을 참고하세요.

미디어 쿼리는 미디어 쿼리의 조건문을 입력할 수 있습니다. 다만 모든 조건문을 입력할 수 있는 것은 아니고 아래 코드처럼 너빗값에 대한 조건문만 입력할 수 있습니다. sizes 속성은 생략 가능합니다.

```
HTML
<body>
  <picture>
  <source sizes="(max-width:30em)">
  </picture>
</body>
```

〈img〉 태그

〈img〉 태그는 src 속성에 기본으로 출력될 이미지의 경로를 입력합니다. picture 태그와 source 태그를 지원하지 않는 브라우저일 경우 아무것도 보이지 않을 수 있습니다. 이러한 문제를 해결하기 위해서는 폴백이라는 기법을 활용하면 되는데 〈picture〉 태그가 끝나는 시점에 〈img〉 태그를 입력해주면 picture 태그와 source 태그를 지원하지 않더라도 이미지가 정상 적으로 보이게 됩니다.

```
<img src="파일 위치">
```

▶ 폴백 기법에 대해서는 162쪽을 참조하세요.

```HTML
<body>
  <picture>
  <source srcset="images/768px.jpg">
  <img src="images/1280px.jpg">
  </picture>
</body>
```

type 속성

 type 속성은 불러올 파일의 유형을 지정할 수 있습니다. 예를 들어 아래 코드처럼 입력하면 webp라는 확장자를 지원하는 브라우저에서는 768px.webp라는 이미지를 불러오게 됩니다. 만약 webp 확장자를 지원하지 않는 브라우저라면 768px.jpg라는 이미지를 불러오게 됩니다.

```
<type="[파일 유형]">
```

```HTML
<body>
  <picture>
  <source
  srcset="source/768px.webp">
  <img src="source/768px.jpg">
  </picture>
</body>
```

▶ webp 확장자는 구글에서 새롭게 개발한 이미지 확장자입니다. 이 확장자는 이미지 손실은 최소화하면서 용량은 작기 때문에 인터넷에서 사용하기에 안성맞춤이니, 알아두는 것이 좋습니다. webp 확장자에 대한 자세한 내용은 https://developers.google.com/speed/webp/에서 확인할 수 있습니다.

picture 태그와 source 태그 사용하기

이번에는 예제를 살펴보면서 실제로 picture 태그와 source 태그를 어떻게 사용하는지 알아보겠습니다. 앞으로 나올 예제들은 새로운 개념들이므로 많이 헷갈릴 수 있으므로 집중해서 보시길 바랍니다.

다음의 코드는 picture 태그와 source 태그 그리고 media 속성의 조건문을 사용한 예제입니다.

```
19:    <body>
20:      <picture>
21:        <source
22:        media="(min-width:1280px)"
23:        srcset="source/1280px.jpg">
24:        <source
25:        media="(min-width:768px)"
26:        srcset="source/768px.jpg">
27:        <img src="source/1280px.jpg">
28:      </picture>
29:    </body>
```

21행~22행 뷰포트 크기가 1280px 이상이면 1280px.jpg 이미지를 불러옵니다.

24행~25행 뷰포트 크기가 768px 이상이면 768px.jpg 이미지를 불러옵니다.

해당 예제를 실행하면 뷰포트의 크기에 따라 다른 이미지를 불러오게 됩니다. 크롬 개발자 도구를 이용하여 확인해 보세요. 해상도에 따라 하나의 이미지만 불러오는 것을 확인할 수 있습니다. 이처럼 picture 태그와 source 태그를 함께 사용하면 불필요한 데이터를 불러오지 않아 로딩 속도가 빨라지는 것뿐만 아니라 해상도에 맞는 이미지를 불러올 수 있습니다.

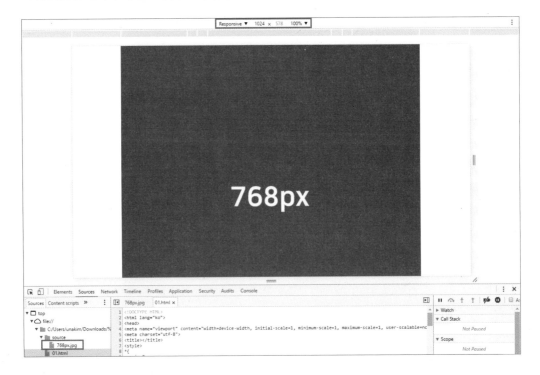

픽셀 밀도와 같이 사용해보기

이번에는 srcset 속성에서 픽셀 밀도를 활용한 예제를 살펴보겠습니다.

HTML	• 파일 부록/07.html

```
19:   <body>
20:     <picture>
21:       <source media="(min-width:1280px)"
22:       srcset="source/venice-1280.jpg,
23:               source/venice-1280@2x.jpg 2x">
24:
25:       <source media="(min-width:768px)"
26:       srcset="source/venice-768.jpg,
27:               source/venice-768@2x.jpg 2x">
28:
29:       <source media="(min-width:320px)"
30:       srcset="source/venice-320.jpg,
31:               source/venice-320@2x.jpg 2x">
32:
33:       <img src="source/venice-1280@2x.jpg">
34:     </picture>
35:   </body>
```

21행~23행 뷰포트 크기가 1280px 이상이면 venice-1280 이미지를 불러옵니다. 만약에 해상도가 2배일 경우 venice-1280@2x 이미지를 불러옵니다.

25행~27행 뷰포트 크기가 768px 이상이면 venice-768 이미지를 불러옵니다. 만약에 해상도가 2배일 경우 venice-768@2x 이미지를 불러옵니다.

29행~31행 뷰포트 크기가 320px 이상이면 venice-320 이미지를 불러옵니다. 만약에 해상도가 2배일 경우 venice-320@2x 이미지를 불러옵니다.

실제로 브라우저를 실행해 파일을 열어보세요. 그리고 다음의 그림처럼 크롬 개발자 도구에서 불러온 파일을 확인할 수 있는 Sources 탭을 보면 해상도에 따라 해당 이미지만 불러오는 것을 확인할 수 있습니다.

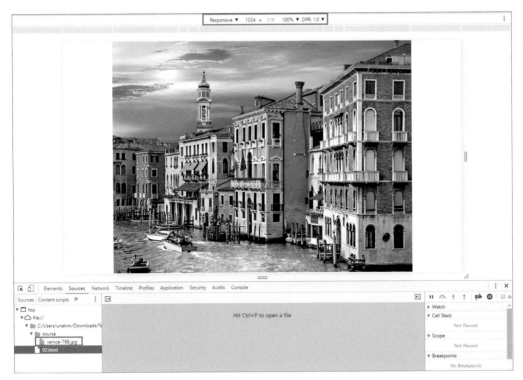

해상도가 1배일 때

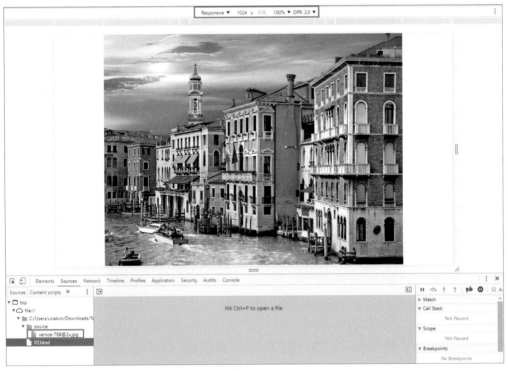

해상도가 2배일 때

sizes 속성 사용해보기

앞서 소개한 srcset 속성의 픽셀 밀도를 사용하는 예제는 특정한 크기로 이미지가 고정되어 있어 해상도 배수에 따라 이미지를 제공할 때 유용한 예제입니다.

만약에 픽셀 밀도와 뷰포트의 최종 크기를 알 수 없을 때는 어떻게 해야 할까요? 바로 sizes 속성을 사용하면 됩니다. 다음 예제에서 살펴보겠습니다.

```
HTML                                              • 파일 부록/08.html
19:   <body>
20:     <picture>
21:     <source sizes="80vw"
22:     srcset="source/venice-320.jpg 320w,
23:               source/venice-768.jpg 768w,
24:               source/venice-1280.jpg 1280w,
25:               source/venice-2560.jpg 2560w">
26:
27:     <img src="source/venice-2560.jpg">
28:     </picture>
29:   </body>
```

21행 sizes 속성을 사용하여 이미지가 표현될 영역을 지정합니다.

22행 ~ 25행 이미지가 표현되는 영역의 크기에 따라 출력될 이미지를 설정합니다.

sizes 속성을 사용하면 이미지가 표현될 영역을 지정할 수 있습니다. sizes의 속성값을 80vw로 설정하게 되면 브라우저의 크기의 80%가 이미지가 표현될 영역이 됩니다. 예를 들어 브라우저의 크기가 1920px이라면 이미지가 표현되는 영역의 크기는 1536px이 되는 것입니다.

그리고 앞서 말했듯이 srcset 속성은 콤마를 이용해 다중으로 지정할 수 있습니다. sizes 속성을 설정하고 다중으로 이미지를 지정하게 되면 브라우저가 자동으로 이미지를 선택하여 보여줍니다. 정확하게는 이미지가 표현될 영역이 768px이라고 가정하면 venice-768 이미지만 출력하게 됩니다. 만약에 이미지가 표현될 영역의 크기가 768px이고 해상도의 배수가 2배라면 1536px이 되므로 자동으로 venice-2560 이미지를 보여주게 됩니다. 이처럼 브라우저의 픽셀 밀도와 최종 크기를 알 수 없을 때는 위와 같은 예제처럼 sizes 속성과 srcset 속성의 너빗값을 사용하여 해결할 수 있습니다. 여기서는 예제를 위해 sizes 속성의 값을 80vw로 설정했지만, 브라우저의 너비를 꽉 채우는 형태라면 100vw 값으로 지정합니다.

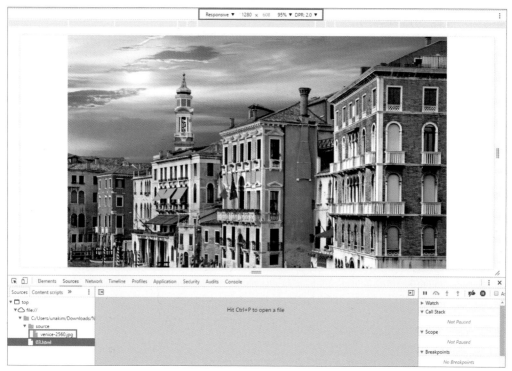

뷰포트의 크기가 1280px이면서 해상도가 2배일 때

type 속성 사용해보기

이번에는 type 속성을 예제를 통해 학습해 보겠습니다.

HTML	• 파일 부록/09.html

```
19:   <body>
20:     <picture>
21:       <source type="image/webp" srcset="source/venice-768.webp">
22:
23:       <img src="source/venice-768.jpg">
24:     </picture>
25:   </body>
```

21행 type 속성의 속성값을 설정합니다. 그리고 srcset 속성의 값을 webp 확장자 이미지로 설정합니다.

jpg 확장자의 이미지가 아닌 webp 확장자 이미지를 불러오는 것을 확인할 수 있습니다.

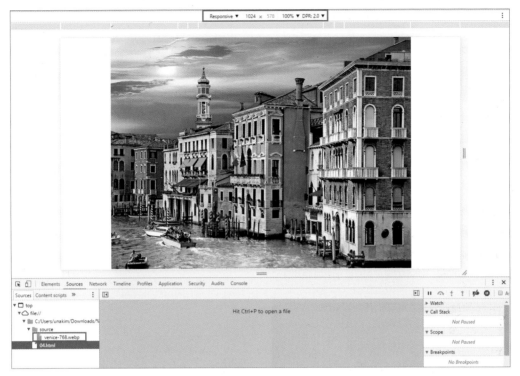

webp 확장자 이미지를 불러온 모습

아트 디렉션

마지막으로 아트 디렉션 개념에 대해서 알아보겠습니다. 아트 디렉션은 '연출 방향'이라는 뜻을 가지고 있습니다. 영화 감독들이나 공연 기획자들이 어떤 식으로 연출을 할건지 결정하고 검토하는 것과 같다고 생각하면 됩니다. 웹 개발에서도 기기마다 각각의 형태에 맞는 이미지를 제공해주는 것처럼, 마치 환경에 따라 연출 방향을 결정하는 것입니다. 예를 들어 세로의 길이가 큰 기기에서는 세로 형태의 이미지를 제공해주고, 가로의 길이가 큰 기기에서는 가로 형태의 이미지를 제공해줄 수 있습니다. 이전에는 이러한 것들이 불가능했지만 〈picture〉 태그의 등장과 〈source〉 태그의 발전으로 이러한 것들이 가능해졌습니다. 다음의 예제를 통해 살펴보겠습니다.

HTML	• 파일 부록/10.html

```
19:  <body>
20:    <picture>
21:      <source sizes="100vw"
22:        srcset="source/venice-portrait-414.jpg 414w,
23:                source/venice-portrait-768.jpg 768w,
24:                source/venice-landscape-1920.jpg 1920w">
```

```
25:
26:        <img src="source/venice-landscape-1920.jpg">
27:      </picture>
28:   </body>
```

21행 sizes 속성의 값을 100vw 값으로 설정합니다.

22행 ~ 24행 뷰포트 크기에 따라 출력될 이미지를 설정합니다.

파이어폭스 브라우저로 예제를 실행해 보면 각각의 기기의 환경에 맞게끔 이미지가 출력되는 모습을 확인할 수 있습니다.

▶ 크롬에서는 이 예제가 정상적으로 작동하지 않습니다(2017년 5월 기준). 파이어폭스 브라우저에서는 정상적으로 작동하니 파이어폭스 브라우저에서 예제를 실행해 보세요.

각각의 기기의 환경에 맞게끔 이미지가 출력되는 모습

⟨img⟩ 태그에서 srcset 속성이나 sizes 속성을 사용할 수 있나요?

⟨picture⟩ 태그가 추가되면서 ⟨img⟩ 태그에서도 srcset 속성과 sizes 속성을 사용할 수 있게 되었습니다. 아래 예제처럼 ⟨source⟩ 태그에서는 media 속성을 사용하여 768px 이상일 때만 적용되게 하고, 이외에 해상도에서 는 ⟨img⟩ 태그가 적용되게 하여 좀 더 구체적인 연출 방향을 만들 수 있습니다.

HTML
```
<body>
  <picture>
  <source media="(min-width:768px)"
       …
  sizes="80vw"
       …
  srcset="source/venice-320.jpg 320w,
          source/venice-768.jpg 768w,
          source/venice-1280.jpg 1280w,
          source/venice-2560.jpg 2560w">

  <img sizes="80vw"
       srcset="source/venice-320.jpg 320w,
          source/venice-768.jpg 768w,
          source/venice-1280.jpg 1280w,
          source/venice-2560.jpg 2560w">
  </picture>
</body>
```

picture 태그와 source 태그 하위 브라우저 대응하기

picture 태그와 source 태그는 출범한지 얼마 되지 않아 아직 지원하는 브라우저가 거의 없다는 것이 단점입니다. 하위 브라우저뿐만 아니라 최신 브라우저 대부분도 제대로 지원하지 못하고 있습니다. 이를 해결하려면, 지원하지 않는 브라우저에서도 picture 태그와 source 태그를 사용할 수 있게 만 들어 주는 스크립트 파일을 사용해야 합니다. 스크립트 파일은 Picturefill(https://scottjehl.github. io/picturefill/)에서 내려 받을 수 있습니다.

Picturefill(https://scottjehl.github.io/picturefill/)

다음의 예제는 Picturefill 스크립트 파일을 적용하는 예제입니다.

HTML	• 파일 부록/11.html

```
03:    <head>
...        ...
18:    <script src="source/picturefill.min.js"></script>
19:    </head>
20:    <body>
21:      <picture>
22:        <source media="(min-width:1280px)"
23:             srcset="source/1280px.jpg">
24:
25:        <source media="(min-width:768px)"
26:             srcset="source/768px.jpg">
27:
28:        <img src="source/768px.jpg">
29:      </picture>
30:    <script>
31:    document.createElement("picture");
32:    </script>
33:    </body>
```

▶ Picturefill 스크립트 파일은 실제 서버에 업로드 했을 때 정상적으로 작동하므로 반드시 호스팅 서버에 업로드한 후에 테스트하세요!

스크립트 파일을 적용하기 전

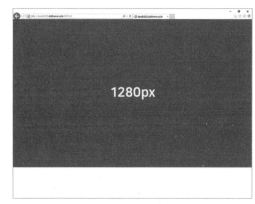

스크립트 파일을 적용한 후

여러분도 호스팅 서버에 스크립트 파일과 이미지 파일 그리고 HTML 문서를 올려놓고 picture 태그와 source 태그를 지원하지 않는 브라우저에서 태그들이 정상적으로 작동하는지 확인해 보세요.

마무리 문제! | # 스페셜에서 꼭 기억해야 할 내용

---

1. 반응형 웹을 테스트하는 방법은 다음과 같이 다섯 가지입니다.

- 웹 브라우저를 이용하는 방법
- 반응형 웹을 테스트할 수 있는 사이트를 이용하는 방법
- 파이어폭스의 '반응형 웹 디자인 보기 도구'를 이용하는 방법
- 웹 브라우저의 확장 프로그램을 이용하는 방법
- 시[   ]를 이용하는 방법

2. 벡터 그래픽이란 [선]과 [선]을 이어 그림을 그리는 방식을 말합니다. 대표적으로 우리가 사용하는 어도비 사의 일러스트레이터 프로그램이 벡터 그래픽 방식을 사용하고 있습니다.

3. 〈picture〉 태그는 HTML5에서 새로 나온 태그이지만, HTML5 초기 사양부터 있던 태그는 아닙니다. 〈picture〉 태그만으로는 아무런 역할을 할 수 없습니다. 하지만 [s   ] 태그와 결합했을 때 강력한 힘을 냅니다.

4. [s   ] 속성은 파일 위치와 픽셀 밀도 그리고 너빗값을 지정할 수 있습니다. 파일 위치는 이미지 파일의 위치입니다. 픽셀 밀도는 픽셀이 얼마나 빽빽하게 차 있는지를 의미하는 것인데 간단하게 말해서 해상도의 배수를 말합니다.

5. [s   ] 속성은 이미지가 표현될 영역의 크기를 설정하고, 너빗값과 미디어 쿼리를 지정할 수 있습니다.

• 정답 1. 시뮬레이터 2. 선 3. source 4. srcset 5. sizes

Web Programming Course
웹 프로그래밍 코스

웹 기술의 기본은 HTML, CSS, 자바스크립트!
기초 단계를 독파한 후 응용 단계로 넘어가세요!

기초 단계

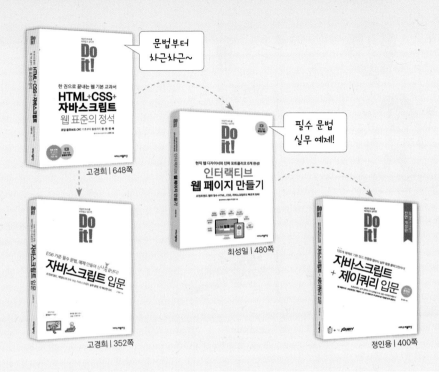

문법부터 차근차근~

고경희 | 648쪽

필수 문법 실무 예제!

최성일 | 480쪽

고경희 | 352쪽

정인용 | 400쪽

응용 단계

김운아 | 344쪽

니꼴라스, 강윤호 | 296쪽

니꼴라스, 김형태 | 248쪽

니꼴라스, 김준혁 | 256쪽

나는 어떤 코스가 적합할까?

A 웹 퍼블리셔가 되고 싶은 사람

- Do it! HTML+CSS+자바스크립트 웹 표준의 정석
- Do it! 인터랙티브 웹 만들기
- Do it! 자바스크립트+제이쿼리 입문
- Do it! 반응형 웹 페이지 만들기
- Do it! 웹 사이트 기획 입문

B 웹 개발자가 되고 싶은 사람

- Do it! HTML+CSS+자바스크립트 웹 표준의 정석
- Do it! 자바스크립트 입문
- Do it! 클론 코딩 영화 평점 웹서비스 만들기
- Do it! 클론 코딩 트위터
- Do it! 리액트 프로그래밍 정석

기초 단계

박응용 | 360쪽

김성엽 | 576쪽

김동형 | 856쪽

시바타 보요, 강민 역 | 408쪽

시바타 보요, 강민 역 | 464쪽

시바타 보요, 강민 역 | 432쪽

응용 단계

김창현 | 296쪽

강성윤 | 712쪽

김종관 | 564쪽

나는 어떤 코스가 적합할까?

A 파이썬 개발자가 되고 싶은 사람

- Do it! 파이썬 생활 프로그래밍
- Do it! 점프 투 장고
- Do it! 점프 투 플라스크
- Do it! 장고+부트스트랩 파이썬 웹 개발의 정석

B 자바·코틀린 개발자가 되고 싶은 사람

- Do it! 자바 완전 정복
- Do it! 자바 프로그래밍 입문
- Do it! 코틀린 프로그래밍
- Do it! 안드로이드 앱 프로그래밍 — 개정 8판
- Do it! 깡샘의 안드로이드 앱 프로그래밍 with 코틀린 — 개정판

인공지능 & 데이터 분석 코스

인공지능, 데이터 분석도 Do it! 시리즈와 함께!
주어진 순서대로 차근차근 독파해 보세요!

인공지능

정직하게 코딩하며 배우는
딥러닝 입문

박해선 | 328쪽

파셉트론부터 GAN까지 핵심 이론 총망라!
딥러닝 교과서

윤성진 | 432쪽

이론을
더 깊게~

GPT-2부터 자동 신경망 구성까지
강화 학습 입문

조규남, 맹윤호, 임지순 | 360쪽

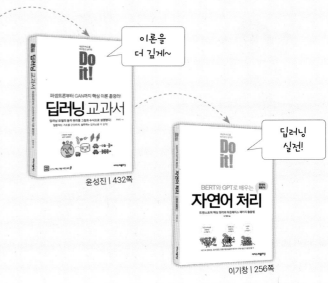

BERT와 GPT로 배우는
자연어 처리

이기창 | 256쪽

딥러닝
실전!

데이터 분석

쉽게 배우는
R 데이터 분석

김영우 | 376쪽

쉽게 배우는
R 텍스트 마이닝

김영우 | 344쪽

쉽게 배우는
파이썬 데이터 분석

김영우 | 472쪽

부동산 빅데이터 분석 전 과정 수록!
공공데이터로 배우는
R 데이터 분석 with 샤이니

김철민 | 248쪽

나는 어떤
코스가
적합할까?

A 인공지능 개발자가 되고 싶은 사람

- Do it! 점프 투 파이썬
- Do it! 정직하게 코딩하며 배우는
  딥러닝 입문
- Do it! 딥러닝 교과서
- Do it! BERT와 GPT로 배우는
  자연어 처리

B 데이터 분석가가 되고 싶은 사람

- Do it! 쉽게 배우는 파이썬 데이터 분석
- Do it! 쉽게 배우는 R 데이터 분석
- Do it! 쉽게 배우는 R 텍스트 마이닝
- Do it! 데이터 분석을 위한 판다스 입문
- Do it! R 데이터 분석 with 샤이니
- Do it! 첫 통계 with 베이즈

앱 프로그래밍 코스

Application Programming Course

자바, 코틀린, 스위프트로 시작하는 앱 프로그래밍!
나만의 앱을 만들어 보세요!

기초
단계

김동형 | 856쪽

황영덕 | 680쪽

송호정, 이범근 | 704쪽

정재곤 | 800쪽

강성윤 | 712쪽

응용
단계

조준수 | 500쪽

전예홍 | 856쪽

김웅석 | 576쪽

나는 어떤
코스가
적합할까?

A 빠르게 앱을 만들고 싶은 사람

- Do it! 안드로이드 앱 프로그래밍
  — 개정 8판
- Do it! 깡샘의 안드로이드 앱
  프로그래밍 with 코틀린 — 개정판
- Do it! 스위프트로 아이폰 앱 만들기
  입문 — 개정 6판
- Do it! 플러터 앱 프로그래밍 — 개정판

B 앱 개발 실력을 더 키우고 싶은 사람

- Do it! 자바 완전 정복
- Do it! 코틀린 프로그래밍
- Do it! 리액트 네이티브 앱 프로그래밍
- Do it! 프로그레시브 웹앱 만들기